黒田龍二著

# 中世寺社信仰の場

思文閣史学叢書

思文閣出版

# はじめに

## 一

本書は、筆者が昭和五十四年から始めた研究成果の集成である。研究主題は神社を中心とする日本中世寺社建築の機能、形態、信仰であるが、古代および近世に関わる部分もある。筆者の専門は日本建築史であり、学問領域としては工学系の建築学の中にある建築史学に属する。建築史学の強みは、即物的な建築技術や建築様式に関する理解とともに、寺社の儀式、信仰、運営といった諸側面を建築空間や場の問題として具体的に捉えうる点にある。これらによって建築史学は独自の視点から、より広い歴史学・文化史学の一環を構成することができる。

本書は、具体的な建築物や場のあり方を中心に、我が国の神社および寺院における宗教的営為の一端を明らかにしようと試みたものである。従来の寺社の研究においては、古代の国家および上層貴族層の造営になる寺社の歴史、平安時代以後の宗教的権門の動向、鎌倉新仏教の思想と発展などに関する研究が主流をなしてきたが、本書の主題はそれとは異なる。社会階層においては、中流以下の庶民層の信仰を主眼とし、仏教の宗派の区別や寺社の区別にも拘泥しない。現在の我々の常識のなかにある寺院と神社との区別は、明治の神仏分離の影響を受けたものである。前近代の寺社の概念にはそれとは異なる側面があったことは、特に第三章で扱った題材によくあらわれている。方法論は、歴史学的思考を機軸として、日本史学・神道学・民俗学および建築学などの研究成果と方法を援用する。ここでいう歴史学的思考とは、研究対象における時代性と社会性の追究を意味するに過ぎない。本書で考察したような庶民層の宗教的営為は、日本文化史上での位置づけが困難である故に、研究対象として取り上げる際の価値判断も難しい。しかし、庶民の生活史が民俗学だけでなく、歴史学の上でも重視されつつある現在、宗教文化が度外視されてよいものではない。本書で取り上げた事象の多くは、これまで認知、整理されることのなかったものであり、かつ前近代の宗教的営為のごく一部に過ぎない。研究が進展して、より多くの事例が明らかになれば、それらの位置づけはおのずと成立するであろう。

しかし、建築史学における日本建築の空間の理解においては、床下参籠の風俗、後戸の信仰、仏堂内の蔵の意義などは、位置づけの可能な重要な問題であると筆者は考える。これらは、従来は非本質的な問題として無視されてきたものであり、その原因は宗教建築の創建当初の姿と設計意図が重視されてきたことにある。宗教建築の維持母体と維持方法は、時代とともに変化するものであり、信仰のあり方や建築形態も幾変転して現在にいたっている。後戸の信仰はそのよい例で、後世の変化のなかにこそその本質が認められるのであるから、創建時の形や設計意図を重視する立場からは副次的事象に過ぎない。本書は、それら周辺的とみなされてきた事柄をとりあげ、歴史的な意義を考察し、日本の宗教建築、宗教的空間をより全体的に理解する方途を切り開こうとした。

そのような問題意識の結果するところ、本書の各論文は寺社建築および信仰に関する従来の研究の空白部分を埋めるという性格をもち、ある寺社なり建築類型なりの全体的または統一的な記述をもつにはいたらない。たとえば日吉社や神社建築に関する全体的な記述は別の機会を待つこととする。

## 二

本書に収録した文章は、一応共通する主題ごとに四章と補章にまとめている。しかし、本書の論文集としての性格と、前項に記したような問題への取り組み方から、各論文の関連と枠組みが読者にとっては見えにくいものになっていると思われるので、以下に少し補足説明しておく。

第一章は、中世日吉社関係の論文を集めた。

第一の主題は、本殿床下に設けられた祭場、すなわち下殿《げでん》の実態の解明、歴史的年代の遡源、利用階層の性格などである。第二の主題は、中世日吉社における延暦寺僧の拠点たる彼岸所の利用形態、荘園支配、日吉社祠官と延暦寺僧の関係、彼岸会の性格などである。下殿は、明治の神仏分離以後は使用されず、その使用実態が不明に帰していたものであり、彼岸所は中世末までにその使命を終えて近世には存在しなかったものである。いずれも、従来知られている日吉社の歴史の空白部分を埋めるもので、これらの知見を加えることにより、日吉社の全体的な歴史記述が豊かになる。

第二章には、神社建築の研究を収録した。

「神のやしろの曙」は、伊勢神宮正殿と心御柱に関する解釈を中心とし、神社建築史全般についてもいくつかの問題提起を行ったものである。心御柱については、従来多くの研究がなされて来ており、現在ではそれを正殿成立以前のヒモロギとする解釈、つまりヒモロギ説が優勢である。ここでは、心御柱を定期造替における建築位置の目印とする解釈、すなわち定位点説を再評価し、支持した。心御柱に対する筆者の関心は、第三章収録の床下祭儀の研究に発するもので、そちらでは、ヒモロギ説をとっている。今は筆者は定位点説をとるが、「床下参籠・床下祭儀」の記述はそれはそれとして訂正していないから、本書の中で矛盾が生じている。鵺になるつもりはないが、つくづく難しい問題である。神社建築史に関する問題提起ははなはだ不十分なもので、これについては現在奮闘中である。いつか日の目をみることもあるだろう。

北野天満宮と八坂神社の研究は、第一章の日吉社下殿の研究とともに、学位論文『神社建築における神仏習合とその形態に関する研究—特に天台宗系社殿について—』（私家版、昭和六十一年）の主要部をなしている。これらの本殿形態が、日吉社の日吉造本殿から、北野天満宮の双堂《ならびどう》形式へ、そして双堂を一棟にまとめた八坂神社の大規模入母屋造本殿へと発展したことは、すでに福山敏男がいくつかの論文によって描いていた粗筋であるが、ここではその間の事情を整理するとともに、神仏習合の信仰形態や本殿と付属施設の利用形態を描き出した。

御上神社の研究は、筆者の研究のなかで最初に着手していたものだが、その後の日吉・北野・八坂と発展する筋道の中に置くことができず、学位論文の付論とした。これは太田博太郎の論文「入母屋造本殿の成立」に影響を受けたものである。太田論文以前においては、御上神社本殿は単に仏教建築の影響下に成立した特異な本殿と考えられるに過ぎなかったが、太田はそれを神社信仰の発展の中において解釈しようとした。これは当時の筆者にとって画期的な発想であり、研究の出発点となった。

第三章には、神社の研究にも寺院の研究にも分類できないものを収録した。

後戸の信仰の研究は、服部幸雄「後戸の神」に発想を得たものである。「後戸の神」は中世の信仰に関心をもつ者に衝撃を与え、その後、服部自身を含めていくつも論文が出た。建築史の分野では筆者のものと山岸常人『中世仏堂』における後戸」がある。山岸論文は中世仏堂の全体的な機能論の一環として、後戸のさまざまな機能を整理し、その実態を描き出したものである。この論文は、後戸の神秘性の解明にかたよっていた多くの後戸関係論文のなかで画期的内容をもち、異彩を放つものであった。しかし、筆者は再び後戸の信仰を具体的な建築の中で捉えようとした。これは、本書の関連論文では第二章の北野天満宮における舎利信仰と建築形態の関連をより広い視野からみたものということができる。つまり北野天満宮本殿の後戸における舎利塔の安置は、独立した現象でも、単なる神仏習合の表現でもなく、後戸の信仰のひとつとして捉えられるのである。

床下祭儀の研究は、特異なものと考えられた日吉社本殿の床下における信仰の類例を集めて、その位置づけを試みたものである。ここで現在は全く滅びた中世以前の習俗として床下参籠があったことをつきとめた。従って、江戸時代の日吉社本殿においては床上に神像が祀られ、床下に仏像が祀られていたことがわかっているが、それを神仏習合のあらわれとするだけではまったく不十分であり、まして神本仏迹思想の表現などとは理解できないことが明らかとなった。

この章で扱った事象から、前近代の日本の信仰を理解するうえにおいて、神仏習合なる概念がどれほどの有効性をもつのかが疑わしくなってきたといえる。

第四章には主に寺院に関する研究を集めた。

堂蔵の研究は、後戸の研究の副産物である。仏堂内に米や重要文書を保管する場合のあることは、前掲山岸論文において指摘されたところであった。その後、山岸の研究は堂内保管行為の理念的究明に向かったのに対して、筆者は現実の堂蔵の実態を把握することに重点をおいた。双方の意見の相違は付記に整理しておいた。堂蔵の研究も、それまで等閑視されてきた仏堂建築の一部分の歴史的性格とその意義を示したもので、内陣、礼堂、脇陣、附属施設と合わせ論じることにより、中世仏堂の全体的なあり方を描き出すことができる。

「時を超える水」と「幽魂の衣」は独立の読み物である。前者は、近世の熱田神宮で行われていた正月行事のひとつが、東大寺二月堂修二会におけるお水取りとよく似たものであったことを明らかにした。後者は、寺に死人の着物を奉納する民俗宗教的行為が、かつて広く存在したらしいことを述べた。双方とも、仏教と神社信仰の概念を定立し、その融合した状態を神仏習合とする、というような概念規定では理解不能の現象である。

補章には研究論文とはいえないが、ここに収録する意義があるものを集めた。用語の定義や復原の可否はもっと議論する必要のある問題であることを認識しておきたい。

三

本書に収録した文章は、すべて独立に書き、発表したものである。漢字や部分的な記述については読みやすくし、大きく重複する部分は割愛して前後の記述を整えた。発表時には紙幅・編集の都合上掲載できなかった図版類を加えた。また、書評などのなかから、研究上の意味があるものを部分的に収録した。

各論文は、発表した時点での学問的役割があったと思うので基本的に書き直すことはしなかったが、その後の発展と新しい知見については、付記と補注の形で各文末に付け加えた。敬称は原則的に省略した。

# 第一章　中世日吉社の研究

# 日吉七社本殿の構成――床下祭場をめぐって――

## 序

比叡山の東麓、坂本に鎮まる往昔の山王権現即ち日吉大社である。歴史上著名な大社であるから、ここにその来歴を述べる必要もなかろう。現存の社殿群は、おおむね信長による焼打の後再建された桃山期のものである。本殿について特筆すべきことは、いわゆる日吉造（聖帝造）本殿が三棟あること、そして山王七社の各本殿が床下に祭場をしつらえていることである。日吉造本殿については早くから考察がなされて来ており、成立要因はともかくとして、その珍しい外観は三間三面の平面形式に由来し、おそらく平安前期にまでさかのぼり得ると考えられている。(1) しかし一方の床下祭場に関する論及はほとんどなされておらず、実際の形状さえ詳しくは知られていないようである。(2) それはおそらく本殿床下祭場が仏教的祭祀の場であったことによると思われるが、古代・中世の宗教建築について、その構成や配置と信仰内容の相関をみようとするとき、神仏習合の思潮はけっして度外視できるものではない。幸い、昭和五十五年、神社側の破格の好意により簡単な実測調査を行い得たので、ここに現状を紹介するとともに、基礎的な考察を加えたいと思う。

# 一　床下祭場の現状及び本殿の構成

現在、七社本殿床下の祭場は下殿《げでん》と呼ばれている。慶応四年（一八六八）四月一日、一部祠官の廃仏毀釈強行により下殿の神具仏具はともに破却あるいは運び出され、建築的舗設のみが残された。七社を通じて戦前の解体修理、戦後の部分修理を受けているが、こと下殿に関する限り実に粗雑な扱いを受けてきた模様である。現在（昭和五十五年調査時）、西本宮及び樹下神社の下殿では時折神社祭式による祈禱が行われているものの、残り五社下殿は放置状態で、かなり荒れているものもある。以下、保存の良いものから順に略述するが、後述史料との対照を考慮して現社名および旧称（カッコ内）を記し、床上・床下の平面を概説しつつ本殿の建築的構成を明ら

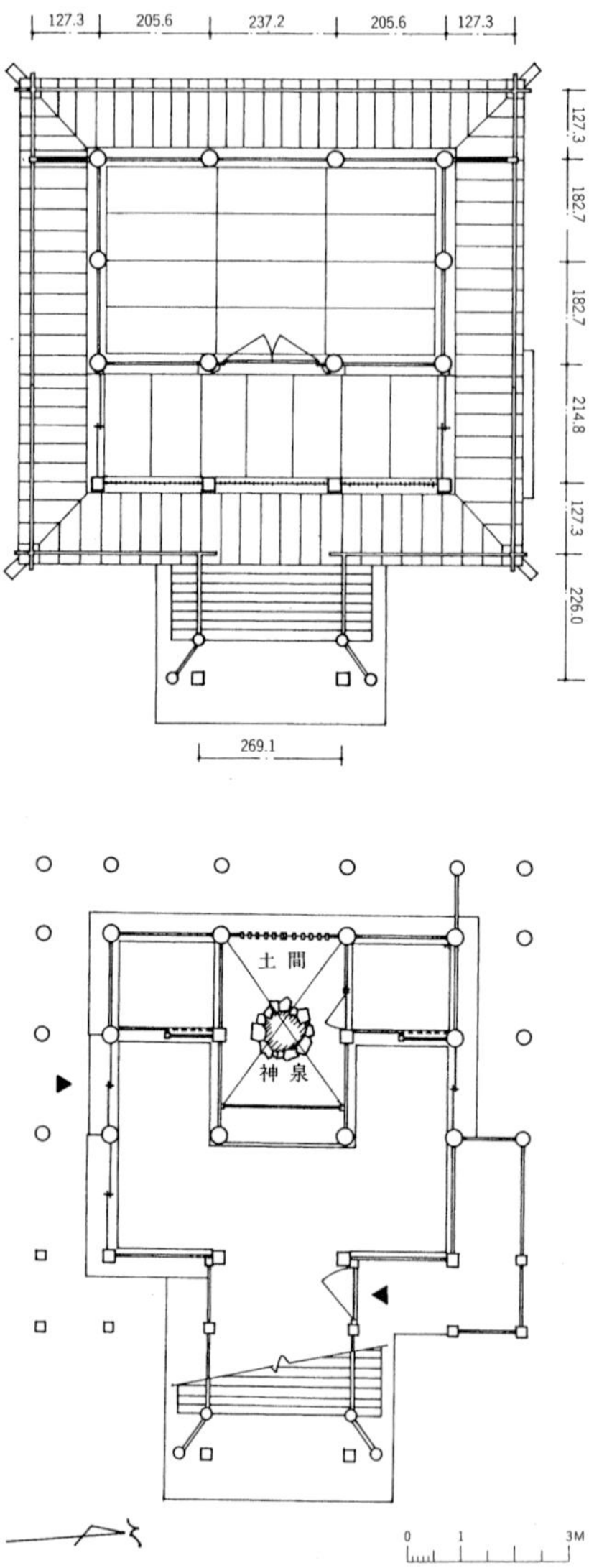


図１　樹下神社（十禅師社）本殿床上・床下平面図

かにしてゆきたい。

樹下神社（十禅師社・図1、図面は全て筆者作成）

三間社流造。後方二間内陣、前方一間外陣、内外陣とも畳敷きで内陣の扉は内開きである。下殿で床の敷かれているのは、内陣両脇一間と外陣の床下にあたる部分である。内陣前面柱筋の中央間即ち内陣扉のある柱間に高

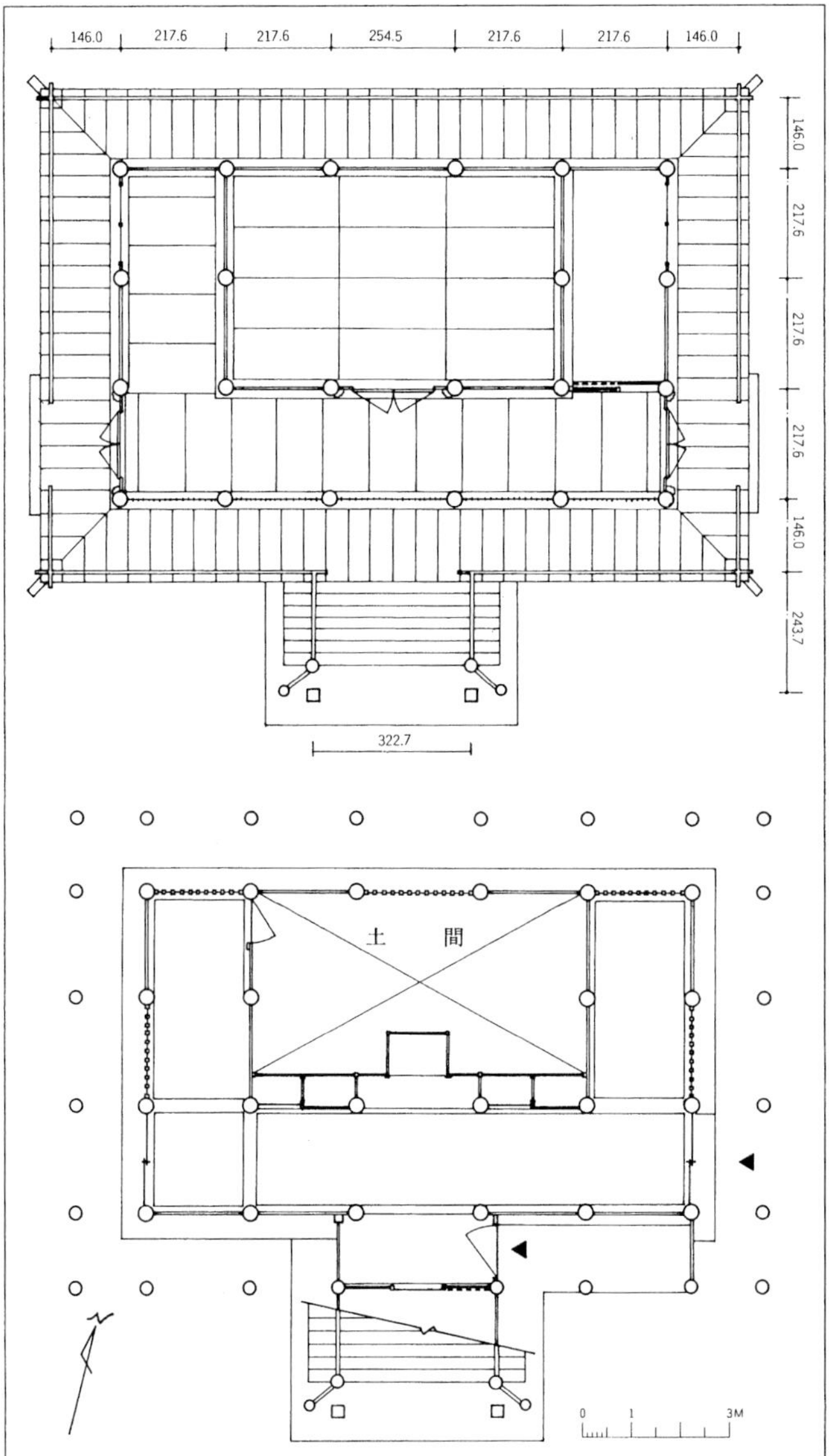

図２　西本宮（大宮社）本殿床上・床下平面図

図3　西本宮（大宮社）下殿内部（祭壇をみる）

さ約三九センチ、奥行き約六五センチの壇があり、おそらく本尊あるいは神体を奉安したものであろう。この祭壇の位置は、牛尾・三宮の二社を除く五社に共通する。壇の後方は土間で神泉が湧出する。原始信仰に始まる神社信仰の複雑な展開過程を集約したような緊密な構成といえる。

西本宮（大宮社・図2と3）

日吉造。三×二間の内陣の正面と側面に一間の外陣がつく。内外陣とも畳敷きである。古いものとは思えないが東の外陣を仕切って神器庫とする。外陣床下が下殿であり床を敷く。祭壇は高さ約三六センチ、奥行き約六七センチ、その両脇柱間に同寸法の戸棚を設ける。内陣床下はほとんど土間で、今は戸口があるが元は全く鎖されていたと思われる。祭壇中央には土間へ張り出して神棚様のものが造られているが、樹下神社にはみられないものであるし部材も新しいようである。柱間装置は現存しないが、敷居に引戸の溝がみられ、数室にわかれていたらしい。

東本宮（二宮社・図4）

日吉造。床上床下とも西本宮とほぼ同じ。ただ、後方廻縁の中央三間を一段切りあげ、外観にも内外陣の区別をあらわすこと、外陣の窓が後方につくこと、西側の外陣を仕切って神器庫とすることなどが相異している。

宇佐宮（聖真子社・図5）

日吉造。全体的に西本宮に似るが、下殿は少し異なっている。下殿には今も引違い戸が残り、四室にわかれて

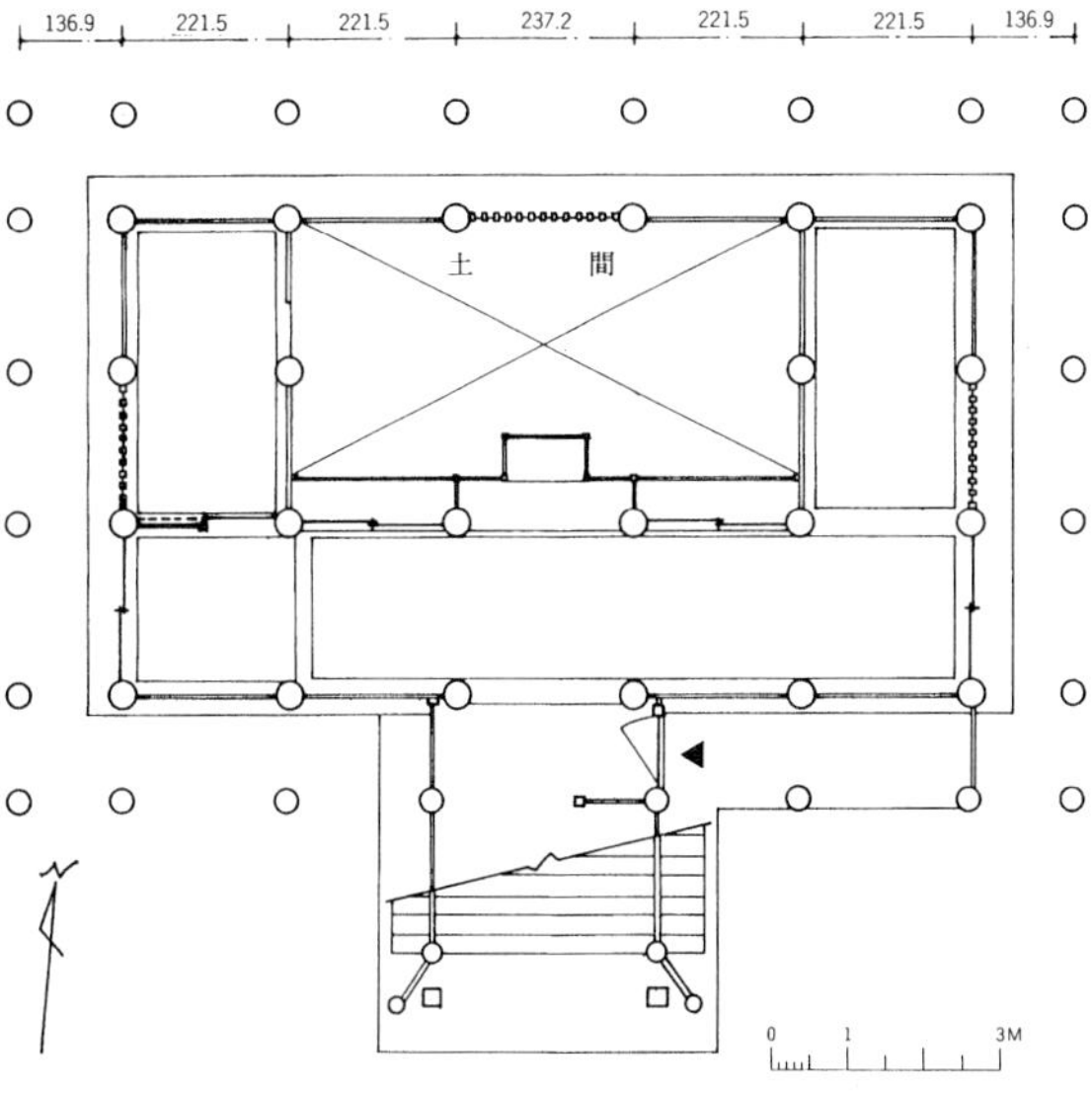


図４　東本宮（二宮社）本殿床下平面図

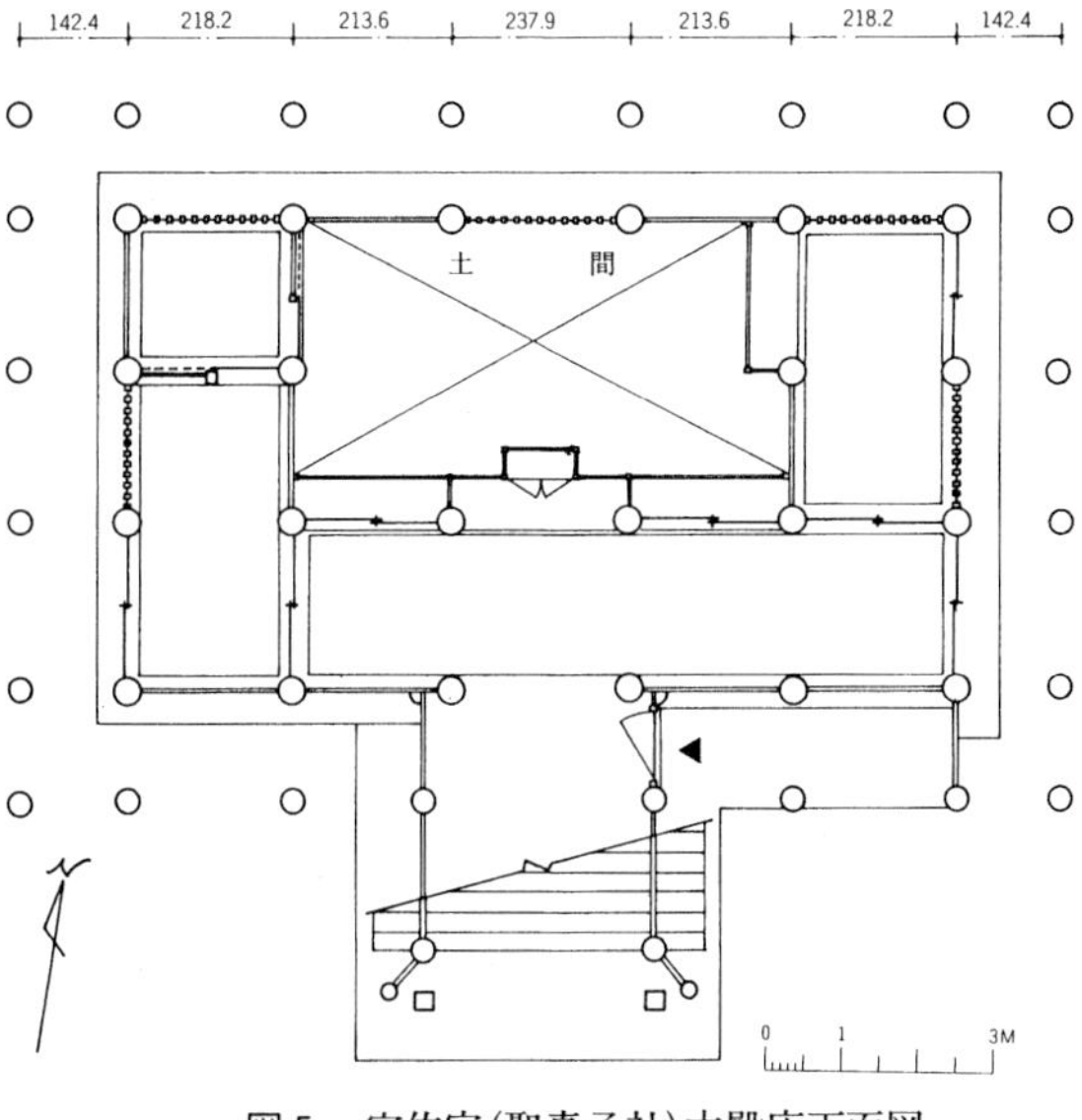


図５　宇佐宮（聖真子社）本殿床下面図

いて、東（図では右）の室にも土間側に壇がある。この室は北側に格子窓、東側に格子窓と引違い窓をつけ、開放的な造りにしている。信仰の場というよりは控室のような働きをしていたのではないかと思われ、だとすればこの壇は床間または物置棚の如きものではなかろうか。

以上四社の下殿は部分的改造はあるものの、原形はよく保たれている。これらに比べると以下三社の下殿は原形をとどめないといってよく、この遺構の貴重さを考えると、今後の綿密な復原修理及び保存が切望される。

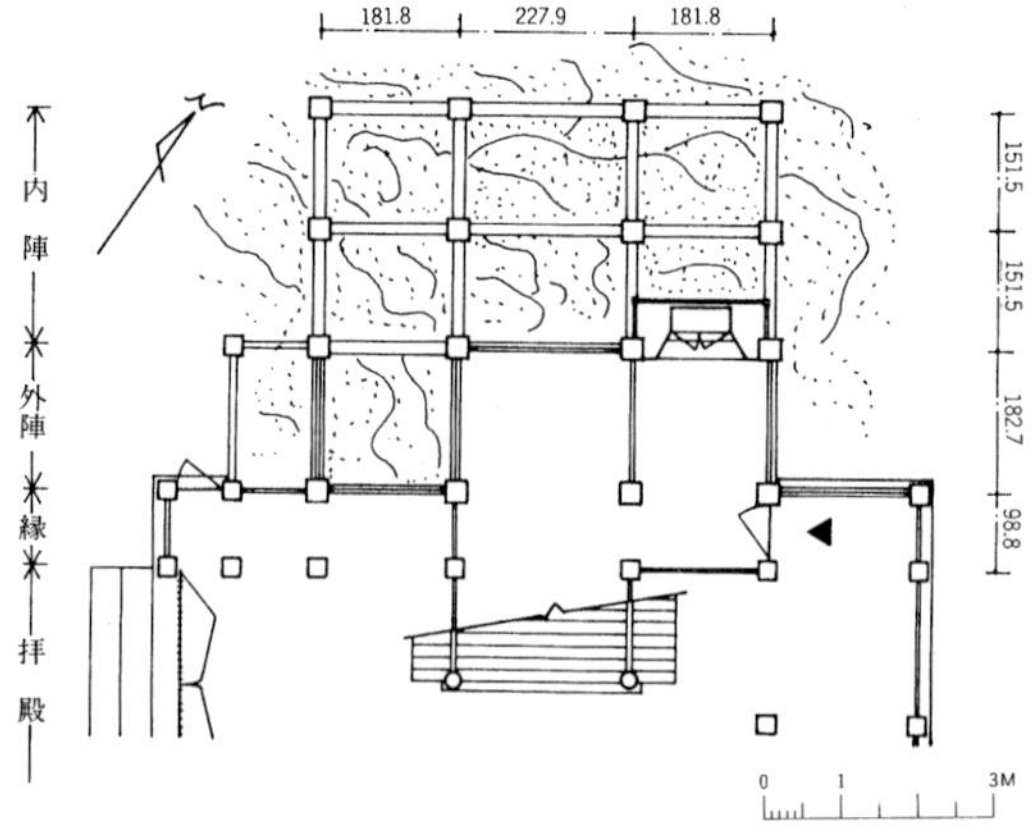

図6　牛尾神社（八王子社）本殿床下平面図

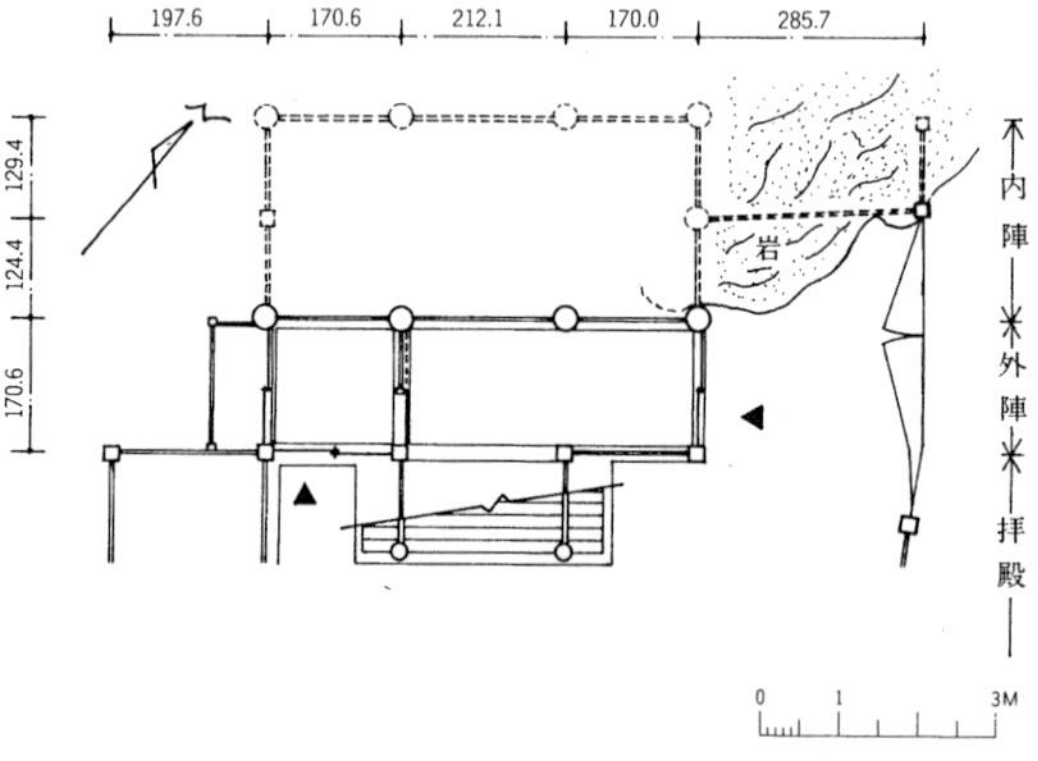

図7　三宮神社（三宮社）本殿床下平面図

### 牛尾神社（八王子社・図6）

三間社流造。八王子山山頂付近の金《こがねの》大岩《おおいわ》の傍らに、本殿・拝殿が一体化して建てられ、前方も後方も懸造である。図に示した内陣前面柱筋の後方（図では上方）二間が内陣、前方二間が外陣及び縁に相当する。外陣と縁それぞれの向かって右側二間の床下が下殿である。しかし改造が甚だしく、今の平面からは本来の姿をうかがうことはできないと思われる。

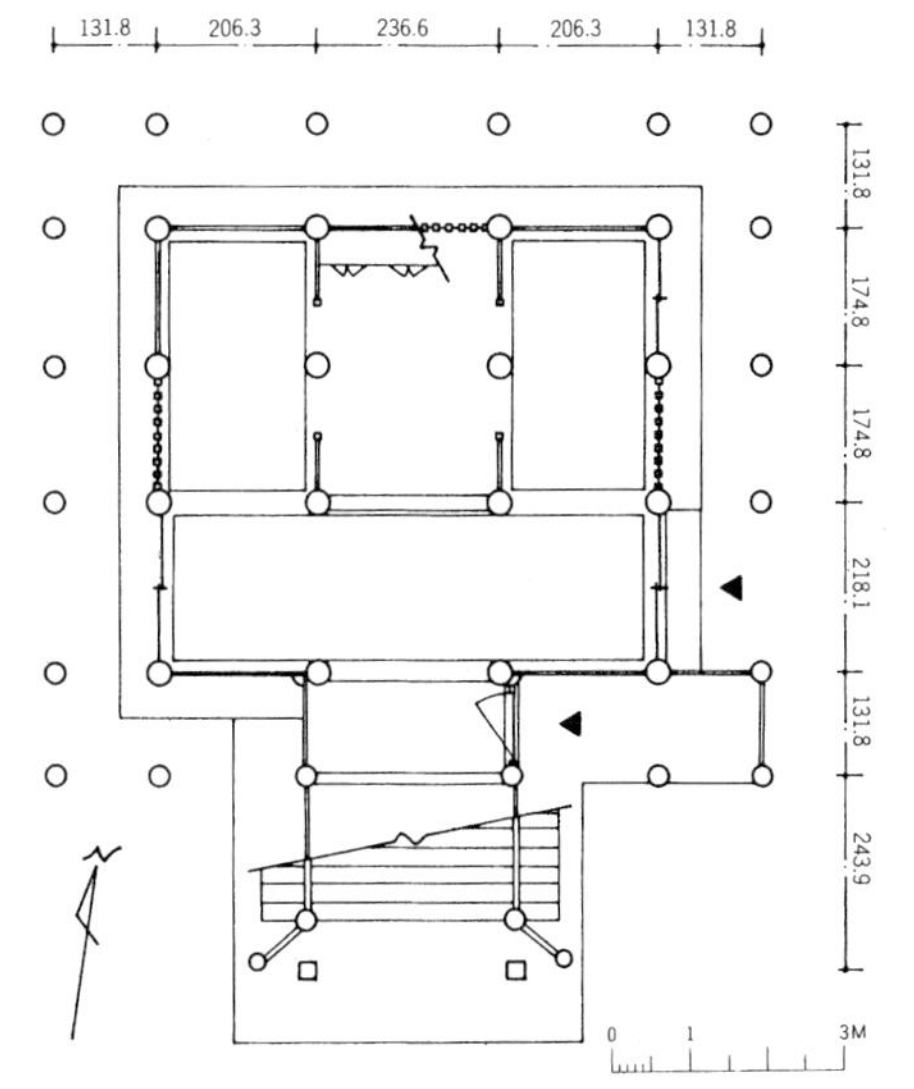


図８　白山姫神社（客人社）本殿床下平面図

三宮神社（三宮社・図7）

　三間社流造。牛尾神社と並立し、同じように本殿・拝殿は一体化しており、前方の拝殿は懸造とし、後方の本殿は金大岩にすがりつくようにして建つ。内陣前面柱筋の後方二間が内陣、前方一間が外陣に相当し、縁は設けない。外陣の床下がそのまま下殿になるが、非常に狭小である。ここもかなりの改変を被っている。

白山姫神社（客人社・図8）

　三間社流造。だいたい樹下神社と同様であるが、縁は内外陣とも同じ高さで廻し、脇障子も設けない。下殿については戦前の修理後平面図があるが、それ以後にも改造があったらしく、現状とは一致しない。戦前の図では背面格子窓上方の三つの神棚はないし、その両側の柱及び中一本おいてそれらと向き合う柱から出る四面の中途半端な板壁は、各々柱間一杯に張られていた。また、内陣前面柱筋中央間にあたる位置に、高さ約四三センチ、奥行き約四〇センチの壇が設けられていた痕跡がみられ、元来は樹下神社とよく似た平面であったことがわかる。

　牛尾・三宮両社下殿については不明な点が多いが、ここで一応残り五社本殿の構成に関して概括しておこう。

　(イ)床上平面及び特に外観において、日吉造と三間社流造は異なる印象を与えるが、床下平面は両者ともに土間を三方から囲む型であることが注目される。

(ロ)下殿の祭壇は内陣前面柱筋の中央間に設ける。
(ハ)下殿祭壇の後方は土間とする。
(ニ)七社全ての下殿に畳寄せが残る。近世には一面に畳を敷いていたらしい。
(ホ)下殿は間仕切りによって数室にわけられている。
(ヘ)床上部分は柱・板壁ともに素木の木肌を残すが、下殿内部は総体に煤けて黒ずんでいる。

床上の内外陣には神官僧侶といえどもみだりに立ち入ることはなかったと思われるのに対して、(ニ)・(ホ)・(ヘ)は床下が頻繁にしかも長時間使用されていたことを物語っており（床上も畳敷きではあるが）、床上と床下の使用上の性格は明らかに違っていたことがうかがえる。

## 二　近世の状況

『日吉社焼捨御道具並社司江持運品々覚』[3]は先に少し触れた神仏分離の際の記録である。これはすなわち江戸末期、社殿内に奉安されていた物品を示すものであって、全ての社殿に本地仏や経巻等仏教関係の品が納められていたことがわかる。以下に仏像に関する部分を掲げる（傍線は筆者、以下同様）。

大宮御分
一御本地仏　　一体厨子共
二宮御分
一御本地仏厨子共　一体
聖真子御分
一仏体下殿安置ス　一体

八王子御分
一下殿本地仏　一体
一下殿之神鏡　一面
客人宮御分
一本地仏　二体
十禅師御分
一本地仏厨子共　一体
一地蔵尊厨子共　一体
慈覚大師作
三宮御分
一本地仏厨子共　一体

この史料全体を通じて、下殿にあったとわかるのは傍線を施した三品に過ぎない。二宮社の項では内陣の品のみ別に記しており、本地仏はその中に入っていないから、外陣または下殿にあったはずである。あとの仏像は本殿のどこに安置されていたのか明らかでない。八王子社と聖真子社の例からして仏像は下殿に置かれていたとも推量されるが、神仏関係はかなり複雑である。まず聖真子社のみ「仏体」と書かれているのは、別に本地堂を備えていたことと関連しているかも知れない。[(4)] すると、下殿にあった「仏体」がどういう性格のものと考えられていたのか問題である。次に客人社では「本地仏　二体」としている点、書き誤りかも知れないが、十禅師社の場合をみるとそうでもなさそうである。十禅師社では本地仏一体の他に地蔵尊一体があったとしている。十禅師の本地は地蔵菩薩に他ならないから、[(5)] ここでも本地仏の側の二重性がみられるのである。その意味は今のところ不明という他なく、後考を俟ちたいと思う。

次に寛文二年(一六六二)の『間数之書付』[6]から本殿の畳に関する記事を抜粋する。すでに十七世紀中期以前には内陣と下殿が畳敷きであったことがわかる。

大宮御殿分

一畳内陣之分　拾四畳

一同下殿之分　弐拾畳

二宮御殿

一内陣畳　弐帖内壱帖ハ厚畳うんけんへり

一同断　五畳

一下殿畳　弐拾帖

聖真子

一内陣幷下殿畳　三拾四畳

一厚畳　弐畳うんけん縁内々陣

宮人御殿

一内陣畳　拾畳

一同厚畳　弐帖内壱帖ハうんけんへり

一下殿畳　弐拾畳

十禅師御殿

一内陣厚畳　弐帖うんけんへり

一同畳　拾四畳
一下殿畳　弐拾畳
三宮御殿
一内陳畳　拾畳
一下殿畳　弐拾帖（八王子社は「新造立」のため記されていない）

内陣の畳については数・種類を細かく記しているが、下殿についてはほぼ一律に二〇畳と書いている。大宮・二宮・聖真子の日吉造本殿ではおよそ一九〜二〇畳敷けるけれども、三間社流造の十禅師・客人では一五畳前後、三宮はさらに規模が小さく、おそらく一〇畳でも無理であろう。よつて、下殿の畳数は信用できないが、現在も畳寄せが残っていることと考え合わせて、下殿に畳が敷かれていたこと、並びに江戸初期には七社全てに下殿が存在したこと（八王子社については後述）の二点は確かめられたと思う。

周知のごとく元亀二年（一五七一）、信長の焼打によって日吉社は灰燼に帰し、秀吉の治政下天正十三年（一五八五）にいたってようやく再建に着手することになる。再建の気運が萌し始めた天正十年（一五八二）、祝部行丸[7]は旧規が失われるのを恐れて、焼失以前の社頭の状況や謂れを『日吉社神道秘密記』に克明に書き記している。行丸は日吉社復興において中心的役割を果たした人物であり、中世の状態を忠実に再現しようとしたのである。そのような努力の結果である今の社頭と、日吉社社頭絵図（延暦寺蔵）[8]や山王宮曼荼羅（奈良国立博物館蔵）[9]などの中世絵図を見比べてみると、仏教関係の建物が失われている以外に大きな差異はない。また境内の景観や社殿の外形だけでなく、本殿に納めるべき御神体や仏像類も苦心して焼失以前と同様のものを造ろうとしたことが知られている。[10]

十七世紀中期以前に存在したことの確かな七社下殿は桃山再建時のものとみてよく、日吉社復興の上述の如き意図を考慮すると、焼失以前中世末期には七社ともに下殿を備えていたと思われる。ただ『日吉社神道秘密記』のような詳密な記録をはじめ、管見に入った限りの日吉社関係史料にも下殿に関する直接的な記述のみられないのは、なんらかの特殊な事情によるものであろうか。

## 三　『平家物語』にみえる「下殿」

『平家物語』巻一に収められた二つの説話中には、鎌倉中期以前という早い時期における日吉社の下殿に関するものと考えられる記述がある。(11)

(1)得長寿院供養事

鳥羽院の御願になる得長寿院は、長承元年（一一三二）三月、天台座主権大僧正忠尋を導師に迎えて供養された。(12)これについて『平家物語』延慶本・長門本は、座主忠尋は再三の依頼にもかかわらず供養導師を勤めることを辞退したので、さまざまな経緯のすえ、結局日吉社の下級老僧が導師を勤めたが、その老僧は実は日吉二宮の本地、根本中堂の薬師如来であった、という話を載せている。『源平盛衰記』は、この話を「異説」として簡単に紹介した後「僻事歟」と結ぶ。まさにこの話自体は史実ではない。問題は説話の中で老僧の寝起きしていたとされる場所であって、法皇が老僧にその住処を尋ねると、

僧申ケルハ当時ハ坂本ノ地主権現ノ大床ノ下ニ時々庭草ムシリテ候ト申（延慶本）(13)

と答えた。法皇は僧のあとを使いの者に追わせて、それを確かめようとされたが、その有様は、

ケニ地主権現ノ大床ノ下ニ入ヌ居所ノ有様雨皮引廻シテ絵像ノ弥陀ノ三尊カケテ仏ノ前机ニ焼香散花ノ匂薫タリ（同右）

というものであった。長門本もほぼ同じであるが、「居所の有様は薦（こも）引廻して、絵像の阿弥陀の三尊東向にかけて」[14]（傍点は筆者）となっている。いうまでもなく、この老僧は本殿の床下に起居していたのである。

「地主権現」の床下と書かれていること、老僧が実は薬師如来であったと結ばれていることから、これは東本宮の床下と考えられる。なぜなら、日吉社において地主権現といえば、それは二宮即ち東本宮の祭神を指し、二宮の本地は薬師如来にほかならないからである。[15]

「弥陀ノ三尊」をかけていたとあるが、阿弥陀如来は聖真子の本地で、[16]二宮のそれではない。薬師如来の化身である老僧が薬師を拝む不自然さを避けた単なる文飾上の記述かも知れないが、この部分の解釈には、当時床下が本地仏を祀るための場であったのかどうか、また複数の仏を拝することはなかったかなど、いずれも見極め難い、しかし本質的な問題が関ってくる。

現時点ではこれに答える用意はないけれども、一応先の部分に対する私見を示しておこう。次項で述べるように、この頃すでに本殿床下に「下殿」なる場があったと思われるが、名称からしてそれは単なる床下ではなく、なんらかの舗設と使用上の意味を有していたであろう。かの老僧は、かなりの広さの東本宮「下殿」の一画に雨皮または薦を「引廻シテ」、自らの居所としていたのではなかろうか。即ち長門本の、絵像を「東向きにかけて」というのを字義通りにとってよければ、絵像は南北通りの壁面にかかっていたはずである。東本宮は南面しているから、絵像の位置及び老僧の居所は、中心部から外れた側壁寄りの場所だったことになる（図4参照）。従ってこの阿弥陀如来の絵像を「下殿」の本尊と考える必要はなかろう。確証はないが、これとは別に「下殿」の本尊なり神体なりが祀られていたと考えても矛盾は生じないと思う。

年代については、延慶本・長門本の成立が鎌倉中期から後期とされるから、[17]説話の伝承期間も考慮に入れれば、およそ鎌倉初期または中期の日吉社の有様を伝えたものとしてよいだろう。

## (2) 願　立

　話の設定は嘉保二年（一〇九五）あるいは元年である。病いに伏す後二条関白師通の平癒を祈って、北政所は日吉社に参籠した。七日目の夜、童御子に神（諸本により八王子・十禅師の二種がある）が依り憑いて託宣し、北政所が心中ひそかに立てた願も明らかにしたという内容で、ここでとりあげるのは、北政所の心中の願に関する部分である。『平家物語』は異本の多いことで知られるが、まず一二七〇年頃に成立したとされる、増補系の南都本、語り系の平松家旧蔵本の記事を示そう。

　又一期ノ程参籠シテ下殿ニ並居タル宮籠共ニ相伴テ宮仕ヘ申スヘシト（南都本(18)）

　左モ侍ハ、下殿ニ候諸ノ片輪《カタハ》ノ人々ニ交テ一千日ヵ間朝夕宮仕申ムトナリ（平松家旧蔵本(19)）

鎌倉期の成立とされる諸本の中では、源平闘諍録・屋代本・竹柏園本の三者を除き(20)、増補系諸本は南都本と、語り系諸本は平松家旧蔵本と類似の記述である。

　また鎌倉後期成立とされる(21)『日吉山王利生記(22)』がこの話を収めているので、当該部分を掲げておく。

　八王子の下殿に宮籠などいふあやしの乞食非人と。ひざをならべて夜昼社頭をはなれじ。

　さて、最初に「下殿」の読みであるが、覚一本が「したどの(23)」と仮名表記しており、『源平盛衰記』は「下殿」に「シタトノ(24)」と振り仮名を付けている。また、百二十句本は「下てん(25)」と書いており、これは「かでん」または「げでん」であろう。後に考察するが、現在の下殿と同じ場所を指す言葉ならば「げでん」が妥当と思われるので、「下殿」に対して古くは「したどの」「げでん」両様の読みがあったと考えられる。

　次に、これが七社の内どの社に関する記述かを検討しなければならない。つまり延慶本を除く増補系の四本（四部合戦状本・南都本・長門本・源平盛衰記）は十禅師社の「下殿」とし、延慶本及び語り系の三本（平松家旧蔵本・鎌倉本・百二十句本）は八王子社の「下殿」としており、少なくとも二つの伝承があったと考えられるのである。[26]ここで先に引用した『日吉山王利生記』であるが、この本は専ら山王権現について物語ることを目的としており、そこでは「八王子の下殿」としているから、『平家物語』の成立した時期にも八王子社には「下殿」があったと考えてよいだろう。しかし、十禅師社のこととする増補系諸本にしても、互いに丸写ししたのではなく、絶えず修整増補を行いつつ『源平盛衰記』の完成にいたったとされるから、十禅師社の「下殿」と書いてもなんら怪まれない状況だったのではなかろうか。そして、室町期の成立ではあるが、如白本では、得長寿院供養導師の老僧の居所が「東坂本十禅師権現ノ大床ノ下」[27]となっていることなどを考えあわせると、十禅師社にも八王子社と同じく相当早くから「下殿」があったと思われる。

さて、この「下殿」が現在と同様に本殿の床下を指すという点について、まず呼称及び表記の同一性が指摘できるだろう。次に『日吉山王利生記』に即して考えてみたい。前掲引用の前に

禰宜をば八王子の拝殿に入て。[28]

という記述がある。従って当時の八王子社は本殿に付随して、「拝殿」及び「下殿」と呼ばれる場を備えていたといえる。拝殿を特に「下殿」と称する理由は見あたらないから、この二者は別のものとしてよかろう。また、七社にはそれぞれ彼岸所・夏堂など、主に仏教的修法に使われる建物があったが、これらは天台座主や公家が用いることもあり、[29]社会的な最下層の人びとが籠っていたらしい「下殿」と同じものとは思えない。やはり「下殿」は、本殿床下の特殊な用途にあてられた室を指し、その位置ゆえに下殿と呼ばれたと考えられる。

最後に「宮籠」なる言葉について、下殿の用途と関連して若干の考察を加えておこう。「宮籠」は上掲どの文中でも下殿に居る人びとを指すが、本来は神社に籠る行為をあらわす言葉である。拝殿や神館において、祭の準備期間あるいは祭そのものとして宮籠を行うのは広汎な民俗行事であるが、上の説話における日吉社の籠りは、常時かつ個人的なもののようである。そして、『耀天記』にも、

一　客人宮事。

昔宮籠広秀法師（中略）如此宮籠等任雅意奉崇者。宝殿不知其数歟(30)。

とあるように、多くの下級僧（二宮社の老僧もその一人であろう）、不治の病人、乞食などが宮籠の主体であった。平曲の琵琶盲僧などはその典型というべきで、『平家物語』に下殿の記述があるのもあながち偶然ではなかろう。

しかし、下殿が祭とはまったく無関係であったかというとそうでもなく、神仏分離以前の山王祭において、

四月三日酉刻大宮下殿におひて神酒を二十一社に供ふ榊調進の宮仕祝言して皆大宮下殿に参候す（『近江名所図会』(31)）

ということが行われており、これは普通の意味の宮籠に近いといえる。本殿床下は、伊勢神宮を例に出すまでもなく神社信仰において特別の意義をもつ場合も多く、樹下神社本殿床下の神泉は、そういう点で注目に値するであろう。あるいはこの地の原初的な信仰形態の中に床下の祭儀があったのかも知れない。

## 結　び

以上三節にわたって、日吉七社の下殿――本殿床下祭場――をめぐって考察を行った。下殿の起源については想像の域を出ないが、一応次のことがいえる。

(1)鎌倉期、若干の疑点はあるが東本宮床下で弥陀の絵像をかけることがあった。近世では、少なくとも牛尾神社と宇佐宮の下殿には仏像が祀られていた。

(2)中世初期の下殿には、病人や最下級の僧侶が宮籠しており、それは常時かつ個人的な祈願によるものであった。

このような下殿の用い方の背貴には、神仏習合を核とした古代末から中世にかけての仏教及び神社信仰の大衆化

という時流があったと考えられる。さらに、平安期における日吉大社の発展並びに社殿の整備は、山門との深い結びつきなしにはあり得なかったことを思い合わせると、上記日吉七社本殿の構成は、神仏習合の一つの形、それも非常に特異な形態とすべきであろう。

(1) 伊東忠太「日本神社建築の発達(中)」(『建築雑誌』一七〇、明治三十四年)。『建築学大系4―I　日本建築史』(彰国社、昭和四十三年)。
(2) 床下の室の存在そのものは知られており、『新大津市史』別巻(大津市役所、昭和三十八年)、宗宮祐夫・近藤豊『日吉大社』(山王総本宮日吉大社修復奉賛会、昭和四十四年)、佐々木剛三・佐藤正彦「神社建築と神像」(『日本美術全集一一・神道の美術　春日・日吉・熊野』、学習研究社、昭和五十四年)などに若干の記述がある。
(3) 村上専精他編『明治維新神仏分離史料』上巻(東方書院、大正十五年)。
(4) 元来は念仏の道場で中世には「念仏堂」(『日吉社神道秘密記』)と称したが、近世には「本地堂」とも呼ばれた(本文第二節所引の二史料、『近江名所図会』等)。
(5) 『燿天記』の「山王事」(『続群書類従』神祇部)には、地蔵、弥勒二菩薩の垂迹とあるが、中世・近世を通じて十禅師は地蔵の垂迹とするのが主流であった。
(6) 叡山文庫蔵。識語によれば、寛文二年(一六六二)に記されたものを正徳三年(一七一三)に書写したもの。
(7) 日吉社祠官。嵯峨井建「祝部行丸」(『神道宗教』八九、昭和五十二年)によると、永正九年(一五一二)～天正二十年(一五九二)。
(8) 宮地直一監修『神社古図集』(日本電報通信社、昭和十七年)参照。
(9) 景山春樹『神道美術』(雄山閣、昭和四十八年)参照。
(10) 景山春樹『比叡山寺』(同朋舎、昭和五十三年)。
(11) 以下、平家物語諸本に関する知見は、渥美かをる『平家物語の基礎的研究』(三省堂、昭和三十七年)によった。
(12) 『中右記』長承元年三月十二日の条。
(13) 『延慶本平家物語』(古典研究会、昭和三十九年、大東急記念文庫蔵本の影印本)。
(14) 黒川真道他校訂『平家物語長門本』(国書刊行会、明治三十九年)。

(15)「此地主大明神ハ薬師如来ノ垂迹也」(前掲『燿天記』の「山王事」)。地主大明神とは二宮即ち東本宮祭神のこと。
(16)「阿弥陀如来後ニ隠本垂迹シテ。神ト成テ御セバ聖真子トハ申也」(同右)。
(17) 赤松俊秀「得長寿院落慶供養について——平家物語の原本について続論——」(『平家物語の研究』、法蔵館、昭和五十五年)など赤松の説では、延慶本の成立を鎌倉初期としている。
(18)『南都本・南都異本平家物語』(汲古書院、昭和四十六年、彰考館蔵本の影印本)。
(19)『平松家旧蔵本平家物語』(古典刊行会、昭和四十年、京都大学附属図書館蔵本の影印本)。
(20) 源平闘諍録は、この説話自体を収録しない。屋代本・竹柏園本は、問題の部分を欠いている。
(21) 近藤喜博「山王霊験記とその成立世代」(『国華』六五一六、昭和三十一年)。
(22)『続群書類従』神祇部。
(23)『平家物語』(日本古典文学大系三二・三三、岩波書店、昭和三十四年)。
(24)『源平盛衰記』(汲古書院、昭和四十九年、蓬左文庫蔵慶長十六年写本の影印本)。
(25)『平家物語百二十句本』(古典文庫、昭和四十三年、国立国会図書館蔵本の影印本)。なお、この本より古態を保つとされる慶応義塾大学斯道文庫蔵の写本(室町後期写)では「下殿」と書いているが、読み方は不明。
(26) 流布本では「大宮のしたとの」とする。おそらくは覚一本の書き変えであろう。今は考慮の外におく。
(27)『参考源平盛衰記』(『改定史籍集覧』所収)による。
(28) 前掲注(22)に同じ。
(29) 例えば、『門葉記』(『大正新脩大蔵経』図像一一・一二)巻第百三十・門主行状三、大乗院宮尊円親王の貞和三年(一三四七)十二月十六日の条に「於日吉大宮彼岸所。為天下静謐御祈。始修尊勝法」、同四年(一三四八)正月十八日の条に「為左兵衛督直義卿厄年四十二歳祈。於日吉客人宮彼岸所。修冥道供三箇夜」などとある。また、巻第百七十三・百七十四をみると、天台座主の日吉社拝賀のおりには、まず大宮彼岸所に入るのを常としたことがわかる。これは特殊な例かも知れないが、『元徳二年三月日吉社並叡山行幸記』(岡見正雄博士還暦記念刊行会『室町ごころ』所収、角川書店、昭和五十三年)に「大宮の彼岸所を頓宮にかまへて、すてに臨幸なり給へは」とあり、後醍醐天皇の元徳二年(一三三〇)、大宮彼岸所が天皇の頓宮になったこともある。
(30) 注(5)前掲書。
(31) 文化十一年(一八一四)刊。

【付記】

この論文は昭和五十七年の発表で、その後平成四年に嵯峨井建『日吉大社と山王権現』[1]が公刊され、その第六章「下殿とその祭祀」においては神道学の立場から日吉社下殿の祭祀が論じられている。これは拙文に先立つ昭和五十三年に脱稿していたものが、神社内の事情で公表を控えていたものと聞いている。神道家ならではの卓見の中で、筆者の調べ落としていた史料が紹介されている。それは正徳四年（一七一四）奥書の『中下七社并末社覚書』（叡山文庫止観院蔵）で、その中に「下殿本尊覚」という項があり、下殿の本尊の種類、法量、厨子寸法が記されている。この史料により江戸時代の山王七社下殿の祭祀対象は全て仏像（大宮のみは絵像）であり、かつ床上の祭神の本地仏であることが明らかとなった。しかし床上の祭祀対象について、氏が景山春樹の紹介した『山王七社并早尾大行事御神体御寸法』（叡山文庫蔵）[2]により、内陣本地仏として掲出したものはなにかの誤解があると思われる。内陣本地仏があったと仮定すると、それは御神体そのものが本地仏であったか、あるいは御神体とは別に内陣本地仏があったかのいずれかとなる。まず前者の可能性については、筆者の考えでは『山王七社并早尾大行事御神体御寸法』に記されたものは、『日吉山王権現知新記』[3]に掲げられたような垂迹形であって仏像ではない。このことに関して神仏分離の際に焼捨てされたり、持ち出されたりした物品の目録『日吉社焼捨御道具並社司江持運品々覚』[4]にある御神体と仏像を掲げる。以下は全て焼捨てられたものとしてあげられている品々である。

| | | |
|---|---|---|
| 大　宮 | 御本地仏 | 一体厨子共 |
| 二　宮 | 御神体但シ厨子共 | 一体（内陣） |
| | 御本地仏厨子共 | 一体（内陣以外） |
| 聖真子 | 御神体厨子共 | 一体 |

仏体　下殿安置ス　一体
八王子　下殿　本地仏　一体
客　人　荒魂神体　一体
本地仏　二体
十禅師　御神体厨子共　一体
本地仏厨子共　一体
地蔵尊厨子共　一体
三　宮　本地仏厨子共　一体

焼捨て、持ち出しの目的は神仏分離であり、仏教関係のものが標的となったことを念頭においてこれをみると、御神体で焼捨ての対象となったのは二宮・聖真子・客人荒魂・十禅師であり、大宮・八王子・三宮は対象とならなかったことがわかる。この区別はなにかというと、『日吉山王権現知新記』の絵によれば、客人荒魂を除く前三神の像は僧形であり、後三神は俗形であることに対応すると考えられる。客人そのものは俗形で描かれているが、ここの記述は客人荒魂となっているので、その姿がなにであったかはわからない。従って客人荒魂については不詳であるが、上のような対応関係を認めるなら、神体はすべて垂迹形であったこととなる。第二に、全ての本殿に本地仏（聖真子のみ仏体と記述される）があり、それが焼捨ての対象となっている。その安置位置については、この史料でも八王子の本地仏が下殿にあったことと、二宮の本地仏が内陣以外の場所にあったことが書かれているが、『中下七社并末社覚書』の記述によって、七社の本地仏はすべて下殿にあったことがわかる。そしてもし、下殿本地仏以外に内陣本地仏があったのなら、僧形の神体が焼捨ての対象とされた以上、内陣本地仏も焼捨てられ、上の記録に載せられたであろう。その記述がないということは、結局、氏のいうような内陣本地仏は存在しなかったと考えられるのである。よって、江戸時代の山王七社本殿における神仏の祭祀構成は、床上内陣に『日吉山王権現知新記』の絵にみられる垂迹形の神像、下殿にはその本地仏が安置されていたことが確定的となった。

拙文においては、中世の下殿に関して『平家物語』などの説話資料をあげ得たに過ぎず、中世説話の霧の中に垣間みえる下殿とそこに籠もる怪しげな巫覡、乞食、非人、片端人、貴種の姫君のおぼろげな姿を探り当てたに過ぎなかった。のちに宮籠の問題はやや発展をみて、「八坂神社の夏堂及び神子通夜所」（本書第二章に収録）において、八坂神社では宮籠は神社組織の中に組み込まれ、掃除や神楽を行っていたことを突き止めた。しかし、肝心の日吉社の宮籠の実態は依然として不明のままであるし、八坂と日吉の宮籠を同一視してよいものかどうかも確たる自信はなかった。そのような状況のなかで出会った丹生谷哲一『検非違使――中世のけがれと権力――』[5]は、宮籠とは中世における散所非人の一類型であることを明らかにしており、筆者にとって瞠目すべき内容を持っていた。この指摘により、『平家物語』の願立説話において、関白師通の母があやしの乞食非人に交じって千日の間庭の塵をはらったり、唐崎の白砂を運ぶことと引き換えに願を立てたことの背景が明瞭になった。掃除は宮籠の重要な仕事であり、いわゆるキヨメの職掌のひとつなのであった。そして八坂神社の宮籠の職掌にも庭上の掃除があったことは、拙文においても明らかにした通りであり、日吉社および八坂神社の宮籠はそのような社会的階層あるいは身分として捉えてよいと考えられるにいたった。

下殿の成立時期について確たる史料がないところから、『平家物語』が形成される時期以前というだけのことで、筆者は漠然と中世初期としたのに対して、丹生谷は『燿天記』の「客人宮事」にみえる、座主慶命の時に宮籠広秀法師が白山神を勧請した、という説話を参照して十一世紀頃の成立と推定した。客人社の成立については、『山家要略記』に相応和尚の時期、天安二年（八五八）の勧請という説もあるが、佐藤真人の考証[6]では、やはり

『燿天記』の説の方が可能性が高いと結論されている。しかし、白山神の勧請と下殿の成立がどのように関連するのかは難しい問題である。それはそれとして、宮籠の社会史的な位置づけから考えて、山王七社のひとつが宮籠によって勧請されたとすると、これも中世における神社の形成の問題として極めて興味深い。

最後に下殿という語は、管見の範囲では日吉社以外に聞かないのだが、『山門堂舎記』[7]首楞厳院の項の中堂が仁安四年（一一六九）に焼亡の後、再建される記事の中に出てくる。[8]

一材木事。

此御堂四面共懸造也。然者下殿大物材木者。於二横川内一不レ論二仏領人領一。伐下相二叶寸法一之木上儲レ之。

（中略）中堂下殿造営番匠百二十八云々。

この例は下殿を単に仏堂の床下という意味で使用している点が重要である。神社本殿において床下を内部空間として取り込んだ形態はごく少数で、日吉社ほど整ったものはない。この形態が日吉社でできたのならば、始めから現在みる桃山時代の形態のような整ったものだったとは考えにくい。始めは単なる床下だったのが、宮籠等が床下に居住したことから、今のような整備された形式に発展したのではないだろうか。

（1）嵯峨井建『日吉大社と山王権現』（人文書院、平成四年）。
（2）景山春樹「山門の復興と日吉社神体の造立」（『比叡山寺』、同朋舎、昭和五十三年）。
（3）『神道大系　神社編二十九・日吉』（神道大系編纂会、昭和五十八年）所収。
（4）村上専精他編『明治維新神仏分離史料』（東方書院、大正十五年）所収。
（5）丹生谷哲一『検非違使―中世のけがれと権力―』（平凡社選書一〇二、昭和六十一年）。
（6）佐藤真人「山王七社の成立」（『神道学』一二五、昭和六十年）。
（7）『群書類従』釈家部。
（8）清水擴氏の御教示による。

# 日吉社の彼岸所

## 序

中世日吉社には彼岸所と呼ばれる建物が数多く存在し、それらはことに重要な意味を持つ施設であったと思われるが、いまだその名のよってきたる所以をはじめ、基本的な性格や機能などについてまともに採りあげた論考はない。本稿は、そもそも日吉社の彼岸所とは何かという問題について、延暦寺、荘園、堂衆及び彼岸会などとの関連において考えようとするものである。ただ、彼岸所の建築物としての側面については別の機会に譲りたい。建築物としての彼岸所を考察するには、絵画史料の検討をはじめ、彼岸所以外の数多くの建物の同定など、幾多の複雑な検討が前提となるからである。それら中世日吉社全体の建築群については別の機会に譲りたい。

## 一　彼岸所の概要

彼岸所は、山王七社及び若干の摂社に付属する建物である。外観については、中世以降何点かの絵画史料[(1)]が残されており、共通する特徴として、檜皮葺屋根、梁間二乃至三間に対して桁行五間以上の細長い建物であるといえる。内部は一部を除き[2]不明である。各彼岸所の成立時期も判然とせず、一体どれだけの彼岸所があったのか正確にはいえない。試みに、日吉社に関する網羅的な記述をもつ『日吉社神道秘密記』[3]にみえるものをあげる。

　王子宮、早尾社、塔下、大宮、聖真子、客人、気比、聖女、下八王子、八王子、三宮、二宮、十禅師、大行事、山末、新行事

以上で一六箇所であるが、『天台座主記』[4]延元元年（一三三六）正月十五日の条には「二十箇所ノ彼岸所」とあり、『太平記』[5]巻第一四には「二十一箇所ノ彼岸所」とあって、四または五箇所が余る。近世も後期の史料であるが、天保八年（一八三七）の『日吉御祭礼之次第』[6]によれば、さらに悪王子・蔵之辻・西方図子・生源寺・郡園の五つの彼岸所が数えられて、合計二一箇所となる。しかし、『太平記』の二一箇所というのは、彼岸所の数を数えたというよりは、山王二一社にそれぞれ彼岸所があると考えた数と思われ、実数ははっきりしない。

　彼岸所の機能については、『天台座主記』建仁四年（一二〇四）二月十二日の条に次のような記述がある。

　社頭ノ彼岸任二セ谷々ノ巡役一ニ次第ニ宜レノ令二勤仕一セ之由被レ下二院宣一ヲ是レ堂衆退散ノ之後学生勤仕ノ之初也
　仍テ大宮南谷二宮西塔聖真子横川八王子東谷後ニ改二西谷一客人無動寺十禅師北谷後ニ改二東谷一三宮西谷後ニ北谷南谷勤レ之経二テ評定一ヲ如レク此ノ雖レ被二定メ行一ハ北谷相論欲レノ及二ハント合戦一ニ之間今季東塔ノ彼岸皆於二テ山上一ニ令二メ勤仕一畢於二テハ西塔横河一ニ者令レ勤二仕セ社頭ノ彼岸一ヲ其ノ後経二テ衆議一ヲ八王子十禅師等ノ彼岸被レ改二メ谷配一ヲ畢

文頭の「社頭」は、文中に山王七社の社名が出ているから日吉社をさす。社頭彼岸について、一行目に堂衆が退散して学生が勤仕する始めであると書かれているから、この頃の彼岸会は日吉社の社頭で堂衆が行うべきものであった。以下の部分は、山王七社各彼岸会を山上延暦寺のどの谷が行うかを記している。近世の書であるが、『日吉山王権現知新記』[7]はこの文を引いたあとに、

　今案スルニ、元久已前者堂衆居二シ彼岸所一ニ勤レ之、凡ソ堂衆者皆下僧也、次第ニ経上テ終成二大衆同輩ノ之思一ヲ、

故ニ及二山門ノ騒動ニ一、具ニ如二座主記一注考云々

と述べている。堂衆は、学侶に対して使われる呼称で、階層的には一般に学侶が上、堂衆が下とされる。大衆は、基本的には僧団全体を指し、中世では堂衆を意味する用法も多い。しかし、右の文では大衆は僧団の正式の構成員たる学侶であり、堂衆はそれに従うべき下僧と読める。この文は、元久以前は延暦寺の寺僧組織の中で学侶に対して身分の低い堂衆が、彼岸所に居て彼岸会を勤めていたと述べていることになろう。これは興味深い見解で、のちに再びふれる。また、『白河燕談』(8)巻二「二季ノ彼岸」の項には、

古老有リレ言ヘルコト、古ヘハ者如クレ今ノ諸寺ニ説法談義ト云コト無シレ之レ、故ニ比叡山ノ坂本ニ廿一箇所有テ下号スル二談義所一ト所上、能弁ノ僧出テレ之ニ、春秋二時説法シテ令ム二在俗ヲシテ聴カ一、諸方群参ス、（中略）談義所ノ事ハ太平記ニ往見ユ（読点筆者）

とあり、昔、坂本の二一箇所の談義所で、毎年彼岸の時節に説法談義が行われたという。これは「彼岸」の項にあるから、「春秋二時説法」は彼岸会の説法談義である。その場は、「比叡山ノ坂本ニ廿一箇所有テ下号スル二談義所一ト所上」とあって、日吉社の二一箇所の「談義所」ということになる。これが『太平記』に見えるというのだが、『太平記』には「談義所」は見えず、かわりに次に掲げる部分に「彼岸所」が出てくる。

坂本御皇居并御願書事（巻第十四）

主上已ニ東坂本ニ臨幸成テ、大宮ノ彼岸所ニ御座アレ共、

（中略）

二十一箇所ノ彼岸所、其外坂本・戸津・比叡辻ノ坊々・家々ニ札ヲ打テ、諸軍勢ヲゾヤドシケル。

三井寺合戦并当寺撞鐘事付俵藤太事（巻第十五）

其外宗トノ人々、聖女ノ彼岸所ニ会合シテ、合戦ノ評定アリ。

坂本つまり日吉社にあること、二一という数字が一致することから、『白河燕談』のいう「談義所」は彼岸所のことと考えるのが妥当と思われる。『白河燕談』は近世中期の書物で、当時すでに彼岸所は廃絶しており、まさに「古老有言」でしかないが、彼岸所が「談義所」の機能をもっていたとすると、春日大社にあったいくつかの談義所と類似の機能をもつものとして把握できることになる。

彼岸所に関する確実な文献上の初見は、管見の範囲では『平安遺文』三四五七号の日吉社聖真子宮彼岸所下文案である。

日吉社聖真子宮彼岸所下　　社領伯耆国宇多河庄

可令早停止他妨、為本主僧心豪沙汰、無懈怠備進御年貢、致神事等勤事、

右庄、為僧心豪相伝私領、去保元年中令寄進□□(日吉)社二季彼岸御油庄已畢、随其時国司免判畢、其後雖被停癈庄号、於御油之勤者、心豪□□逐年無懈怠、而又長寛元年之比、寄□同社大宮二宮九月相撲会、堺四至打牓至〔示〕畢、雖然当任之初被停癈之尅、社司等勤在状、令言□處、於社領者全不可停癈之由、自右兵衛督家□仰下畢者、偏本社進止也、於今者任寄文旨、□心豪為沙汰人、毎年令備進御年貢、不可有懈怠之状如件、庄家冥〔宜〕承知、勿違失、故下、

仁安三年三月　日　　行事大法師在判

彼岸所別当大法師在判

この文書から、聖真子宮彼岸所が荘園管理を行っていたこと、彼岸所別当は神官ではなく僧侶であったこと、日吉社における彼岸会の存在、そしてそれらは十二世紀以前のことであることなどがわかる。

## 二　彼岸所・延暦寺・荘園

正応四年（一二九一）から同五年にかけて紀伊国荒川荘・名手荘で一連の事件があった。正応四年九月から翌年三月にいたる『鎌倉遺文』一七六七七〜一七八六〇号の中の関連文書によるとその経過は次のようであった。正応四年九月、自称「山門末寺高野寺寺僧」または「日吉大行事彼岸所末寺高野寺寺僧」法心は、高野山の悪僧等によって「日吉大行事彼岸用途」の銭三五貫文、同彼岸米二一石五斗、その他の財物を奪われるなどの狼藉を訴えた申状を認めた。その内容は、実印・寛円を経て天台座主慈助法親王の耳に達した。座主は、蔵人所と六波羅に令旨を出し、これに応じて伏見天皇綸旨が東寺に出され、東寺と六波羅からそれぞれ現場に御教書（おそらく東寺からは金剛峰寺へ、六波羅からは守護へ）が出された。ちょうどその頃、高野山では以前から荒河・名手両荘で悪逆の限りを尽くしていた為時法師とその一味の対策に苦慮していたが、そのうちの二人を捕らえて悪行を白状させたところ、為時法師と件の法心は同一人物であることがわかった。為時は、殺害の罪で武家に召し捕られていたが、高野寺寺僧を自称し、綸旨を掠め申し賜り、赦免を被らずに逃走して、再び悪行を働いていたのである。

原文の引用は省略するが、注意しておきたいのは、「日吉大行事彼岸所末寺」と「山門末寺」が同義であり、「日吉大行事彼岸用途」の略奪に対して最終的には天台座主が動いていることである。

また嘉元三年（一三〇五）二月、近江国菅浦荘の住人達は、田地をめぐって続いている大浦荘との訴訟費用に困窮し、十一月までの約束で「日吉十禅師彼岸上分物御用途」一五〇貫文を借りた。利息は毎月貫別五〇文であった。返済が滞った場合、菅浦の住人から何時何処ででも借銭に見合うだけ差し押さえてよい、という罰則つきである（『鎌倉遺文』二二〇九八号）。つまり「日吉十禅師彼岸上分物」による高利貸しである。[9]また、同年八月の文書によれば、菅浦の住人は日吉八王子宮兼二宮の神人であり、「山門御油弁備之地」として「八王子宮長日燈油」と「二宮二季彼岸御油」を備進し、加えて王子宮の神人として祭礼の時、政所の御供（山王祭における御旅所の御供——筆者注）を備えている（『鎌倉遺文』二二三一六号）。

他に、日吉社の彼岸会・彼岸所が山門の財源であったことを示す事例をあげると、以下の如くである。

『鎌倉遺文』九三〇号　無動寺政所下文　建久八年（一一九七）

且住人等二季彼岸御年貢無懈怠可備進、

同二九四〇号　太政官牒　承久四年（一二二二）

寄進日吉聖真子宮致濫妨之条（中略）可令停止彼岸所妨之状如件者、

同四七六八号　任増田地売券　文暦二年（一二三五）

而被差定来八月十禅師宮彼岸執事之間

同八四〇〇号　若狭邊津浜山守職補任状　正元元年（一二五九）

右、件山者、日吉十禅師宮彼岸所領也

同一一九〇七号　近江日吉社用途契状案　建治元年（一二七五）

日吉社彼岸用途契状

此銭山門彼岸用途也

同二三九二九号　平氏女上桂荘寄進状案　延慶三年（一三一〇）

所寄進東塔北谷十禅師二季彼岸料所也

これらの文書から、日吉社の二季彼岸会・彼岸所は日吉社と延暦寺との関係におけるある種の利権であり、それは数多くの彼岸所が日吉社内に存在した理由のひとつと考えられる。これらの利権の支配につき、第一節で掲げた『天台座主記』建仁四年（一二〇四）の条では、日吉社各社の彼岸会勤仕が山上各谷に配されていたから、十三世紀以後の各社彼岸料は、それに従って各谷に属したと一応考えられよう。

さて、各社の財源は彼岸料だけではなく、例えば『元応元年大社小比叡社社家注進状』[10]をみると、大般若料・神楽料・相撲会料等が数えられ、そのそれぞれに銭・米・油・労役奉仕などさまざまの利権があったと考えられる。しかし、これらの配当が上記彼岸会料と同じ機構を流れるわけではおそらくない。例えば、前掲二三九二九号の上桂荘は十禅師社の彼岸料所で、その彼岸料はおそらく十禅師彼岸所を通じて東塔北谷の支配に属する。一方、『元応元年大社小比叡社社家注進状』によると、讃岐国柞田荘は同じ十禅師社の二季大般若料所で、そこからの収入のなにがしかは山門上層へあがるのかも知れないが、基本的には後述のごとく社家の領知するところであった。

このように収納機構が錯綜し、部内抗争が深刻であっても、荒川・名手両荘での紛争にみられるように、門外の脅威に対しては極めて薄弱な根拠であっても、天台座主の権威を振りかざしていどみかかるのであった。

収納機構のひとつひとつの追跡はともかくとして、以下では学侶と堂衆、また僧団に対する社家という階層的な分類によって考えてみたい。

## 三　彼岸衆

まず社家であるが、元応元年（一三一九）の『元応元年大社小比叡社社家注進状』は、祠官六名の連名で二一箇所の荘園とその担うべき料、課役の種類を書きあげている。末尾には、

右往古重色(領カ)神等社家知行所々。大概注進如斯。此外所務各別之地。山洛僧綱衆徒并甲乙人等知行神領社領等多之歟。非社家進止之上。云在所云領主。不存知之間。不能勒矣。仍注進如件。

とあるので、これは日吉社社家の知行する荘園を書きあげたものだが、この注進状の中には、どの社の彼岸料も

入っていない。つまり、彼岸会と彼岸所には、日吉社の社家は関与していなかったといえる。先に大般若料はこの注進状に出てくることを述べた。大般若経会も彼岸会もともに社頭仏事であるが、行事の成立事情、成立基盤は全然別であったと考えられる。

そこで日吉社の彼岸会及び彼岸所の支持基盤はなにかという問題になるが、それは前引『日吉山王権現知新記』のいうように比叡山において堂衆と呼ばれた階層であったと思われる。堂衆とは、上層の学侶に対する下僧の総称で、拠点とする堂の名を冠して呼ばれる場合が多く、僧兵の主要な構成員であった。『源平盛衰記』(11)巻第九には次のような有名な記述がある。

抑堂衆と申すは、本学匠召仕ひける童部の法師に成りたるや、若くは中間法師などにて有りけるが、金剛寿院の座主覚尋僧正御治山の時より、三塔に結番して、夏衆と号して、佛に花奉りし輩也。近来行人とて、山門の威に募り、切物奇物責めはたり、出挙人に借しちらして、徳付、公名付なんどして、以ての外に過分に成り、大衆をも事共せず、師主の命を背き、かやうに度々の合戦に打ち勝つて、いとど我慢の鋒をぞ研きける。

覚尋は、第三五代の座主で、承保四年（一〇七七）から永保元年（一〇八一）にいたる五年の治山である。この記述から菅浦荘の住人が、日吉十禅師彼岸上分物の返済を焦げつかせてひどい目にあった状況も推量できよう。それも比叡山の堂衆のしわざであったろう。堂衆は「三塔に結番して、夏衆と号し」とある点に注意して、保元二年（一一五七）三月十七日の太政官符案（『平安遺文』二八七六号）を見ると、以下のような記述がある。

一応同□(令)国司停止諸寺諸山悪僧濫行事

興福寺　延暦寺　園城寺　熊野　金峰山

右、悪僧凶暴、禁遏惟重、而彼三寺両山、夏衆彼岸衆、先達寄人等、或号僧供料、加増出古利、或称会頭料、掠取公私物、……

ここに夏衆と彼岸衆とが並称されていて、同類とみなされる局面があったといえる。厳密には、夏衆・彼岸衆は、法会の構成員を言い、夏衆は夏安居に、彼岸衆は彼岸会に関係する僧を指す。普通、一回の法会ごとに何人かの僧侶で結番が組まれて法会が運営されるが、それが狭い意味での夏衆であり、彼岸衆であった。また場所との関連では、日吉社の場合、夏衆は各社付属の夏堂と、彼岸衆は彼岸所と関係があるであろう。『源平盛衰記』や太政官符案に悪僧として出るのは、場所との関連を踏まえた広い意味の夏衆・彼岸衆で、夏堂や彼岸所を拠点とする堂衆という意味になるであろう。具体的には、文治二年（一一八六）正月二十四日源頼朝書状に「日吉塔下彼岸衆」（『鎌倉遺文』四〇号）、徳治二年（一三〇七）三月十二日六波羅下知状案に「日吉十禅師彼岸結衆等」（同二二八八九号）等と見える。前後関係はよくわからないが、いずれも荘園や年貢の押領問題に関して登場している。

ところで、先引『天台座主記』建仁四年（一二〇四）の記事では、社頭彼岸会から堂衆が退散して学侶が勤仕した始まりであると書かれていた。これ以後どうなったかの史料は管見にふれぬが、一般には時代が進むにつれて下僧の力が増すことから、堂衆階層が彼岸所およびその利権から遊離したとは考えられず、かえって彼岸所を拠点として、暴力的な利益を得続けたのではないかと推測される。

## 四　彼岸所の使用

天台座主は、その就任が決まると、京都での儀式の後、延暦寺にて拝堂、日吉社にて拝賀の儀を行う。正式の次第書は偶目しないが、『門葉記』(12)と『天台座主記』から読み取れる儀式の基本は次のようであったと思われる。京で座主就任拝命の後、座主は西坂本から比叡山に登り、まず無動寺に入って南山房を宿所とし、大乗院で印鎰を受け取る。拝堂は、講堂、根本中堂の順でそれぞれ儀式がある。拝賀は、その日の内か次の日に東坂本の日吉社へ下り、大宮彼岸所を拠所として宮廻りを行う。彼岸所は、座主の休息所または宿所となり、拝賀の準備を整える場所となる。宮廻りは、大宮・聖真子・客人・二宮・大行事・十禅師・八王子・三宮の順でそれぞれ儀式を行いながら廻って、拠所にもどる。八王子と三宮とは、八王子山上の社殿まで行かずに麓の伏拝で行う。そして、再び叡山山上を経て、多くの場合は京の住坊にもどる。

　拝堂拝賀の儀は座主就任の後、あまり日を隔てず行うのが原則であろうが、中世では山内にいろいろと不穏の空気があって、大幅に遅れるのは普通であるし、密儀で行われる場合、とうとう機を逸する場合もあった。座主の指名そのものは官符によるから、続く拝堂拝賀の儀が成立するかどうかは、新座主を天台教団全体が認知するかどうかを示すものであったと思われる。

　例えば、『門葉記』によれば、正応元年（一二八八）八月二十九日、第九三代座主後妙香院慈実の日吉社拝賀の儀が終了すると、座主は大宮彼岸所へ、相伴してきた公潤法印は塔下彼岸所へ入った。座主は青蓮院の出であるが、他の門流の者も群集して祝うのはよいことで、陽も傾いて、申刻になると岡崎僧正は数百人の大衆とともに大宮彼岸所にやってきた。彼岸所では延年や猿楽を行って、座主の就任を祝った。原文は以下の通りである。

岡崎記云

同二十九日。為拝賀貫主被下坂本了。公潤法印同相伴了

座主大宮彼岸所。法印ハ塔本ヘ来了。自他門輩群衆尤本意也。予申刻許同大宮彼岸所大衆数百人相伴了

延年在之。教因法印児等相伴。予著香染装束了

猿楽三人。川章芸律師。教実法眼東塔東谷也　川賢秀定範僧都弟子　已上

（『門葉記』巻第一七五・山務二）

以下に『門葉記』（山務・山務補・門主行状一）及び『天台座主記』から座主拝賀のおり、日吉社の彼岸所が使用された例を中世前期についてあげる。まず、大宮彼岸所が座主の宿所となった場合は以下の通りである。典拠

については『門葉記』は(門)、『天台座主記』は(座)と略す。

全玄　五九世　寿永三年(一一八四)　三月二十二日(門―山務四)
慈円　六二世　建久四年(一一九三)　三月二十七日(門―山務一・座)
　　　六五世　建仁元年(一二〇一)　四月　一日(門―門主一・座)
真性　六七世　建仁四年(一二〇四)　正月　三十日(門―山務四)
公円　七〇世　建暦三年(一二一三)　四月　十七日(座)
尊性　七四世　安貞二年(一二二八)　四月　七日(座)
良快　七五世　寛喜元年(一二二九)　七月　二日(門―山務一・座)
慈源　七七世　嘉禎四年(一二三八)　四月　十一日(門―山務一・座)
慈賢　七八世　仁治元年(一二四〇)　八月二十六日(門―山務四・座)
慈源　七九世　仁治二年(一二四一)　正月二十八日(座)
道覚　八〇世　宝治元年(一二四七)　七月　十八日(門―山務一)
尊助　八二世　正元元年(一二五九)　十一月　十日(門―山務二)
最仁　八三世　文永元年(一二六四)　八月　六日(座)
尊助　八五世　文永四年(一二六七)　八月　五日(門―山務二・座)
澄覚　八七世　文永八年(一二七一)　七月二十七日(座)
尊助　九一世　弘安七年(一二八四)　十二月　十六日(門―山務二)
　先大宮彼岸所ヘ入御。御膳等了。予(岡崎先大僧正公澄――筆者注)聖真子彼岸所ヘ入テ休息了。
慈実　九三世　正応元年(一二八八)　八月二十九日(門―山務三)

慈助　九四世　正応二年（一二八九）八月　四日（門―山務三）
　九六世　正応四年（一二九一）五月二十五日（門―山務三）
慈道　一〇五世　正和四年（一三一五）六月　十二日（門―山務三・山務補五）
　一一一世　正中元年（一三二四）十二月二十六日（門―山務三）
承覚　一一三世　正中二年（一三二五）十二月　晦日（座）
桓守　一一七世　嘉暦四年（一三二九）四月　六日（門―山務四）
　座主宿大宮彼岸所。俊慶僧都宿新行事彼岸所。坊官侍等同在新行事彼岸所。
尊円　一二一世　正慶元年（一三三二）八月　十一日（門―山務四）
道円　一四一世　至徳元年（一三八四）四月二十三日（門―山務五）

大宮彼岸所以外の場合は、二宮彼岸所と塔下彼岸所の例がある。

慈円　六九世　建暦二年（一二一二）正月二十五日（門―山務一）
　二宮彼岸所御宿所トシテ五箇日御参籠云々
慈円　七一世　建暦三年（一二一三）十二月　十日（門―山務補五）
　社頭御拝賀。自塔彼岸所有此儀。
尊性　七六世　貞永元年（一二三二）十月　九日（座）
　御社拝賀昨夕下山自二塔ノ下ノ彼岸所一有二此ノ儀一
良助　一〇〇世　正安元年（一二九九）八月　九日（門―山務三）
　社頭拝賀。御宮廻之後入御二宮彼岸所。

五九世から一四一世まで八三世のうち、二九世の例である。大宮彼岸所を用いないのは数の上から例外的で、日吉社拝賀のおり、座主は大宮彼岸所を宿所とするのが通例であったといえる。九一世尊助の場合、座主は大宮彼岸所に、供奉僧の一人岡崎僧正は聖真子彼岸所に入っており、九三世慈実の場合、座主は大宮彼岸所に、相伴の公潤法印は塔下彼岸所に、一一七世桓守の場合も座主は大宮彼岸所に、俊慶僧都と坊官はともに新行事彼岸所に泊まっている。つまり、彼岸所には大宮彼岸所を最上とする格があったと思われる。

皇族の日吉社御幸については、『天台座主記』等によると、文永元年（一二六四）十月二十六日に後深草・後嵯峨の両上皇、正安二年（一三〇〇）二月二十七日に後宇多上皇、延元元年（一三三六）正月十四日には後醍醐天皇がそれぞれ大宮彼岸所を御所としている。後醍醐天皇の時には二〇または二一箇所の彼岸所が軍勢の宿所となった。また、文和四年（一三五五）二月八日には、後光厳天皇が二宮彼岸所を御所とし、皇族ではないが、足利将軍義尚が佐々木六角追討のため、二宮彼岸所を宿所としている。

次に、同じく『門葉記』から、彼岸所で修法ならびに参籠が行われた例をあげる。

慈鎮（慈円・道快）

文治三年（一一八七）三月二十九日（門主一）

於大宮彼岸所。為法皇御悩御祈。修薬師法

建仁元年（一二〇一）四月一日（門主一）

則社頭拝賀。自今日七箇日参籠社頭大宮彼岸所

貞応元年（一二二二）六月七・八日（門主一）

於十禅師彼岸所。被行法花八講

無動寺僧正（吉水慈源）（門主一）

寛元元年（一二四三）九月十七日

参籠日吉社十箇日。二宮彼岸所也

寛元三年（一二四五）四月二十日

日吉祭。座主参社之次。於塔下彼岸所。奉拝神輿。自今日十箇日参籠也二宮彼岸所

大乗院宮（尊円）（門主三）

貞和三年（一三四七）十二月十六日

於日吉大宮彼岸所。為天下静謐御祈。始修尊勝法

貞和四年（一三四八）正月十八日（門主三）

為左兵衛督直義卿厄年四十二歳祈。於日吉客人宮彼岸所。修冥道供三箇夜

彼岸所における参籠は、拝賀に続いてしばしば行われた。修法は、大宮彼岸所で薬師法・尊勝法、客人宮彼岸所で冥道供、十禅師彼岸所で法華八講が行われている。また『天台座主記』によると、法勝寺の炎上により、文明七年（一四七五）三月六日、大宮彼岸所で法勝寺大乗会を行おうとしたが、東塔の衆徒が近江守護六角四郎調伏のため彼岸所に参籠していたので、やむなく拝殿で行った。また同月二十七日に大宮彼岸所で法勝寺大乗会を行ったともいう。翌年四月には、大宮彼岸所で法勝寺大乗会を八日・十四日・十九日と三回始行したという。

## 五　彼岸会

彼岸会は、宗派を越えた法要で、日本独特のものとされる。現在各寺院で行われている彼岸会・彼岸参りは、ともに先祖供養の性格が強いようであるが、元来はどうだったのだろうか。通説的に彼岸会の発祥とされるのは、延暦二十五年（八〇六）の太政官符[13]によって、崇道天皇の霊を慰めるため、五畿内七道諸国の国分寺僧に春秋二仲月各七日間、金剛般若経を転読せしめたことである。しかし、御霊の抜除を目的としていること、経典が金剛

般若経であることは、のちの彼岸会に直接結びつかない。なによりも、ここではまだ彼岸会という名称が見えない。彼岸会または彼岸なる名称は文献上十世紀の後半を待たなければならない。(14)

平安後期以降鎌倉期にかけて行われた彼岸会は不断法華経と懺法を主とするものであったと思われる。まず不断経に関しては、次のような例がある。以下、『平安遺文』は平、『鎌倉遺文』は鎌と略記する。

東大寺八幡宮
　二季彼岸不断経御僧供料（平一六二六）
大隅国台明寺
　二季彼岸不断経勤（平二四七九）
　二季彼岸不断経論義講（鎌五六二五）
　二季彼岸読誦法華経一百部（鎌五九二七）
春日大社
　春日社彼岸不断経衆（平三五二〇）
　春日二季彼岸不断法華経（平三五四七）
石清水護国寺・極楽寺
　春季彼岸、不断法花経
　秋季彼岸、不断法花経（鎌六四一〇）
大隅天満宮
　二月分　彼岸七ケ日御勤　法花経僧膳寺役
　八月分　彼岸七ケ日御勤　法花経僧膳寺役（鎌一五三七〇）

次に懺法の事例をあげる。

長講堂　二季彼岸春以六口僧修懺法 秋以十二口僧行念仏（鎌五八〇）
実相寺（駿河）　二季彼岸三時懺法（鎌一〇二九八）
西明寺（近江）　二季彼岸七日修懺（鎌一一三二二）
玉垂宮大善寺（筑後）　彼岸初日春季大般若 七日中懺法在神楽
彼岸初日秋季大般若経 七日中懺法、在公神楽（鎌一九二三八）

単に懺法といえば法華懺法を指すことが多いが、後述の大懺法院彼岸会では法華懺法と弥陀懺法を行っている。上の例から不断経と懺法とを基礎にして論義講、念仏、大般若、神楽など雑多な要素が数えられる。この他、大和の正願院では春秋彼岸会の結日に舎利講が行われていた（鎌三九八三）。隅田八幡宮薬師堂には、正応元年（一二八八）、会願が自身の後生菩提を願って、二季彼岸に毎日阿弥陀経を読誦せしめるべく料田を寄進している（鎌一六六四八）。このようにして彼岸会は多彩になってゆく。

彼岸会の場が、東大寺では八幡宮、興福寺では春日大社であることは注意すべきである。これは彼岸会が正統の仏教行事ではないことを示すであろう。筑前観世音寺の彼岸会も、康治二年（一一四三）の文書（平二五〇四）に「日吉宮二季彼岸料」とあるから鎮守日吉社の彼岸会であった。(15) 肥後国神蔵庄の鎮守日吉山王十禅師宮の記録（鎌二七三五八）には「二季のひかんニ御戸ひらき米三升」とある。このことから考えて、先に言及した大隅国台明寺にも日吉社があったので、台明寺の彼岸会も日吉社のそれであったと思われる。

中世以降、宗派をこえて全国的に行われて来ている彼岸会の発生と伝播は、仏教史学や民俗学における大きな問題であるが、彼岸の時期に行われていた民俗宗教的行事が仏教に習合したと言う以外に、現在のところ定説はない。発生に関してはともかく、伝播については、上に考えてきたことから、叡山の荘園支配の一環として、各種の彼岸料が上納され、同時に彼岸会が在地の末寺あるいは鎮守日吉社へと伝播していったという筋道が想定される。同じく巨大権門である興福寺の春日社彼岸会、東大寺の八幡宮彼岸会にも同様のことがいえるであろう。その後、受容母体も拡大して、宗派を問わず行われるようになった背景には、春秋彼岸の時期をめぐる民間信仰と死者供養に対する中世仏教一般の積極的な取組みがあった。仏教行事としての彼岸会の淵源が南都か叡山かまた他の場所なのか、同時多発的なものなのかは、彼岸会が正統の仏教行事ではなかっただけに測りがたい。

少なくとも彼岸会の伝播において叡山系統の彼岸会があるとすると、日吉社彼岸会がどのようなものであったのかは、やはり大きな問題である。まったく史料はないが、それを推定する手掛かりとして、鎌倉初期における大懺法院の彼岸会の記事を次に掲げよう。大懺法院は、元久二年（一二〇五）、慈円の自房三条白河房に建立された祈禱道場である。

> 次二八両月昼夜斉等之候。可有到彼岸之修善。春季行事者七箇日之間。或勤行曼荼羅供讃嘆両部諸尊。或講問三部大乗可叩四教疑関矣。中心立曼荼羅供壇等。左右置八講高座。朝懺法之後可有朝座問答。夕例時之前可有夕座問答。始四箇日法花八講。次一日仁王経両巻。次二箇日金光明経四巻七箇日之間毎日二巻為朝座夕座 例時之後可修曼荼羅供。々仏施僧之儲。知寺以下心念在三宝。身行属当院之人。知縁計機可差定之。式目巨細起請在別。秋季行事者。六時懺法後夜日中初夜。晨朝黄昏半夜。法花懺法弥陀懺法不乱威儀可致勤行。（『門葉記』巻第九一・勤行二一・大懺法院条々起請事）

春季彼岸会の道場は、中心に曼荼羅供の壇を置き、左右に高座を置く。朝は懺法の後、朝座の問答、夕方は夕座問答のあと例時作法、曼荼羅供が行われ、これが七日間続く。朝夕の問答は毎日二巻の割合で、初め四日間で法華経八巻、次の一日で仁王経二巻、最後の二日で金光明経四巻が行われる。秋季彼岸会は、春とは異なって六時懺法を七日間行う。懺法は法花懺法と弥陀懺法で、日中に法華懺法、黄昏に弥陀懺法、初夜に法華懺法というふうに交互に修してゆく。自余の細かい作法はわからないが、ここに記されているのは純然たる仏教儀礼であって、民俗信仰的要素はない。鎌倉期以前に全国に広まった法華経による彼岸会はこのような法会であったろう。ただ、神前で行われる場合は前述のように御戸開きがあったり、神楽があったりして神事に近づく場合もあった。ただ、日吉社の場合は神前というよりは、彼岸所で行われたであろうから、大懺法院のそれに近いものであったと考えたい。

## 六　その他の彼岸所

彼岸所なる建物名称は日吉社以外にはあまり見かけぬが、管見の範囲では、加賀の白山社、大和の春日大社、そして叡山山上に存在したらしい。

まず白山社であるが、十二世紀中葉の成立とされる『白山之記』(16)に

(イ)〔これより中宮の分なり。〕(中略)神殿は三間一面、拝殿は五間三面、彼岸所は七間二面、又小社は五所なり。

(ロ)一　白山本宮〔本地は十一面観音なり〕は、霊亀元年に隗他に現じ給ふ。(中略)凡そ公家の造り替への屋々は、宝殿と拝殿と彼岸所なり。

(ハ)三の宮〈本地は千手なり〉に、宝殿・彼岸所〔本地は千手なり〕〈五間三面〉・講堂〈五間二面。本仏は大日なり〉・鐘楼あり。

(〔　〕内は右傍書、〈　〉内は二行割書き)

と記されている。同書によると、白山にはこれも日吉社と共通する施設である夏堂もあったが、これらの存在は平安期の白山に対する叡山の直接の影響力をうかがわせる。

春日大社に関しては、嘉応二年(一一七〇)四月の興福寺西金堂満衆等解案(平三五四七)に、

因茲春日二季彼岸所并西金堂沙汰者、

という記述がある。第一節で述べたように、日吉社では彼岸所と談義所は同義と考えられる。確かなことはわからないが、春日社の彼岸所は談義所のことではなかろうか。談義所については、絵図や記録類でおよそのことがわかる。

叡山山上の彼岸所については、年紀不明貞応二年（一二二三）頃の官中便補地由緒注文案（鎌三〇三九）に、

当時山門虚空蔵尾彼岸所押領之間、

寛喜三年（一二三一）の清原友貞後家等連署田地売券（鎌四一三五）に、

東塔西谷円城院彼岸所毎年所進油代米段別壱斗山八合升定

大永六年（一五二六）の延暦寺東塔院東谷彼岸所衆議状(17)に、

山門本院東谷彼岸所集会議曰、

とある。これらは、とりあえず山上にあったと考えるのが妥当であろうが、その場合、『山門堂舎記』や『叡岳要記』『九院仏閣抄』には出てこないので、全くの雑舎であったことになる。

## 七　近世の山王講

元亀二年（一五七一）、織田信長の焼打ちによって延暦寺及び日吉社は灰塵に帰した。それから十五年ほどを経て再建が始まるが、彼岸所は全く再建されなかった。中世の終焉は、山門の荘園支配と中世的な堂衆階層の瓦解をもたらしたがゆえに、もはや彼岸所を再建する意味も余力もなかったのである。

近世におけるかつての彼岸所の痕跡として、天保八年（一八三七）の『日吉御祭礼之次第(18)』に以下の記述がある。

一山王講六彼岸之事

悪王子伴　蔵之辻伴　西方図子伴
早尾伴　生源寺伴　郡園伴
講料五千石配当高三石五斗
往古有彼岸所、以地名名之、兵乱後建物無之、三塔公人一老為三院別当、六講各一老為六別当次座四人為廿四別当、正五九月六講各於会場奉掛山王権現尊絵各古筆也読誦心経蓋尊絵平日六別当守護之
○「六彼岸旧地、早尾伴早尾社下ナリ。蔵之辻、大和左地蔵堂辺蔵之辻ト云フ。西方図子、馬場通浄教坊寿童院之間ニ道アリ、小阪中ニ通ス、是西方図子ト云フ、尤彼岸所者今小阪中也。郡園伴、郡園社地之東ナリ。生源寺伴、別当大師堂地ナリ。悪王子伴、二宮楼門辰巳之隅ナリ」

公人《くにん》は、近世における堂衆の末裔である。(19) 彼らは、かつての六つの彼岸所にちなむ講を結んで「山王権現尊絵」を護持し、正月・五月・九月には、それを会場に掛けて心経をあげていた。この「山王権現尊絵」は山王曼荼羅もしくは山王宮曼荼羅と考えられ、(20) これを本尊とする法要が行われていたのであろう。

## 結

日吉社の彼岸所は、山王七社及び若干の摂社に付属する建物で、文献上その成立は十二世紀以前にさかのぼる。数ははっきりしないが、中世には二〇棟前後を数えたようである。彼岸所は、基本的には叡山における彼岸会のための施設であることによって彼岸所と呼ばれたのであろう。しかし、彼岸会は年二回の限られた期間の法会であり、日常においては修法に用いられたり、宿所となったり、さまざまな側面があった。

彼岸所は、ひとつひとつが荘園と種々の利権を有し、それらを基盤として中世末まで存続した。おそらく平安後期から、彼岸所でも所謂堂衆が形成され、彼岸衆と呼ばれた。彼岸所の経営基盤となる荘園管理や高利貸しに

も彼岸衆が参画し、特に現場で悪僧として活躍したことは想像にかたくない。それは山門の経営組織の一員としての役割であり、最終的には天台座主にいたる彼岸所の収入の管理機構は実に複雑であった。彼岸所に堂衆の拠点としての側面があるのは山上の中心堂宇におけると同様であり、また、それらの存在が権門としての山門あるいはその中の諸門流に属することによって保証され、かつ支配される点も同様である。ただ、各彼岸所の堂衆つまり彼岸衆が、彼岸会を行いかつ経営面でも実質的に彼岸所を支えていたであろうという意味で、彼岸所における彼岸衆の存在意義は、山上の中心堂宇におけるそれぞれの堂衆の存在意義よりも大きかったと推量される。

彼岸所及び彼岸会には、日吉社社家は関与しなかったらしい。これは、社家は仏事には関係しないということではなく、彼岸会に関しては、行事の成立事情、基盤が社家とは関係がないからであろう。従って、彼岸所は純粋に山上延暦寺の出張所のごとき観を呈するのである。そのことを反映したのが、座主拝賀のおりの彼岸所使用であろう。

彼岸会は、興福寺でも東大寺でもそうであったが、寺ではなくて神社で行われる場合が多かった。これがどこまで一般化できるかはわからないが、本稿でとりあげた事例だけをみても、亡者供養の線香の煙が立ち込める現今の彼岸会の常識とは大きく相違する。おそらく、平安末から鎌倉期に民衆的次元の変化があったと思われるが、それはともかく、彼岸会の起源と伝播に関して日吉社も無視できない存在である。

信長による焼打ち後、近世の復興期において、彼岸所が再建されなかったのは、山門全体にとっては中枢的な施設ではなかったこと、荘園をはじめとする中世的支持基盤を喪失し、同時に人的支持基盤ともいえる堂衆下僧階層が瓦解したことなどによる。そういう意味で彼岸所は真に中世的な施設であった。

彼岸会の説法談義には衆庶が群参していた形跡があり、中世日吉社が、女人をはじめとする厳しい結界を有した山上延暦寺とはまた異なる宗教世界を形成していたと考えられる点は多々ある。雑信仰の坩堝ともいうべき日吉社のそういう世界は多くが中世とともに終息したのである。

（1） 山王宮曼荼羅（奈良国立博物館蔵）、秘密山王曼荼羅（延暦寺蔵）、秘密山王曼荼羅（日吉大社蔵）、日吉山王秘密社参次第記（同）、行丸絵図（同）、行丸絵図（延暦寺蔵）、『日吉社神道秘密記』（『神道大系　神社編二十九・日吉』等所収）など。

（2） 『門葉記』（『大正新脩大蔵経』図像一一・一二）巻第六十六に客人宮彼岸所の一部の指図がある。『門葉記』については注(12)参照。

（3） 祝部行丸の著。行丸（永正九年＝一五一二～天正二十年＝一五九二）は日吉社祠官で信長による叡山焼打ち後の日吉社復興の中心人物。本書は、復興の際、旧規が失なわれるのをおそれて著わした書。成立は、巻末に「天正十年十一月（中略）社務行丸記。相伝行広授」とあるが、『群書解題』はこれを行広への相伝の時と見、本書中の社務中系図の記事から天正五年（一五七七）とする。同様の記事が巻頭にもあり、天正五年をとるべきであろう。『神道大系　神社編二十九・日吉』（神道大系編纂会、昭和五十八年）等所収。

（4） 『校訂増補　天台座主記』（第一書房、昭和四十八年）。歴代天台座主に関する記録。非常に多くの伝本が存在し、成立は複雑である。鎌倉期・室町期の写本もある。

（5） 『太平記』（日本古典文学大系三五、岩波書店、昭和三十六年）。

（6） 『日本祭礼行事集成1』（平凡社、昭和四十二年）所収。

（7） 『神道大系　神社編二十九・日吉』（前掲）による。本書は近世初頭の成立で、古記の集録または古記にもとづく記述からなる、歴史的信憑性の高い書。

（8） 享保十五年（一七三〇）刊、大谷大学蔵。

（9） 網野善彦「湖の民と惣の自治――近江国菅浦」（『荘園の世界（UP選書）』、東京大学出版会、昭和四十八年）参照。

（10） 『続群書類従』神祇部、『鎌倉遺文』二七二九五号。

（11） 『源平盛衰記』（博文館、大正二年）。

（12） 十二世紀初頭から十五世紀初頭にいたる歴代青蓮院門跡の修法・所領、その他雑事の集成。成立年代は不詳だが、中世天台宗関係の最も確実な記録とされる（『大正新脩大蔵経』図像一一・一二所収）。

(13)『類聚三代格』巻二、『日本後記』巻十三。

(14) 藤井正雄編『仏教儀礼辞典』(東京堂、昭和五十二年) によると、『宇津保物語』に「彼岸の程によき日をとりて」とあるのが初見とされる。

(15)『平安遺文』二六四九号、久安四年 (一一四八) の筑前観世音寺堂舎損色注文に、

一日吉社

上宮御殿三間 (下略)

下宮御殿五間 (下略)

とあり、日吉社があったことがわかる。

(16)『寺社縁起』(日本思想大系二〇、岩波書店、昭和五十年) 所収。同書解説によると、底本は永享十一年 (一四三九) 写。成立年代未詳であるが、長寛元年 (一一六三) の成立とされる。

(17)『真宗史料集成　第四巻　専修寺・諸派』(同朋舎、昭和五十七年)。

(18) 前掲注(6)に同じ。

(19) 景山春樹『比叡山寺』(同朋舎、昭和五十三年) によると、比叡山の組織は、衆徒・堂衆・山徒からなり、近世に公人と呼ばれたのは山徒の末裔である。堂衆と山徒とは近い関係にあったとされており、本稿ではこの二者を含めたような意味で堂衆という言葉を使用している。

(20) 難波田徹「山王曼荼羅と山王講 (信仰と絵図4)」(『日本美術工芸』三七九、昭和四十五年)。

# 行丸絵図とその影響

## 序――中世日吉社の絵画史料

叡山の組織の一環として強大な勢力をもった日吉社は、信長の焼き打ちによって、その中世的生命を終えた。灰塵に帰した日吉社の建築群は、桃山期に再建されて現在にいたるが、その間、神仏分離の際にも大混乱に陥っており、失なわれたものもある。ともあれ、近世の状況については、史料も豊富で、かなり詳細に知ることができる。さかのぼって、中世の状況に関してはどうであろうか。結論的には、現在の建築群は中世における根幹部分の面目をよく再現したといえる。しかし、例えば二〇棟前後を数えた各社付属の彼岸所など、信長の焼き打ちによって湮滅した施設も数多い。従って、日吉社が歴史上大きな役割を果たした中世の状態を知るには、文書や絵画史料による考察が重要である。

ここでは、日吉社に関する代表的な史料である行丸作製の絵画群の性格を検討したい。

日吉社桃山再建の中心人物・祝部行丸は、再建に際して多くの資料を作製した。最も有名なのは、『日吉社神道秘密記』(1)(以下『秘密記』と略す)で、後世への影響も大きく、現在も日吉社の基本史料となっている。これにも多くの絵画史料が含まれるが、より建築的なものに山王二十一社等絵図[2]などのいわゆる行丸絵図がある。

行丸以前の中世絵図でまず指を屈すべきは、文安四年（一四四七）銘の山王宮曼荼羅（奈良国立博物館蔵）である。画面はそれほど大きくもないが、驚くばかりの精緻な表現がなされていて、建築的情報量においてこれに勝るものはない。絵の質はこれより劣るが、現在、延暦寺と日吉大社に社頭図または秘密山王曼荼羅と称して、似た景観を描く図[3]がある。これらが掛軸であるのに対して、日吉山王参社次第[4]（岡田儀一氏蔵）は、巻子本形式である。これらの間の筆写や参照、共通祖本などの問題に関して明確な判断は今のところ下せないが、中世の社頭景観に関しては、如上の中世絵図群が基礎史料であることは論をまたない。

## 一　行丸絵図

行丸の作製になる絵図その他の厄介な点は、それらは日吉社再建のために焼失以前の状況を忠実に記録したものと本人も述べ[5]、後世の人間も考えていることで、実際、関係史料が少ない中にあって、行丸史料によって知られることは非常に多い。しかしながら、行丸は、上述の中世絵図に描かれた以上の建物は目にしていないはずだが、行丸絵図には中世絵図よりも多くの建物が描き込まれているのである。

一例として、聖真子社と客人社の楼門をとりあげよう。中世絵図では聖真子社と客人社には楼門は存在しない。『秘密記』には、客人社に楼門はあるが、聖真子社にはない。行丸絵図には両社に楼門がある。従って、行丸作製の史料のなかでは、行丸絵図よりも『秘密記』の方が焼失以前の実況に近いといえる。

| | 聖真子社楼門 | 客人社楼門 |
|---|---|---|
| 中世絵図 | 無 | 無 |
| 秘密記 | 無 | 有 |
| 行丸絵図 | 有 | 有 |

作製年代に関して、山王二十一社等絵図には、天正六年・七年・九年・十七年・十八年の年

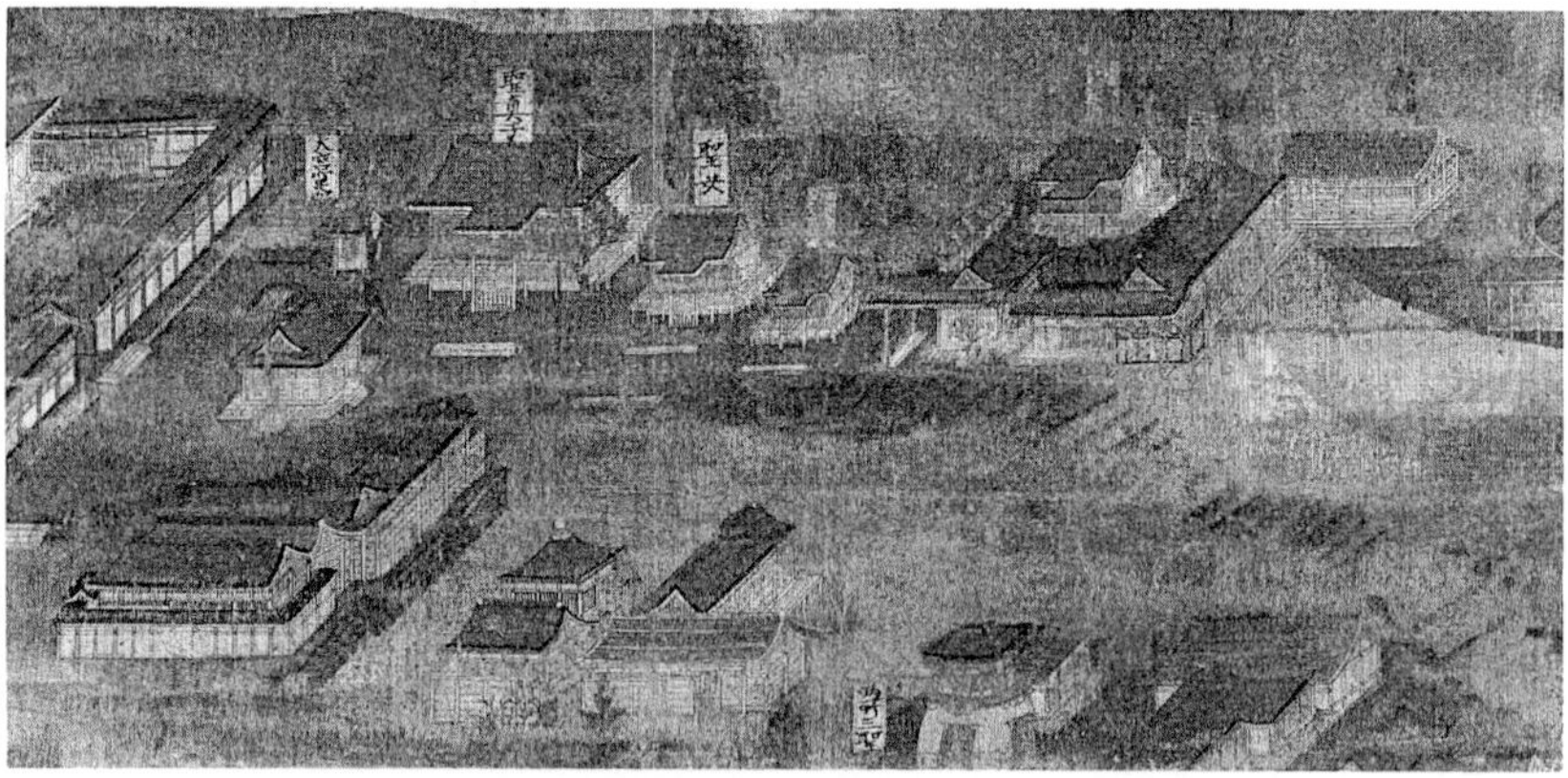

図1　山王宮曼荼羅(部分／聖真子社・客人社付近)

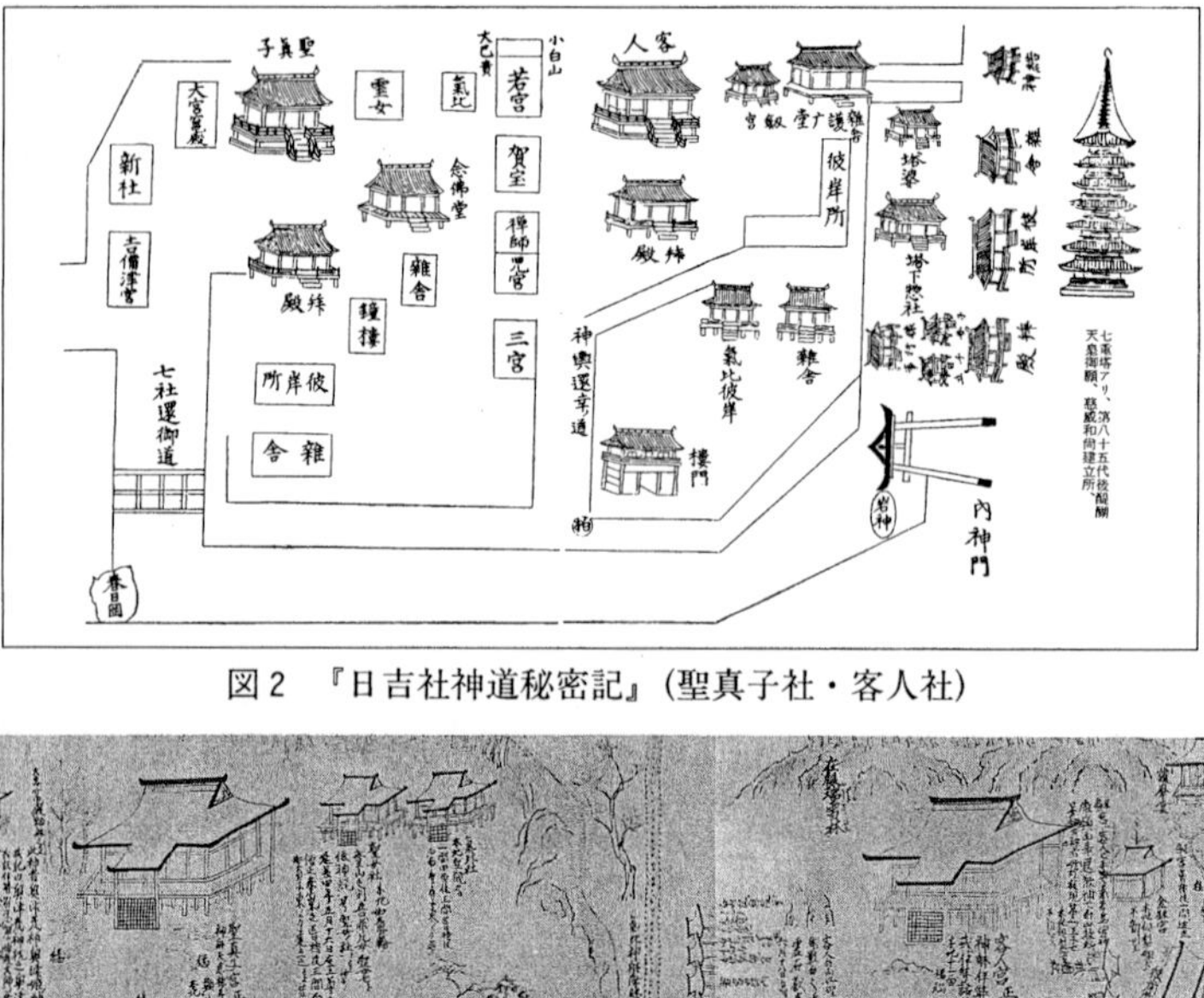


図2　『日吉社神道秘密記』(聖真子社・客人社)

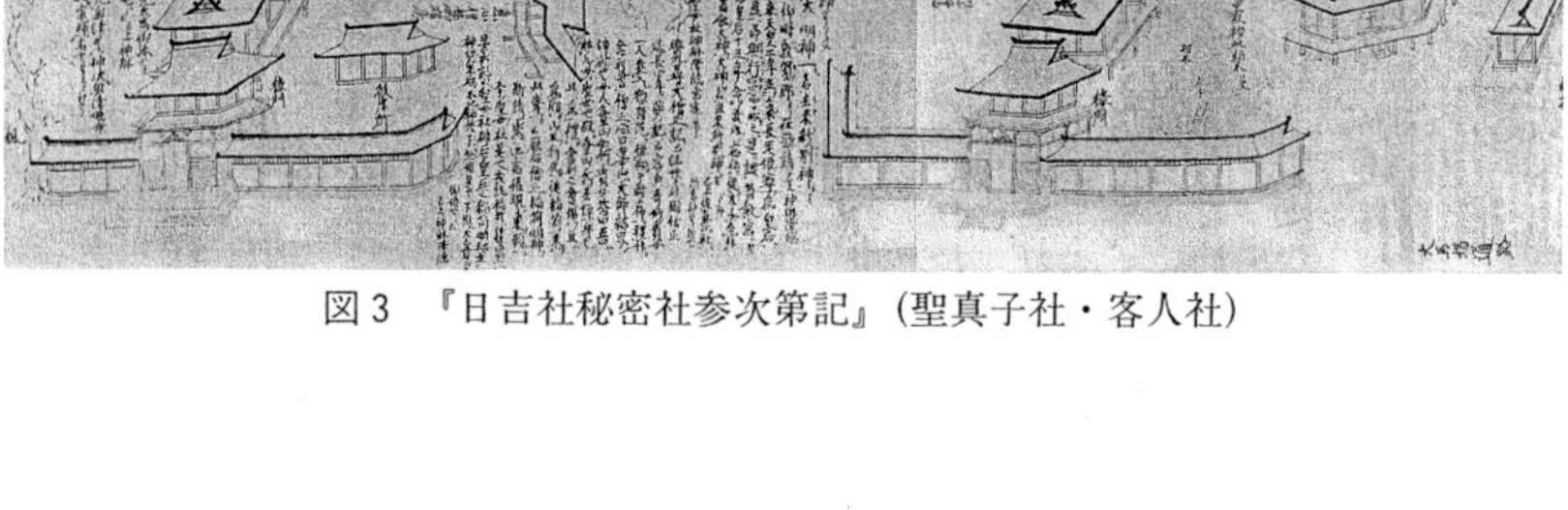

図3　『日吉社秘密社参次第記』(聖真子社・客人社)

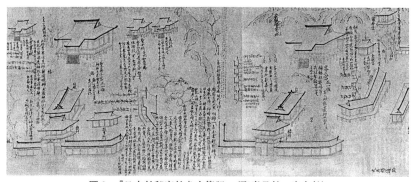

紀がある。一方、『秘密記』は、末尾に天正十年の年紀がみえるが、冒頭の記述から天正五年頃に本文は成立していたと考えてよい。[6]『秘密記』についての『神道大系』の改題などでは、[7]絵図の制作が先で、さまざまの行丸関係史料が『秘密記』に結実したとしているけれども、そう理解するためには、『秘密記』が聖真子社の楼門を書き落としたというような偶然あるいは修正を仮定しなければならない。従って、『秘密記』がまず成立し、続いて絵図が作られたとする方が自然である。その場合、行丸作製の史料は、中世絵図よりも壮麗な景観を描き、年代が遅れるほどその傾向が強いということになる。つまり、それらが、無の状態からの日吉社再建に向けてなんらかのかたちで資されたことを考えると、絵図作製の発想は、これから実現すべきより壮麗な社頭の描出に向かったのであろうと理解される。

## 二　行丸絵図の影響

近世において日吉社の故実を調べようとした学問僧や祠官たちに与えた行丸史料の影響ははなはだ大きかった。その一例として、日吉山王参社次第[8]（岡田儀一氏蔵）と日吉山王秘密社参次第記[9]（日吉大社蔵）との関係を示そう。岡田儀一氏蔵本は室町時代の成立である。日吉大社蔵本は、岡田儀一氏蔵本の写しであるが、大幅な増補を行っている。奥書は、天正七年（一五七九）南光坊祐能書写、天和三年（一六八三）法曼院前大僧正慶算書写、末尾に山王客人宮登美祝部秀典の署名がある。増補がどの段階で行われたかは定かでないが、随所に「日吉社神道秘密旧記」「日吉社神道秘密記」への言及があり、これは行丸の『日吉社神道秘密記』であろうと思われる。またここでも、例によって、岡田儀一氏蔵本には聖真子社・客人社ともに楼門はなく、日吉大社蔵本には両方に楼門がある。従って、増補は、『秘密記』だけではなく、行丸絵図をも観て行われているのである。

また、近世に成立した書物の中で最も完備した内容をもつ『日吉山王権現知新記』[10]でも、聖真子社・客人社の双方の項に「楼門回廊旧跡」と書かれている。実は、日吉社境内には、石垣や土壇が所々に残されていて、彼岸所などの痕跡と考えられる地点がある。そのような痕跡は、現在よりも江戸時代の方が明らかであっただろうから、『知新記』の頃には楼門の痕跡があったかのような錯覚におそわれる。多分、『知新記』では行丸史料はすでに歴史的な史料と認識されていて、現実の旧跡とないまぜになっているというのが事実に近いだろう。

## 結

行丸史料および近世史料を一旦離れて、確実な中世絵図と江戸期の状況を見比べてみると、中世と近世との相違がはっきりするとともに、行丸の立場もおぼろげに見えるのではないだろうか。

彼岸所や夏堂は、経済的ならびに人的支持基盤において極めて中世的な性格をもっていたから、近世への転換期には滅ぶべくして滅んだといえる。[11] また、聖真子社や客人社の楼門のように、中世後半には存在しなかった建物が、新たに造られることもなかった。時代が変わっても維持すべき宗教的かつ伝統的な根幹部分が再建されたのである。

ここで興味深いのは、行丸史料群では一顧だにされなかった山王七社の下殿が、古制に従ったかどうかは明らかでないが、立派に復興されている事実である。これは、とりあえず下殿祭祀が山王信仰において深い意味をもったこと、[12] 下殿祭祀を司る祭祀団が健在であり、日吉社再建にあたってもそれなりの発言権をもったことを示すであろう。

結局、行丸は、近世における必要施設を大幅に上回る構想を、時の為政者・実力者に提示し、妥当な線を確保したといえる。また、おそらく行丸とは異なる階層に属する下殿祭祀も復興されているところをみると、桃山再興は日吉社内のいくつかの階層の合意を反映していると考えられるのである。

（1）『神道大系　神社編二十九・日吉』（神道大系編纂会、昭和五十八年）。
（2）同右。
（3）『神社古図集』（昭和十七年、平成元年復刻版、臨川書店）。延暦寺本は享禄頃の作、日吉大社本はそれの天正頃の写し。
（4）同右。
（5）『日吉社神道秘密記』冒頭。
（6）『群書解題』（西田長男）は天正五年、『国書総目録』は天正三～五年とする。
（7）『神道大系』は前掲注（1）に同じ。解題は景山春樹。『群書解題』（西田長男）も絵図類を『秘密記』の稿本とする。
（8）注（3）前掲書。
（9）『神社古図集　続編』（平成二年、臨川書店）。
（10）注（1）前掲書。
（11）本章「日吉社の彼岸所」。
（12）本章「日吉七社本殿の構成——床下祭場をめぐって——」、本書第三章「床下参籠・床下祭儀」。

# 中世日吉社とその周辺――まとめにかえて――

歴史的な意義、影響の大きさからすると、日吉社はまさに平安中期以降、中世の神社というべきだろう。日吉社の古代的な意義について述べたものには、景山春樹『神体山』[1]がある。しかし、中世の日吉社に関して、我々の知り得ていることは非常に少ない。

## 一　本殿形式の影響

日吉大社には、国宝二棟を含む三棟の日吉造本殿がある。日吉造は、間面記法でいうところの三間三面庇の形態を忠実に平面と外観にあらわした本殿形式で、成立は十世紀の相応和尚による造替に求められる。[2]その頃、山をへだてた都では、二つの新しい神社が勃興しつつあった。北野天満宮と、祇園感神院すなわち八坂神社である。両社とも都における叡山の拠点としての性格をもつ。北野は天徳四年（九六〇）にいたるまで改め造ること五度におよび、最後のものは三間三面庇であったという。叡山と北野との関係を考慮すると、北野の三間三面庇という形態は、日吉造の本殿形式に倣ったものと考えるのが妥当であろう。その後、北野の本殿は、建築形態としてはより落ち着いた四面庇の入母屋造本殿となる。日吉造に付加されたことになる背面の庇には、舎利塔が祀られた。仏舎利は、菅公所持のものとして当初は神宝の扱いだったが、何時の頃にか独立の信仰を集め、中世には、月例の舎利講が行われ、参拝は本殿背面からも行うのが通例となっていた。おそらく平安時代のうちに、北野では本殿の前に別棟の拝殿を造り、その間を石の間でつなぐ形をとった。(3)この石の間造あるいは権現造と呼ばれる形式は、桃山期に豊国廟に採用されたのをきっかけとして、日光東照宮を生むにいたる。

一方、十世紀の祇園感神院は、五間の神殿と五間の礼堂が並び建つ形であり、天満宮の石の間造に非常に近い形だった。しかし、遅くとも十一世紀の後半には、神殿と礼堂を一つの大きな入母屋屋根で覆う大規模入母屋造本殿となった。これは、実は、寺院の本堂形式と区別することが困難であって、ある意味で、神社本殿の形式的発達の極致を示すといっても過言ではない。(4)現在の日吉・北野・八坂の本殿は、等しく桃山期以降のものだが、それぞれに古制をよく保っており、十世紀から十一世紀にいたる形式の発達過程をよく示しているのである。

本殿形式についてもうひとつ考えておきたいのは、滋賀県には、上下鴨社を典型とする流造とは異なって、前室付流造と呼ばれる社殿が分布していることである。三間社の場合に前室が付くと、間面記法では三間一面ということになる。周知の如く、日吉社では、山王七社が中心的社殿であり、その中の山王三聖の本殿が日吉造になっている。残りは三間社流造で、三宮社は普通の型、八王子・客人・十禅師は前室付きとなっている。三宮と八王子は山頂に建つため敷地は無いに等しく、三宮は七社の末尾であることを考慮すると、社格に対応して、最も上位のものが日吉造、ついで前室付き三間社流造、そして普通の流造という順番になる。一社のなかにこのような対応関係があるとすると、日吉造と前室付き三間社流造の関係は、前者は後者を壮麗にしたもの、あるいは後者は前者の省略形であると考えることができよう。つまり少なくとも日吉社内においては、日吉造と前室付き三間社流造は一連のものとみることができるのである。

## 二　下殿

山王七社には、本殿床下に下殿（げでん・したどの）と呼ばれる祭場がある。[5] 内部は灯明によるのであろう、真っ黒に煤けており、かつ閉鎖的で暗く、下殿使用の実態を垣間見せている。近世では、仏教的色彩の場であったが、床下使用は中世にさかのぼる。中世においては、下殿は、宮籠と呼ばれる者たちの籠りの場であった。『平家物語』や『日吉山王利生記』に、社会的な最下層の零落者、病者、託宣などを生業とする下級宗教者達が、下殿に籠っていたという記述がわずかに残されている。

近世にはいると、下殿に関する史料が若干見え隠れするが、中世の下殿とどのような関係にあるのかはさだかでない。なによりも、日吉社の中世から近世への橋渡しにおける立役者、祝部行丸の史料群には、下殿関係の記述がない。『平家物語』を語り継いだ琵琶盲僧は、中世前期における下殿参籠のおそらくは当事者であり、『平家物語』にその記事があるのは偶然ではない。そしておそらく、下殿の存在を知らないはずのない行丸が、下殿に関する記述を一行も残さなかったのも偶然ではなかろう。

## 三　彼岸所

視線を中世日吉社の境内に向けると、そこには、現在の倍あるいはそれ以上の建物が建ち並んでいた。[6] 信長による焼き打ちの後、再建されなかった建物の代表的なものは彼岸所である。中世において二〇棟前後を数えた彼岸所は、山上の各谷に属し、叡山の堂衆が管理し、それぞれが荘園、法会料をはじめとする利権を有していた。座主が日吉社に来るときは、彼岸所が宿所となった。彼岸所という名称は、彼岸会を催す場であることに由来しよう。現在、彼岸会を行う神社は存在しないと思うが、中世以前は、例えば興福寺では春日大社、東大寺では八幡宮、また地方の天台末寺では鎮守日吉社で行われた例がある。彼岸会の発祥、あるいは何故それが神社で行われたのかはわからない。

日吉社には彼岸会以外にも多くの社頭仏事が存在し、行事ごとに利権支配が決まっていた。『元応元年大社小比叡社社家注進状』は、題名の通り日吉社社家の管領する荘園を書きあげたものだが、これには彼岸料の記事はない。しかし、それは、社家は仏事に関与しないということではなくて、例えば讃岐国柞田荘は十禅師宮の二季大般若料所として注進状にあげられているから、社家の領知するところである。しかし、同じ十禅師宮であっても、『鎌倉遺文』(二三九二九号)によると、十禅師宮彼岸料所の上桂荘は東塔北谷の支配になる。この一例から考えても、さまざまな局面での利権支配は複雑な系統をもつことが察しられよう。

## 四　行丸史料の意義

日吉社中世の社頭景観を具体的に把握するためには、何点かの中世絵図に加えて、日吉社桃山再建の中心人物であった祝部行丸の制作になる史料を合わせ検討する必要がある。[7] 行丸史料は、信長による焼討ち以前の状況を忠実に示したものではなく、若干の潤色を加えたものと見られるが、絵と説明文からなっている点に大きな価値がある。中世絵図には沢山の建物が描かれているが、建物の名称がない。行丸の史料によって、それらの建物の名称や性格を同定することができるのである。

桃山期から近世初頭にかけての日吉社再建にあたって、行丸が作成した資料は大きな意義をもったであろうが、再建事業は行丸の資料に完全に則ったものではない。彼岸所については、行丸は詳細に記録しているにも関わらず、一棟も再建されなかった。これは彼岸所が中世延暦寺と荘園制との関係にその基盤があり、近世の体制にはなじまなかったためと考えられる。一方、下殿については、行丸の史料に全く記述がないにも関わらず、立派に再建されている。行丸が無視したものが再建されているという事実は、桃山再建時に下殿の祭祀を司る階層がなお存在して発言権を有したことと、行丸とは対立関係にあったのではないかという推定を可能にする。そしてその後、明治維新期に日吉社において激しい神仏分離が行われ、下殿祭祀が一掃されたことの土壌もすでにそのあたりには存在したものであろう。

（1） 景山春樹『神体山』（学生社、昭和四十六年）。
（2）『建築学大系4―I・日本建築史』（彰国社、昭和四十三年）。
（3） 本書第二章「北野天満宮と舎利信仰」。
（4） 本書第二章「八坂神社の夏堂および神子通夜所」。
（5） 本章「日吉七社本殿の構成――床下祭場をめぐって」。
（6） 本章「日吉社の彼岸所」。
（7） 本章「行丸絵図とその影響」。

# 第二章　神社建築とその信仰

# 神のやしろの曙

## はじめに

神社建築を形式にそって分類するのはやさしいが、信仰と一体のものとしてその成立を論じるには、いろいろな困難がある。ここでは、筆者なりにその糸口を設定してみたい。第一節では、神社および神社建築をどのように捉えるべきかを記述し、第二節では、神社というものの原点に位置すると考えられる伊勢神宮正殿の解釈について、試論を提示する。

## 一　神のやしろ

### (1)神社研究への視座

神社本殿の形成と意義を考えるには、まず、神社という捉えどころのない存在を、理性的に扱うことができる視座を用意しなければならない。

神社信仰は、日本の民俗信仰を母体とする。民俗信仰は茫漠たる拡がりをもつので、神社信仰も同様に捉えられがちである。しかし、神社信仰と民俗信仰とは、同義ではない。よって、神社の発生あるいは成立を問題にするなら、何を神社と呼ぶべきか、どういう状態をもって神社が成立したとすべきかをはっきりさせる必要がある。民俗信仰の拡がりは、信仰の種類と時代との両面にわたる。信仰の種類においては、明確な仏教や陰陽道による思考を除くとしか限定できない。時代的には、縄文時代から現代に及ぶ全時代ということになるだろう。しかし、現代に続く神社は、歴史時代において政治的にも文化的にも、重大な役割を果たしてきた。そのような歴史的実体をもつ神社を、縄文時代以来の悠久の存在、かつ宗教的に無限定な存在とすることはできない。神社を歴史的存在、宗教的組織体として捉えるなら、その存立条件は、経済基盤を含む人的組織、信仰内容、祭祀施設の三点に整理することができよう。(1) 誰が神社をささえ、どのような財源で運営するのかを考えたときに、神社が歴史的存在であることが最も明瞭に理解できる。

## (2)人的組織と経済基盤

神社には、いろいろの種類がある。古代の大社においても、伊勢神宮や住吉大社のように古代国家において重要な意義をもった神社、春日大社のような氏族の氏神、山城の賀茂社のように、最初は豪族の氏神であったのが、山城の国における重要な社となり、さらに王城鎮護の神として朝廷の崇敬を受けるまでになった社もある。諸国の一宮は、それぞれの前史があるとしても、一宮という格付けは平安時代以後であり、そののちは一宮として発展する。荘園の鎮守は、荘園の開発や獲得によって生じる。村の鎮守は、近世的な村の体制ができなければ誕生しない。招魂社・護国神社は、幕末以後の成立である。神社一般についていえば、数と拡がりにおいて古代よりも中世・近世に誕生した神社の数のほうが多いと思われるし、近代以後もたくさんの神社が誕生し続けている。歴史学的研究では、個々の神社の人的組織と経済基盤に関して多くの成果があげられており、神社の歴史的役割が多様なことは明らかである。しかし、それにもかかわらず、神社信仰の信仰内容には民俗信仰に根ざした古さと根源性があるようにみえる。これが大きな問題であって、その古さと根源性とは何かを考える必要がある。

### ⑶信仰内容と枠組み

各神社は固有の信仰内容をもっており、そのなかには、素朴なだけに原始的な信仰素材がある。神社信仰が時代を超えた連続性をもつという錯覚が生じる所以である。稲、山の幸、海の幸の収穫を願う心情は、時代によって、それほど変化するものでもないし、神社信仰のなかに色濃く残る自然崇拝も、いまだに再生産されている。原始的な信仰素材のなかには、本当に古いものもあるし、つい最近始まったものもある。

神社信仰の素材は、一般的なものであるにせよ、その神社限りのものであるにせよ、一つの神社の性格を決定するとはいえない。たとえば、神仏分離以前は、論理として神仏は一体のものと考えられていたし、現実に仏像を神体としていた例もあるだろう。しかし、神社は寺にもならず、なくなりもせず、なんらかの自己同一性を保ってきた。寺院が寺院としての自己を保つのは、教義と宗派によってであろう。神社の場合は、よくいわれることだが、教義も宗派もない。このことは、神社の自己同一性は、信仰内容によってではなく、さまざまな意味の形式によって保たれていることを端的に示している。つまり、ある宗教施設が神社として存立するためには、それが神社として認識されることが最も重要であり、神社全体としては個々の神社をその時代のなかに位置づける枠組みが重要なのである。律令祭祀、諸国一宮制、荘園や郷村の鎮守、村の鎮守、国家神道における全国一律の格づけなどは、代表的な枠組みである。これらの枠組みのなかで、各神社は信仰素材を温存し、あるいは再生産しつつ、時代に対応してきたといえる。したがって、信仰の素材が古いことと、その神社の本質的意義が古いこととは別である。話が逆転するようだが、神社を神社たらしめている本質的な意義とは、その信仰内容ではなく、神社としての自覚と枠組みであり、すなわち形式である。それでは、神社の自覚と枠組みの基礎になる神社の概念は、どのように形作られたのか。

神社の概念は、少なくとも平安時代に『延喜式』において国家的に整備されている。その中身は、次の三点に要約できる。

巻九・巻十の「神名帳」における神社の把握

巻一・巻二の「四時祭」、巻三の「臨時祭」における幣帛料の規定

巻四の「伊勢太神宮」の忌詞における触穢観念

まず、国家による神社の把握は、神社の側に神社としての自覚ができた、あるいは国家が自覚させたことを表わしている。次に、幣帛料の規定は、神社の祭りの根幹部に、何かを神に捧げる行為があることに対応する。最後に、触穢観念は、これも多くの神社で服忌令が定められていることに対応する。神名、祭り、触穢観念の三つは、神社信仰の基本をなし、神社としての自覚は、これらによってささえられていると思われる。『延喜式』は十世紀初頭の成立だが、触穢観念を中心とする神道の自覚過程は、奈良末から平安初頭の八〜九世紀に準備されたと考えられる。(2) これらのことから、一般的な神社の概念は、律令体制の充実と神道の自覚過程のなかで形作られたと考えられよう。

神社としての自覚は、何に対するものだろうか。現在でも、ある村とその隣の村では、神社の性格や祭礼が異なっていても、なんの不思議もない。歴史上、少なくとも律令制の時代と国家神道の時代との二回、神社が国家的に統制されていてさえこうなのであるから、律令制以前の神祭りが、全国的に一律のものであったはずがない。それらが、一つの枠組みで捉えられるようになるのは、やはり組織的な教義と壮麗な伽藍をもつ仏教に対してのことであっただろう。枠組みの形成に際しては、なんらかの共有されるべき規範が必要である。規範を求めるな

ら、伊勢神宮にまさる権威をもつものはない。『延喜式』でも、伊勢太神宮のみは、別格最上の扱いになっている。仏教に対抗する一群の神祭りは、伊勢神宮をある種の規範として、神道を形作ったのではないだろうか。伊勢神宮では、奈良時代のうらに諸制度を整え、延暦二十三年（八〇四）には、『皇太神宮儀式帳』『止由気宮儀式帳』を撰進して、政府に提出している。『皇太神宮儀式帳』とそれを吸収した『延喜式』伊勢大神宮の項における触穢観念には、仏教に対する忌避が含まれるので、伊勢神宮が基本的に仏教に村立する姿勢をもったことは明らかである。ほかの社における仏教との関係は、各社まちまちであるが、死穢や血穢を中心とする触穢観念はかなり普遍的に存在したであろう。それらを公に成文化し制度化したのは伊勢神宮が最初である。全国的に神社を組織するに際して、伊勢神宮が規範として意識されないはずはない。しかしながら、伊勢神宮は、私幣禁断の制により、天皇家以外は幣帛を捧げることも許されない最高の神社であった。したがって、祭儀と祭祀施設の具体的形態における伊勢の模倣も、許されなかったであろう。このことが、各社にむける祭儀と祭祀施設の多様性を保障することになったと思われる。

### (4)祭祀施設——神社建築の特殊性

神社建築には、いくつかの特殊な性格がある。

第一に、神社建築では、形式の古さと物自体の古さが対応しない。たとえば現在の伊勢神宮は平成五年（一九九三）の建築だが、少なくとも法隆寺と同程度に古い時代の形式を保っていると考えられている[3]し、出雲・住吉・春日も江戸後期の建築ながらそれぞれに古制を伝えている。このようなことは、住宅や寺院建築では考えられない。その根源にはやはり伊勢神宮があると思われる。理由は定かではないが、伊勢神宮では、七世紀後半の天武・持統朝に、式年造替の制度が定まり、建築など物的形態が強い束縛を受けるとともに、祭儀の形態も固定化した。いったん、始源の状態の維持に至高の価値が認められると、それはある種の清々しい規範となったと思われる。式年造替は、かなり多くの神社に認められるが、古代においては、住吉・鹿島・香取・宇佐・賀茂別雷・賀茂御祖・春日の諸社で確認される。これらは、どれも国家的な意義をもつ神社であり、伊勢神宮にならって各々の始源の形を維持するという姿勢をもった。

第二に、神社建築は、個性的な形態をとるものが多い。寺院建築も個性をもつが、かなり類型的である。神社建築においては、中小の神社では画一的な流造か春日造となるが、大社は類型化できない個性をもつものが多い。上記の式年造替制を有する神社では、鹿島・香取の古代の社殿形式が不明だが、賀茂両社が縁戚関係で同形式になるほかは、まったく異なる形をとる。これらを、分類したり、系統立てたりする試みも行われてきたが、筆者は、基本的に別のものと考えたほうがわかりやすいと思う。というのは、さきに考えてきたように、神社の概念や形態維持の原理において、伊勢神宮は規範とはなるが、実体としては模倣できず、そのことが各社における形態的個性の発揮を保証したと思われるからである。本殿形態も、神社信仰の素材の一つであって、なかには伊勢より古い形態をもつものがあるかもしれない。しかし、それが現在まで伝わったのは、神社の枠組みに備わった原理による。

第三に、神社建築における本殿の意義は、寺院における本堂とは異なる。寺院の本堂には必ず本尊があり、それはほとんどの場合、仏像彫刻である。神社にも神像彫刻というものがあるが、著名な熊野大社や松尾大社の高度に完成された神像は例外的である。神社本殿の内部は、基本的にうかがい知ることができないが、『皇太神宮儀式帳』には、九世紀の伊勢神宮の諸社の御神体が記されている（八三頁の表1参照）。本殿と御神体の関係で整理すると、本殿がない神社、本殿はあるが御神体はない神社、そして本殿に御神体が納められている神社の三通りがある。御神体は、石と鏡が大多数で、神像と思われるのが一例、また水を神体とするのもある。本殿がない場合は、本殿以外の信仰標的があるか、あるいはその場に神を招くという考え方で理解できる。本殿の中に神体がある場合は、本殿は神体の入れ物として理解できる。本殿があって、神体がないという場合が理解しづらい。これは、本殿は神を招じる場、あるいは依代《よりしろ》だと考えざるをえないだろう。

⑸本殿の種々相

寺の本堂は、本尊を祀るという点で一貫している。しかし、神社本殿は御神体を祀るとは限らないし、御神体の意味は、寺の本尊に近いものから石ころまでさまざまである。したがって、神社本殿のもつ意義は多様であり、特に歴史の古い著名大社に関しては、形式の発達と関連づけた一般論をつくることはできないだろう。祭式と関連した類型化は可能と思われるが、本殿の内的意義を系統立てて考えようとするときには、神明造とか大社造というような建築形式における分類は、ほとんど意味がない。内容から建築を理解する手立ては、周到な準備を要するので、ここでは、規模との関連で若干の意義づけを試み、あわせて春日大社と大神《おおみわ》神社に言及するにとどめる。

本殿の大きさは、人間を基準に考えると、人間が楽に入れる大きさ、窮屈だが入れないことはない大きさ、人間が入ることは考慮されていない大きさに分けられよう。これを、順に大規模、中規模、小規模と名づけることにする。

大規模社殿は、等身大に近い神のための建物と考えられる。出雲大社の破格の規模については別個の規模の意味を考えねばならないが、伊勢・住吉・賀茂・宇佐などの古社は、人間的な規模感覚をもつ。伊勢は、神の倉に近いが、正殿内には枕や履物などが納められていて、これらのものは人間に近い大きさの神を想定している。宇佐や住吉では倉の性格は薄く、観念としては神の家に近いであろう。

これらの対極に、見世棚造を中心とする小規模社殿がある。見世棚造は、小規模な流造か春日造の形態で、正面の階段を略し、正面の縁が棚状になっている。見世棚造については、等身大の神を想定することはできない。さきに、神社祭祀の根本に、神に何かを奉る行為があると書いた。現行の神社祭式でも、神前には玉串その他を奉る棚が置かれる。民俗事例でも、独特の形式の棚をつくったり、本殿大床、拝殿、民家の床間あるいは神棚に供物を並べたりする。本質的には、神を招いて、その前でものを捧げるのであろうが、小さい社の場合は、ものを捧げる棚と神を招く小規模な本殿が合体して見世棚造になる場合があったと思われる。

さて、春日大社本殿は、中規模の大きさである。本殿規模は、隆盛を誇った藤原氏の氏神にしては理解しがたい小ささではないだろうか。興福寺の規模を見れば、藤原氏が、平城京においてとりたてて遠慮する事情はなかったと考えてよかろう。春日大社本殿は、現在の規模でも小規模だと思うが、春日造の最古の社殿である円成寺の春日堂と白山堂は、鎌倉初期の建築で、春日大社の本殿だった可能性があり[4]、現本殿よりさらに小さい。現在の本殿を見ると、縁は正面にしかなく、しかもその縁は剣巴文をもつ幔板や繊細な組高欄で飾られている。側面・背面は素っ気ない壁だけである。これは、縁の部分が重要視されていると解釈できる。縁の機能は、春日若宮おん祭における、御旅所仮御殿での献饌の様子を見るとよくわかる。神の遷幸ののち、供される神饌はすべて縁に置かれるのである。この縁は、棚なのである。よって、春日造は、棚あるいは見世棚造を壮麗にしたものだと考えうるであろう。棚が本殿になるような神社本殿の在り方は、夜支布山口《やぎうやまぐち》神社摂社立磐《たていわ》神社本殿によく表われている。この本殿は、春日大社の第四殿を延享四年（一七四七）に移建したもので、巨石を背にして建つ。巨石は神体であろうから、この位置の本殿は、ものを捧げる施設に近い。春日大社本殿は、原型が単なる棚あるいは見世棚造だったとすると、その原型からは精一杯壮麗になっているといえる。

棚の発達のもう一つの在り方は、大神神社拝殿である。大神神社では、ついに本殿は成立しなかった。拝殿の背後は、古墳時代の祭祀遺物が出土する祭場である。大神神社の拝殿は、通常の拝殿とは様相が異なり、中央の通り道と通常の拝殿の役割を果たす部分、およびその両側の御棚からなる。この巨大な棚はほかに例がない。この棚は、大量のものを奉る行為に対応している。さらに興味深いのは、大神神社では、上段の棚は御子神を迎える場ともいい伝えていることである。すなわち、形態はまったく異なるけれども、この拝殿の祭祀構成は、見世棚造と同一なのである。祭場には、ものを捧げる棚が必要であり、大神神社拝殿は、その棚が常設化し、極端に発達したもので、数多の神々に供物を捧げる壮大な棚の建築であることが理解される。

### (6)復古

伊勢神宮において、つまり神社の出発点において、原初の維持が規範として示されたことの意義は大きい。神社においては、原点から外れて変化したという自覚が生じたときには、復古的揺り戻しがおこる場合が相当ある。明治の神仏分離はその最たるものであった。神仏分離の考え方は、伊勢神宮には当初からあり、早く平安時代に実行されている。明治の神仏分離も突発的なものではなく、江戸時代にすでに日本の何カ所かで実行されていた。前述のように、円成寺の春日堂と白山堂は、鎌倉時代の春日大社本殿である可能性がある。春日堂と白山堂は、建築様式的には、現在の春日大社本殿よりも進んだ形態である。それを示すのは、正面向拝にある蟇股で、鎌倉時代の春日宮曼荼羅図（根津美術館蔵）に描かれた春日大社本殿にも、向拝に蟇股がある。しかし、現本殿には蟇股はないので、これはある時期の復古形式である可能性が高い。復古に際しては、形態を原始的にして、規模を大きくしたことになるだろう。これは、復古を行いつつ、後退はしないという神社の発達の一面をよく表わしてはいないだろうか。また平安末期に始まった春日若宮おん祭の御旅所仮御殿が、まったくの黒木造であるのも復古調と思われ、原始の息吹きをたたえてかつ壮麗である。出雲大社本殿も、鎌倉時代の絵図を見ると、柱は朱

図１　神社本殿の規模・形式の比較

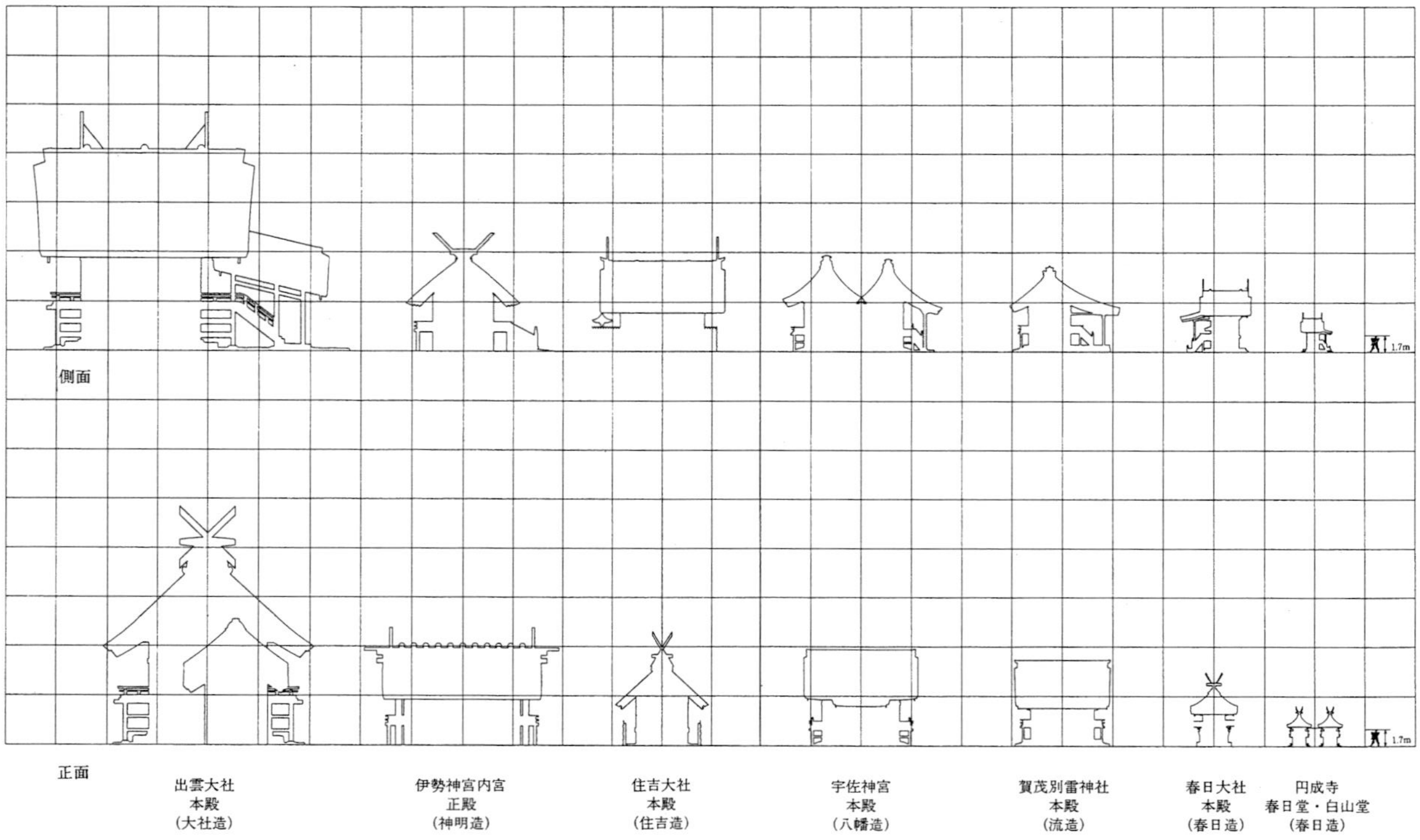

塗、縁下の幔板に剣巴文を描き、まるで春日大社本殿を巨大にしたような派手さをもっていたらしい。

神社は、時代を超えた存在ではなく、歴史的な存在として捉えるべきである。歴史的存在としての神社は、人的組織と経済基盤、信仰内容、祭祀施設からなる。人的組織と経済基盤が、時代の制約を強く受けることは、自明である。問題は、信仰内容と祭祀施設が時代を超えた連続性をもつように見えることである。これは、神社信仰が、古い原始的な信仰の素材を採用する傾向があることによる。そのような素材に捉われると、神社という存在を歴史的に考えることがむずかしくなる。むしろ、神社の本質は、そのような素材を選び神社信仰のなかに位置づける枠組みのほうにあると考えるべきである。そして、そのような枠組みこそが、歴史的な産物である。

神社信仰の最初の枠組みは、天武・持統朝から奈良時代に伊勢神宮において形成された。伊勢神宮では、

神社としての自覚

原初の状態の保存と再生

模倣の拒否

という三つの強い姿勢が設定され、これは主として律令祭祀を通じて、ほかの社に広まったと思われる。伊勢神宮における原初の状態とは、次節で検証するごとく、やはり七世紀以後に形成されたものである。他社もおそらくこの原則によって、それぞれの原初とそれぞれの個性を設定したであろう。これが、神社の誕生である。伊勢神宮では、並外れて厳格に最初の設定が守られてきたが、他社では時代とともに変化する場合も多かった。その変化は、われわれの目からすると発展なのだが、神社信仰の枠組みのなかではそうではない。変化が神社の枠組みから外れたものと自覚されたときは、復古がおこる。それは、明治の神仏分離に限ったことではなく、自覚の強い神社では、全時代を通じて行われてきた。しかし、明治の神仏分離とその後の神道政策が、新しい宗教の創

出という一面を持つように、前近代における復古も、時代の制約のなかにある。したがって、各社における信仰の中身と祭祀施設の具体像を歴史的時間軸にそって位置づける作業は、細心の注意を要するのである。

## 二　やしろの曙——伊勢神宮正殿の諸問題

伊勢神宮は、神社のなかで、建築形態、文献史料とも最も古い時代までさかのぼることのできる神社である。戦後、さまざまな分野からの研究は著しく進捗したが、神宮はなお神秘のなかにある。神秘の中心は、正殿と心御柱、およびそれらをめぐる祭儀である。

正殿のなかに、御神体の鏡が安置されるのは、いちおう納得できる。伊勢神宮がその原初に近いとは思うが、それは神社の一般的な在り方だからである。しかし、正殿床下の中央にあって、建築構造上は意味のない中途半端な柱、つまり心御柱は、神宮独特のものである。その意義は早くにわからなくなったとみえて、密教と結びついた中世神道では、心御柱は独鈷であるというような秘儀的解釈がなされていた。(5) 現在の通説では、心御柱は古い祭祀形態のいわゆる神籬《ひもろぎ》であり、正殿はのちの時代にその上につくられたといわれている。その考え方の背景には、歴史学における伊勢神宮の成立に関する研究成果があるようである。伊勢神宮の祭神天照大神は、元来は一般的な太陽神で、いつしか天皇家の祖神となって皇居で祀られていたが、畏れ多いということで伊勢に遷し、その後、式年遷宮の制が定まった七世紀の天武朝に、ほぼ現在のかたちになったとされる。このような発展段階のどこかで、従来の露天の祭祀である神籬の上に新しく正殿をつくるという事態が生じたと理解されている。しかし、この考え方では説明しにくい事柄がいくつもある。

### (1)伊勢神宮の性格

伊勢神宮は、少なくとも七世紀以来、国家的祭祀の対象であり、最高の神社として待遇されてきた。何重もの垣で囲まれた正殿周辺は、広々とした平坦地に白石を敷きつめ、左右対称でかつ正南面するきわめて人工的な構成である。このような境内の雰囲気は、ほかの神社にはなく、むしろ薬師寺など南都寺院に近い。それはやはり、天武・持統朝に国家的な整備が行われたからにほかならない。神宮の構成が非常に人工的であることを認めるとすると、祭儀もそれに応じた合理性を有すると考えてよい。このように壮大な神社を何の蓄積もなしに突然つくれるはずがないという意味では、神宮の祭祀のなかに古い時代の名残があるだろうことは筆者も否定しない。しかし、上述のような神宮成立の事情と時期を考えると、そのときにいったんすべてが合理的に整理されただろうと思われるのである。ここでは、極力、心御柱と正殿の意義および祭儀を合理的に説明する方途を考えたい。

そのような考証に耐える恰好の史料が『皇太神宮儀式帳』である。神宮の神官は、『皇太神宮儀式帳』と『止由気宮儀式帳』を編纂し、延暦二十三年（八〇四）、神祇官を経て太政官へと奉った。これらは、国家の法令である『弘仁式』『貞観式』、そして『延喜式』の資料になったと考えられている。『皇太神宮儀式帳』には、前代からの死穢などとともに、仏教に対する穢れの観念が、忌詞として表わされており、それは『延喜式』へと引き継がれていく。したがって、両『儀式帳』は、神宮の史料としてだけではなく、神社信仰形成期の神社の在り方を示す史料としてみることができる。『儀式帳』の時代は、神道的思考が成立した時期として重要であり、『儀式帳』つまり伊勢神宮そのものが、神道の成立において重大な役割を果たしたと考えられる。(6)

### (2)心御柱神籬説の根拠

心御柱に関する現在の通説を形作ったのは、林野全孝「内宮『心御柱』の性格について(7)」である。氏は、従来説四つをあげてそれぞれ否定されたが、そのうちの二説について触れておきたい。

第一は明治以後の建築史学において唱えられた心柱《しんばしら》退化説で、心御柱は建物の中心にあって棟木を支える心柱が退化したものだという。これは、両側に棟持柱があれば中央には必要ないとして、否定される。発掘事例でも、棟持柱をもつ建物で中央にも柱をもつ事例はないようである。

第二に、定位点説がある。二十年ごとの式年遷宮で隣りの殿地に社殿が建て替えられる際、場所を誤らないために心御柱があるという考え方である。この説は、林野氏が引用したように、少なくとも平安時代からある考え方で、筆者はこれを支持する。氏は、位置を示す役割をまったく否定するわけではないが、それは心御柱の本質ではないという。

氏は、心御柱の用材を切り出す行事である木本祭《このもとさい》(8)に注目する。その厳重な祭りは、神籬を切り出す行事であると同時に神籬に対する行事であって、殿地に移ってからも神を宿らせる状態を維持するのだという。正殿は、よほどのちの時代に、その神籬の上に建てられたとする。

また、稲垣榮三氏は、伊勢神宮正殿、出雲大社本殿、貫前《ぬきさき》神社本殿（群馬県）における中央の柱は、柱の上部に神がよりつくという信仰に従い、柱の上部に建築をつくって神を宿らせるという共通性があるという。また、本殿の神聖さは、その土地や自然に本来の姿があり、柱を立てるのは最初の人工的作為だという(9)。

一般的に心御柱を神聖な祭祀対象とみる根拠は、神宮の最も重要な儀式である三節祭《さんせつさい》《ミヲリノマツリ》の由貴大御饌《ゆきのおおみけ》の儀式が、正殿床下の心御柱の前で行われていたことである。三節祭とは、六月・十二月の月次祭と九月の神嘗祭である。それらの祭りで、深夜と早暁の二回、神に奉る食事を由貴大御饌という。通常の神社祭祀では、祭儀の場は本殿の前方であるし、御饌も大床や幣殿・拝殿で奉る。神宮でも、祭儀の多くは、正殿の前方、神官着座の石壺から中重《なかのえ》鳥居付近で行われる。このような常識を踏まえると、床下の祭儀の対象は心御柱だということになる。祭祀対象が床上・床下の二カ所にあるのは常識に反するので、心御柱に対する祭儀は、正殿成立以前の古い祭りであると解釈することになる。

このほかにも諸説あるが、いずれも心御柱を神聖なもの、神籬の一種とみて、そこに伊勢神宮の祖形を探ろうとする点で一致している。(10)

### (3)心御柱神籬説の難点

神籬の語義は、必ずしも明晰ではない。以下、神籬は、一定の区画を設けて神を迎える座を設定したもの、あるいは依代《よりしろ》ないし御霊代《みたましろ》という意味で取り扱う。

神社の成立、あるいは発展の過程で、神聖な井戸や石の上に神社を建てる場合がある。心御柱神籬説は、心御柱をそのような自然物と同じに考えていることになる。しかし、石でも、小さな石なら本殿内に持ち込んで神体とする場合が多い。成立や由来が心御柱と正殿とで異なるのであれば、単なる柱がかたくなに正殿床下に存在し続けていることの意味がわからない。それが、正殿成立までの重要なかたちであったとしても、壮麗な正殿をつくるという祭祀の大変更にあたって、そのような原始的な柱に対する信仰と祭儀をことさらに残す理由があるだろうか。むしろ、心御柱は正殿と一体のものであり、それは計画的な構成だと考えることができればそれにこしたことはない。

心御柱を神籬と解釈したときに最も困るのは、遷宮ですべてが隣りの殿地に移るにもかかわらず、心御柱はそのまま古殿地に残されることである。心御柱は、その次の遷宮で立て替えられる。神聖な神籬を、古殿地に残すことにはどういう意味があるのだろうか。このことは、記録上、鎌倉時代までしかさかのぼれないが、(11)ここでは古い規式であると考えておく。

心御柱の大きさも鎌倉時代にならないとわからない。長さ五尺（約一・五メートル）、径四寸（約一二センチ）

である。[12] おそらく内宮・外宮とも大差はないだろう。長さはともかくとして、径四寸という太さは意外なほどに細い。現在の正殿の柱は直径約二尺（六〇センチ）、棟持柱にいたっては約二尺六寸（七九センチ）あるから、[13] これらと比べると、心御柱の太さは、もはや柱とはいえない。民家建築でも、大黒柱なら断面正方形で一辺が八寸程度はざらで、通常の柱の一辺が四寸前後である。心御柱の太さは民家の柱と大差ない。もっとも、現在ではもっと太いようである。[14] ちなみに、現在の出雲大社の心御柱は直径三尺六寸（約一・一メートル）で、本殿を構成する柱のなかで最も太い。貫前神社本殿の心御柱は、直径約一尺（約三〇センチ）で、この場合はほかの柱と変わらない。いずれと比較しても神宮の心御柱は、きわめて細い。このような材が、本当に重要な神籬なのだろうか。

(4)定位点説

定位点説をとれば、神籬説の難点はすべて説明可能であり、またほかにも支持材料がある。まず、心御柱は、正殿の平面の中央にあるべきだとされてきたことが指摘できる。応和二年（九六二）の造替で、心御柱の位置が新殿でも古殿でも中央からずれていることが問題となった。しかし、本来は中央に立てるべきで、近年、もとの穴に心御柱をふたたび立てることを憚ったということを確認している。[15] 標識であるからこそ、正殿中央からのずれが問題視されるのである。

次に、呼び名は、『皇太神宮儀式帳』と『延喜式』では、「心柱」であり、平安時代の文書を多く含む『神宮雑例集』でも、「心柱」が圧倒的に多い。読み方は確定できないが、普通はこれは「シンバシラ」または「シンノハシラ」であり、中央の柱という意味である。しかも、これらにおいては「正殿心柱」という用例が多いから、正殿の柱という意味だと理解される。神籬説では、心御柱と正殿とは、由来が異なるとされているが、「正殿心柱」なる用例は、心御柱と正殿が一体のものとして意識されていることを示している。そのことは、のちにふたたび述べるとして、ここまでのところでは、心御柱は、式年造替による次の正殿の位置を誤たずに示すための標識と考えるのが最も合理的である。

それでは、逆に定位点説をとった場合、神籬説の根拠となった木本祭と床下祭儀はどのように解釈すればよいだろうか。

### (5)木本祭

『皇太神宮儀式帳』を見ると、正殿造営における特別の祭儀は次のような順で行われる。それに対応する近代の祭儀名称を下欄に示す。[16]

| 『儀式帳』の祭儀名称 | 近代の祭儀名称 |
| --- | --- |
| 山口神祭《ヤマグチノカミマツル》 | 山《ヤマ》口《グチ》祭《サイ》 |
| 入《ソマ》レ杣木本祭《イリコノモトマツル》（心御柱用材を採る行事） | 木《コノ》本《モト》祭《サイ》 |
| 宮地鎮謝《ミヤドコロシヅメマツル》 | 鎮《チン》地《チ》祭《サイ》 |
| 正殿地築平《オホミヤドコロツキナラス》 | |
| 杣《ソマ》レ山木本祭《ヤマノコノモトマツル》（御船代用材を採る行事） | 御《ミ》船代《フナシロ》祭《サイ》 |
| 御形穿初仕奉《ミカタホリソメツカヘマツル》 | 御《ゴ》形《ギヤウ》祭《サイ》 |
| 返祭《カヘシノマツリ》 | 後《ゴ》鎮《チン》祭《サイ》 |

近代においては、ほかに祭りの数も増え、順番も変わっている。以下、順番は『儀式帳』を主体に考えるが、名称は近代のものによる。山口祭は、御用材を採るにあたって、山の神を鎮める祭りである。次に、心御柱を採る

行事すなわち木本祭を行い、造営用材を採り始める。ついで、鎮地祭を行い、その直後に心御柱を立て、それからほかの柱を立て始める。地面を平らにする祭りもある。次に、御船代の用材を採る祭り、すなわち御船代祭を行う。御船代は、御神体の入れ物である。御形祭は、正殿の東西の妻にある鏡《かがみ》形木《かたのき》に円形の文様をつける祭りで、『儀式帳』には、宮をつくり終わるときの祭りだと書かれている。

さて、御船代は御神体の容器で、文句なしに神聖なものであるから、特別の祭りがあるのは理解できる。しかし、心御柱を採る祭りは、心御柱だけに対する祭りであろうか。心御柱に対する特別視をやめ、『儀式帳』のこの部分に「正殿心柱」とあるように正殿の一部と考えると、この祭りは正殿全体の用材を採る祭りであると解することができる。建設も心御柱を立ててから始まるので、心御柱は正殿の建築を象徴的に代表する柱だといえよう。(17) そして、ほぼ建築物が完成したときの祭りが御形祭および後鎮祭である。御形祭は東西の妻の部分を飾る祭りであり、後鎮祭は、心御柱の神聖性の表徴の一つとされる天平瓮《あまのひらか》(18)に関係する。『皇太神宮儀式帳』の記述(19)はごく簡単で『止由気宮儀式帳』のほうに、二千枚の天平瓮について「宮柱并諸木本別置」(20)と書かれている。正殿の柱の根元と、用材を切ったあとの切り株に置くということらしい。心御柱だけが特別視されているわけではないことに注目したい。心御柱のまわりにはたくさんの天平瓮があるという史料もあるので、天平瓮は心御柱付近に集められるのかもしれない。

これら一連の祭りは、山の神に対する祭り、建築用材を切り出す祭り、建物を建て始める祭り、御船代の用材を採る祭り、建物ができたときの祭り、という構成になっている。心御柱を採る行事は、正殿の建築用材を切り出す祭として遷宮行事のなかに位置付けられているのであって、もし正殿の建物と由来が異なるのなら、別の日時、別の場合に設定されてしかるべきであろう。心御柱は、正殿が神聖であるのとまったく同じ意味で神聖なものなのである。神宮の建築工事は、単なる工事なのではなく、全体が神事なのであり、その点においてこそ心御柱は中心的かつ象徴的な意義をもったといえよう。

⑹床下祭儀と御饌供進

床下祭儀は、三節祭すなわち二回の月次祭と神嘗祭であるといわれてきた。しかし、調べてみるとほかにも何回かあり、それらはさまざまの問題を提起する。『儀式帳』には、具体的な場所の記載が少ないので、まず、建久三年（一一九二）の『皇太神宮年中行事』(21)を見ると、正殿床下の祭儀には次のようなものがある。

正月七日　若菜御饌《わかなのみけ》
正月十五日　粥《かゆ》ノ御饌
三月三日　桃花《とうか》御饌
六月十六・十七日　月次祭　由貴大御饌《ゆきのおおみけ》
九月九日　菊花《きっか》御饌
九月十六・十七日　神嘗祭　由貴大御饌
十二月十六・十七日　月次祭　由貴大御饌

すべて御饌の供進である。『皇太神宮儀式帳』と『皇太神宮年中行事』との間には、かなりの時代差があるが、神宮の儀式は強い伝承性をもち、『儀式帳』はその規範とされているので、祭儀の場所が変更されることはなかったと考える。ただし、九月九日の菊花御饌は、『儀式帳』に見えないので、平安時代に加わった祭儀である。このことは重要である。一方、外宮は、『止由気宮儀式帳』によると、正月七日・十五日、三月三日は御饌殿《みけでん》で御饌を奉る。三節祭では、内院となっているので正殿床下であろう。やはり菊花御饌はない。

御饌殿は外宮にのみあって、内宮正殿と外宮正殿の神々に毎日の食事を奉るための施設である。御饌供進の場はいずれが本義であろうか。まず、格は内宮のほうが高い。祭りは三節祭が最も重い祭儀である。外宮では、三節祭が床下、そのほかが御饌殿であるから、床下での儀式が本式であり、御饌殿は略式である。また、内宮では御饌はすべて床下で奉られる。したがって御饌供進の本義は床下祭儀であるといえる。

問題は、菊花御饌である。菊花御饌は、明らかに新しい祭儀であるにもかかわらず、床下で奉られている。心御柱が正殿成立以前の古い祭儀の名残りであるなら、新しい祭儀は付着しないだろう。ひるがえって、三節祭が古い祭りなのかというと、そうではなくて、すべて律令祭祀である。そこには、御饌は床下で奉るという単純な原則があるにすぎない。つまり、新しい祭儀であっても、本式の御饌供進をともなうときは、床下で行われると理解される。

### (7)床下祭儀の諸問題

『皇太神宮儀式帳』には、もう一つ注意すべき記事がある。さきに見た年六回の御饌は、たとえば六月の月次祭の条に、

又荒祭宮、并瀧祭、合二所御饌波、其当宮物忌、内人等、此大神宮之如二御饌一同日夜、（中略）祭供奉拝奉。
行事大神宮同。

とあり、荒祭宮にも奉られる。行事は大神宮と同じとされる。確認のために、近世の行事書[22]を見ると、それは荒祭宮の床下なのである。瀧祭神社についてはあとで触れる。したがって、床下祭儀の範囲は、従来考えられているよりも広い範囲で行われていたことがわかる。

そうすると床下祭儀の祭祀対象をどう考えればよいであろうか。それは心御柱であろうか。心御柱であるとすると、それは荒祭宮にもあることになって、心御柱の在在自体がそれほど特殊なものではないことになる。逆に、

荒祭宮には心御柱はないとしたときには、床下祭儀には心御柱はとりたてて必要なものではないということになる。

現在の神宮を拝見すると、別宮や摂社の空いているほうの殿地には、おしなべて心御柱が残されているように思われる。それが古い慣習であるとすると、神宮の多くの社殿には、心御柱があることとなり、やはり定位点説に有利な材料となろう。

床下祭儀の最後の問題は、瀧祭神社である。さきの引用文では、内宮正殿、荒祭宮におけると同様の儀式が瀧祭神社でも行われる。それは、御饌供進である。しかし、実は瀧祭神社には、建物はない。『儀式帳』には、次のように記されている。

瀧祭神社在二大神宮西川辺一。無二御殿一。

瀧祭神社には、現在も社殿がない。川のほとりに、一段高く壇が築かれ、古びた石が中央にある。ただし、位置は変わっているようである。『儀式帳』の時代にもこれと同じだったかどうかはわからないが、少なくとも社殿はなかった。瀧祭神社での祭儀は露天の祭儀だったということになる。ここでは、祭儀の原型は問題にしてはいないが、はしなくも床下祭儀の原型は、露天の祭儀であったという推定が可能になる。しかし、原型を問題にするのであれば、建築物の床下は、もともとなんらかの意義をもっていたという推定も可能なのである。

### (8)正殿の機能

それでは、正殿とは何か。この問題を考えるには、祭儀に際して正殿がどのように機能するかをみる必要がある。

『皇太神宮儀式帳』によると、祭儀は、御饌すなわち食物を奉る行事と、幣帛すなわち物を奉る行事に大別できる。ほかに、斎王が一つの意義をもつが、ここでは触れない。前述のように御饌は正殿床下で捧げるのが本義である。幣帛は、朝廷からのものは正殿に、その他は東宝殿に納められる。正殿の扉が開くのは、このときだけであろう。(23) 具体的には、次のような状況であった。

二月十二日　祈年祭　年祈《としごい》の幣帛使　幣帛を正殿に入れる。
四月十四日　神《かむ》御《み》衣《そ》祭《さい》　神御衣を東宝殿に入れる。
六月十七日　月次祭　斎王　御調糸を東宝殿に入れる。
九月十四日　神御衣祭　四月に同じ。
九月十七日　神《かん》嘗《なめ》祭　斎王　忌部《いんべ》　朝廷の幣帛を正殿に入れる。その他の幣帛を東幣帛殿（東宝殿）に入れる。
十二月　月次祭　六月月次に同じ（『皇太神宮年中行事』では東宝殿開かずとある）。

『儀式帳』では、一年の間に祈年祭と神嘗祭の二回だけ、朝廷からの幣帛を納めるために、正殿の扉が開くにすぎない。機能的には、正殿と東宝殿とには格の違いしかないのである。加えて、正殿のなかには夥しい神宝が納められており、御神体の鏡も神そのものではないことを考え合わせると、正殿は神の倉である、といえよう。

### (9)神・御形・正殿

正殿に関する理解も若干の調整を必要とするだろう。『神道大辞典』によると、御神体とは、神そのものではなく、「神霊のよる神聖なる物体である」といわれる。いわゆる依代である。本殿は、「祭神の鎮座する建築」と書かれている。これは矛盾している。御神体が神聖であるにせよ単なるものであれば、本殿はその入れ物にすぎない。おそらく一般的な神社本殿は、依代の入れ物という性格が強いだろう。

『皇太神宮儀式帳』には、九世紀初頭の伊勢神宮の別宮および所管社の正殿の有無と「御形《みかた》」が記されている(表1)。

御形の意義はよくわからないが、およそ御神体の概念で捉えてよいだろう。御形は、鏡と石が圧倒的である。月読宮の馬乗男《ミマニノルヲトコ》は、ごく初期の神像といえる。皇大神宮の御神体である八咫鏡《やたのかがみ》は、祭神である天照大神が、天孫に授けたものであるから、天照大神そのものではない。その他の鏡も神そのものではないだろう。鏡がそうなら、より原始的な石も、神そのものであるよりは、依代として本殿内に祀られたと思われる。

興味深いのは、御形がないのに正殿がある神社がいくつも存在することで、神道学的考え方によると、いわゆる空座[24]である。ここにはいろいろの神格がある[25]。それらはこの時期には、神宮を構成する神社として斉一に組織され、大神宮司の管理下におかれたと考えられよう。そのような状況において、御形が神社にとってあるいは正殿にとって是非とも必要なものであれば、つくられたであろう。先述の瀧祭神社のように、かなり重要な神社で

表1　『皇太神宮儀式帳』にみえる神社の御形と正殿

| 神社名・神名 | 御形 | 正殿 |
|---|---|---|
| 天照坐皇大神 | 鏡 | 正殿一区 |
| 荒祭宮 | 鏡 | 正殿一区 |
| 月読宮 | | 正殿四区 |
| 　伊弉諾尊 | 不明 | |
| 　伊弉冊尊 | 不明 | |
| 　月読命 | 馬乗男 | |
| 　荒魂 | 不明 | |
| 瀧原宮 | 鏡 | 正殿一区 |
| 竝宮 | 不明 | 正殿一区 |
| 伊雑宮 | 鏡 | 正殿一区 |
| 瀧祭神社 | 不明 | 無御殿 |
| 小朝熊神社 | | 正殿一区 |
| 　桜大刀自 | 石 | |
| 　苔虫神 | 石 | |
| 　朝熊水神 | 石 | |
| 薗相神社 | 石 | 正殿一区 |
| 鴨神社 | 石 | 正殿二区 |
| 田邊神社 | 鏡 | 正殿一区 |
| 蚊野神社 | 鏡 | 正殿一区 |
| 湯田神社 | 無 | 正殿二区 |
| 大土神社 | 石 | 正殿一区 |
| 国津御祖神社 | | 正殿一宇 |
| 　宇治津比売命 | 石 | |
| 　田村比売命 | 無 | |
| 久麻良比神社 | 石 | 正殿一宇 |
| 宇治山田神社 | 無 | 正殿一宇 |
| 津長大水神社 | 石 | 正殿一宇 |
| 大水神社 | 無 | 正殿一宇 |
| 堅田神社 | 石 | 正殿一宇 |
| 江神社 | | 正殿一宇 |
| 　長口女命 | 水 | |
| 　大歳御祖命 | 無 | |
| 神前神社 | 石 | 正殿一宇 |
| 粟御子神社 | 石 | 正殿一宇 |
| 川原神社 | 無 | 正殿一宇 |
| 久具神社 | 石 | 正殿三宇 |
| 楢原神社 | 石 | 正殿一宇 |
| 棒原神社 | 無 | 正殿二宇 |
| 御船神社 | 無 | 正殿一宇 |
| 坂手神社 | 石 | 正殿一宇 |
| 狭田神社 | 無 | 正殿一宇 |
| 瀧原神社 | 石 | 正殿一宇 |

注：このあとに掲載される官帳に入らない15の田《でん》社は、「形《みかた》」は石もしくはないかで、正殿に関する記載はないので省略する。

さえ、正殿がない場合もある。結局、神宮に組織され、『儀式帳』に記載された神社のなかでは、正殿も御形も、神社として不可欠のものではない。残るのは、場あるいは座である。あえて序列をつけるなら、第一に必要なのは、場あるいは座であり、次はそれを具現化した正殿であり、その次が御形つまり御神体であるといえる。心御柱は、そのような場を示す役割をもつと考えられる。

律令制の基礎には、きわめて合理的な思考がある。心御柱が秘儀の中心と考えられ、そのイメージが異様に肥大化し、歪曲されたのは、中世神道の渦中であろう。(26)それは、江戸時代末まで続く。近代の国家神道は、神社全体から前近代の秘儀を排し、合理的な神道思想を形成する必要があった。そのような時代思潮のなかで、明治の近代主義者は心御柱を棟持柱の退化したものとして、工学的な説明を行った。戦後、国家神道の呪縛を離れて、伊勢神宮の歴史がそれこそ真に合理的に捉えなおしうる段階になって、皮肉なことにふたたび心御柱は秘儀の中心と考えられるようになったのである。

心御柱は、従来いわれているような床下に封じ込められた古い時代の祭儀の名残りなどではなく、正殿の一部でありかつ正殿の建築を代表する象徴的な存在である、というのが筆者の考えである。

以上、伊勢神宮は、およそ七世紀に整備された国家的祭祀の対象となる最高の神社であり、合理的な思考のもとに形成されているという前提に立って、『皇太神宮儀式帳』に表われた神宮の在り方に対する解釈を試みた。得られた結論を、次にまとめる。

一、従来、心御柱は神籬であり、正殿成立以前の古い祭祀形態の名残りだとされてきた。しかし、神籬と考えると多くの難点があり、また古い祭祀形態の名残りとしなくても説明可能である。

二、心御柱は、構造的な意味はないが、正殿の建築の一部であり、次の式年遷宮で正殿を正確な位置に建てるために残される。

三、心御柱の用材を採るために木本祭という特別の行事が行われることが、神籬説の根拠の一つである。しかし、正殿は神のための神聖な建築であり、心御柱は正殿の用材を代表する部材であると考えると、木本祭は、正殿全体の用材を採るための祭りだと解釈できる。心御柱は「正殿心柱」と呼ばれており、それは正殿の中心の柱という意味である。正殿の建設も心御柱を立てることから始まる。

四、床下祭儀の目的は、御饌供進である。

五、正殿は、神の倉である。神への捧げ物は御饌と幣帛、つまり食物と物の二種類で、食物は床下、物は床上という使い分けがなされている。

六、『儀式帳』からうかがえる神社の観念において、第一に必要なのは、場あるいは座であり、次はそれを具現化した正殿であり、その次が御形つまり御神体であるといえる。

## おわりに――遷宮について

神道は、宗教の形態としても教義としても未発達なままで、実に千年以上の時を過ごしたと思えるが、それは絶えざる努力の賜物といえる。神社は、変化発展を肯んじない価値観を頼りに、圧倒的な思弁性と人的組織をもつ仏教の繁栄のなかで、寺院とともに栄え、かつ独自性を失なわなかった。伊勢神宮は、その原理を提示し、手本であり続けた。

神宮の建築工事は神事である。神宮の建築は、結果的に建築物ではあるが、その本質は、神宮をつらぬく祭りが生み出したものであり、その存在自体が祭りの一部をなすと考えねばならない。神を祀るための建築、祭りを行うための建築という性格は、むしろ一面にすぎない。神宮正殿は、建築工事が目的化し、決まった周期での建て替えが約束された高貴な仮設構築物なのである。

神宮の歴史は、殿舎建設の歴史であり、原初の維持の歴史であった。新しい御殿は、全体が黄金色に輝き、筆者には出雲の大社にも匹敵する大きさに見えた。正殿は、はてしもなく繰り返されてきた造替のなかで、いつしか物の範疇を超えたと思える。役目を終えて、解体を待つ古殿は、新正殿と同形同大だが、普通の神社建築に近い。

闇のなか、いままでの正殿から新しい正殿へと御神体が出御するとき、神官によって鶏鳴(27)が三度発せられる。遷宮は、神宮の暁にほかならない。

(1) このような神社の捉え方は、岡田精司『神社の古代史』(朝日カルチャーブックス五〇、大阪書籍、昭和六十年)から学んだ。氏は神社の成立条件として、第一に一定の祭場と祭祀対象、第二に祀る人の組織、第三に祭りのための常設建造物をあげ、なかでも常設建造物が決定的であるとする(一七頁)。

(2) 高取正男『神道の成立』(平凡社選書六四、平凡社、昭和五十四年)。

(3) 福山敏男「神社建築における外国の影響」(『日本建築史研究』所収、墨水書房、昭和四十七年)。

(4) 太田博太郎「円城寺春日堂・白山堂は春日社旧殿か」(日本建築史論集III『社寺建築の研究』、岩波書店、昭和六十一年)。

(5) たとえば『類聚神祇本源』(『神道大系　論説編五・伊勢神道(上)』所収、神道大系編纂会、平成五年)。本書は、元応二年(一三二〇)、度会家行編。独鈷は密教法具の一種。

(6) 前掲注(2)に同じ。

(7) 林野全孝「内宮『心御柱』の性格について」(『建築史研究』二〇、昭和三十年)。氏は以下で検討する以外に、伊美《いみ》柱説・リンガ説を紹介している。前者は単に聖なる柱というのみであまり内容がない。リンガ説はなきにしもあらずだが、歴史学的根拠はない。

(8) 一連の正殿造営の祭りの一つで、心御柱を切り出す行事。『儀式帳』によれば、吉日を選んで、鉄人形四十口、鉄鏡四十面、鉄鉾四十柄などの金物、木綿二斤、麻二斤などの布、米一斗、酒一斗、堅魚二斤などの食物、および土器を奉り、祝詞を上げ、切り出した材を、山から新しい殿地に運ぶ。
(9)『神社と霊廟』(原色日本の美術一六、小学館、昭和四十三年)。
(10)取越憲三郎『伊勢神宮の原像』(講談社、昭和四十八年)、桜井敏雄『伊勢と日光』(名宝日本の美術一八、小学館、昭和五十七年)、藤谷俊雄・直木孝次郎『伊勢神宮』(新日本新書四三四、新日本出版社、平成三年)、桜井勝之進『伊勢神宮』(学生社、昭和四十四年)、同『伊勢の大神の宮』(堀書店、昭和四十八年)、岡田精司『古代王権の祭祀と神話』(塙書房、昭和四十五年)など。
(11)『建久元年内宮遷宮記』(神宮司庁編『神宮遷宮記　第一巻』所収、国書刊行会、昭和五年、平成五年同所再刊)に、遷宮に際して新しい心御柱を、新しい宮地のもとの心御柱に添えておくという記事がある。なお、後述の『神宮雑例集』の、もとの穴に心御柱を立てるという記事は、やはり心御柱が次の遷宮まで残されたことを示している。
(12)『豊受皇大神御鎮座本紀』(『神道大系　論説編五・伊勢神道(上)』所収、神道大系編纂会、平成五年)による。同書の成立については所説があるが、鎌倉時代以前と考えられる。
(13)『神宮』(神宮司庁、昭和五十九年)による。
(14)前掲注(7)林野論文には、風聞によるとして、径九寸(約二七センチ)あるという。
(15)『神宮雑例集　巻二』(『神道大系　神宮編二』所収、神道大系編纂会、昭和五十五年)による。同書は鎌倉時代初期の成立。
(16)『儀式帳』の祭儀名称は箇条書ではなく、文中にあらわれるものである。カタ仮名ルビは『神道大系』による。近代の祭儀名称は神宮司庁『神宮要綱』(神宮皇学館友会、昭和三年)によった。
(17)心御柱を正殿造営用材の代表とみる考えは、阪本廣太郎『神宮祭祀概説』(神宮司庁、昭和四十年)にもあり、「[心御柱]を以て御造営材の代表的中心的なものと云ふ思想が表れて居る」と書かれている(四七一頁)。しかし、氏は心御柱は神籬と同じ意味をもつと考えている。また、川添登によると、心御柱を立てることが神宮において柱を立てる規式の始まりだ、という考えは江戸時代の『神道工事故実式』という書物に見えるという(『民と神の住まい』、四二頁、講談社学術文庫、昭和五十四年再版、初版は昭和三十五年)
(18)神祭りに用いる土器。皿のような平たい形状のものらしい。
(19)山口祭の条に「然宮造了時、返祭料物如始」とだけある。
(20)「新宮奉造時行事幷用物事」の末尾に「宮造奉畢。次後返祭、(中略)然天平瓮宮柱并諸木本別置。員貳仟餘口。」

とある。

(21)『皇太神宮年中行事』(『神道大系　神宮編二』所収、神道大系編纂会、昭和五十五年)所収。

(22)『荒祭宮年中神事下行雑事』(大神宮叢書『神宮年中行事大成後編』所収、神宮司庁、昭和十四年)。これは万延元年(一八六〇)に荒祭宮の神官が記したもの。

(23)前掲注(17)『神宮祭祀概説』に、「御開扉は勅使参向の祭祀に限らる、こと。即ち祈年・神嘗・新嘗に限り、しかも奉幣の儀にのみ行わる、」(一七四頁)とある。『皇太神宮儀式帳』の「供奉幣帛本記事」には、朝廷から奉られた勅幣帛は正殿に、春宮・皇后・駅使・国々の荷前《のざき》は外幣帛殿に納めるとある。

(24)川出清彦『祭祀概説』(学生社、昭和五十三年)に「座のみを設けてまだこれに神体の安置のないもの」とある。新嘗祭神嘉殿の儀における神座、神宮御饌殿内の神座などが事例としてあげられている。

(25)岡田精司「伊勢神宮を構成する神社群の性格」(『立命館文学』五二一、平成三年)。

(26)中世の心御柱に対する宗教的観念と祭儀については、山本ひろ子「心御柱と中世的世界」(『春秋』三〇二～三一九、春秋社、昭和六十三～平成四年)に、細かく紹介されている。

(27)鶏の鳴声を神官がまねる。内宮ではカケコー、外宮ではカケロフーという声を三度発するという。その時と場所は時代によって若干の変化がある。

# 北野天満宮本殿と舎利信仰

## 序

周知の如く、北野天満宮の社殿は、北野造・八棟造・石の間造などと呼ばれる結構をなす。北野造というのは、北野天満宮独特の形式というほどの意味である。八棟造とは、外観をあらわしたもので、入り組んだ屋根形態に由来する。石の間造は、本殿と拝殿が石の間で結びつけられた平面を示し、権現造とほぼ同じ意味をもつ。このように天満宮の社殿においては、まず本殿と拝殿その他の舗設が一体となった出入りのある平面、そして変化に富む外観が、特に関心を集めてきたといえる。

ところで、この大規模な複合社殿の中で本殿はどういう形かというと、平面は三間四面庇、平入りの入母屋造本殿である。本殿形式もまた、神社建築としては特異な部類に属する。入母屋造本殿の成立過程については、太田博太郎「入母屋造本殿の成立」において、(1) 母屋四面庇構成の平面と入母屋屋根の相関が論じられている。その際、天満宮本殿に論及しなかったのは、氏のいう「拝殿が本殿化した」ものではないからであろう。北野天満宮は、平安時代中期における御霊信仰の中で成立した神社であって、社殿形態の独創性も、その点に起因すると考えられる。つまり、従来の神社のように自然神や農耕神・祖先神を祀るのではないし、また天満宮は宮寺とも呼ばれて、同じく御霊信仰に発する八坂神社とともに仏教との結びつきは特に緊密であった。このようなことから、本殿の形態に関しても、上代以来の伝統的な神社建築の系譜の中に置くよりは、むしろ寺院建築の影響を考えるのが一般的なようである。

しかし、今の本殿形態の成立については、四面庇平面と入母屋屋根の相関という視点が重要であろう。再び本論中で触れるが、草創期の本殿は三間三面庇と伝え、福山敏男は「この平面は日吉造を思わせる」と指摘した。(2) 日吉造の本殿は、滋賀県の日吉大社に三棟現存し、まさに三間三面庇の平面を有すると同時に、平面に対応して入母屋屋根から後方の一部を切り取ったかのような外観を呈する。これが天満宮本殿の初期的な形だとすると、何時頃にか背面の庇が付け加えられて、現在の入母屋造本殿が成立したことになる。もしそうならば、背面庇の付加された理由、その用途はなにか。また、既存の切妻造・流造・春日造などではなく、おそらく当時としても珍しかったであろう三面庇の本殿が採用されたのは何故であろうか。

これらの疑問に関しては、単に仏教との関連をいうのみでは不十分で、仏教が天満宮の創建及びその後の祭祀の中で果たした役割を、より具体的に捉え直す必要がある。ここでは、中世の天満宮本殿における神仏の祭祀を中心に平面構成の意味を考えてみたい。

## 一　現本殿の概要

現在の本殿は、慶長十二年（一六〇七）の再建である。以後、寛文九年（一六六九）、元禄十三年（一七〇〇）、元文元年（一七三六）、明和七年（一七七〇）、文化九年（一八一二）、嘉永五年（一八五二）に補修を行っている。(3) 多くは屋根葺替えが主目的であるが、寛文七年から同九年にかけての修理はかなり根本的なものと思われる。(4)

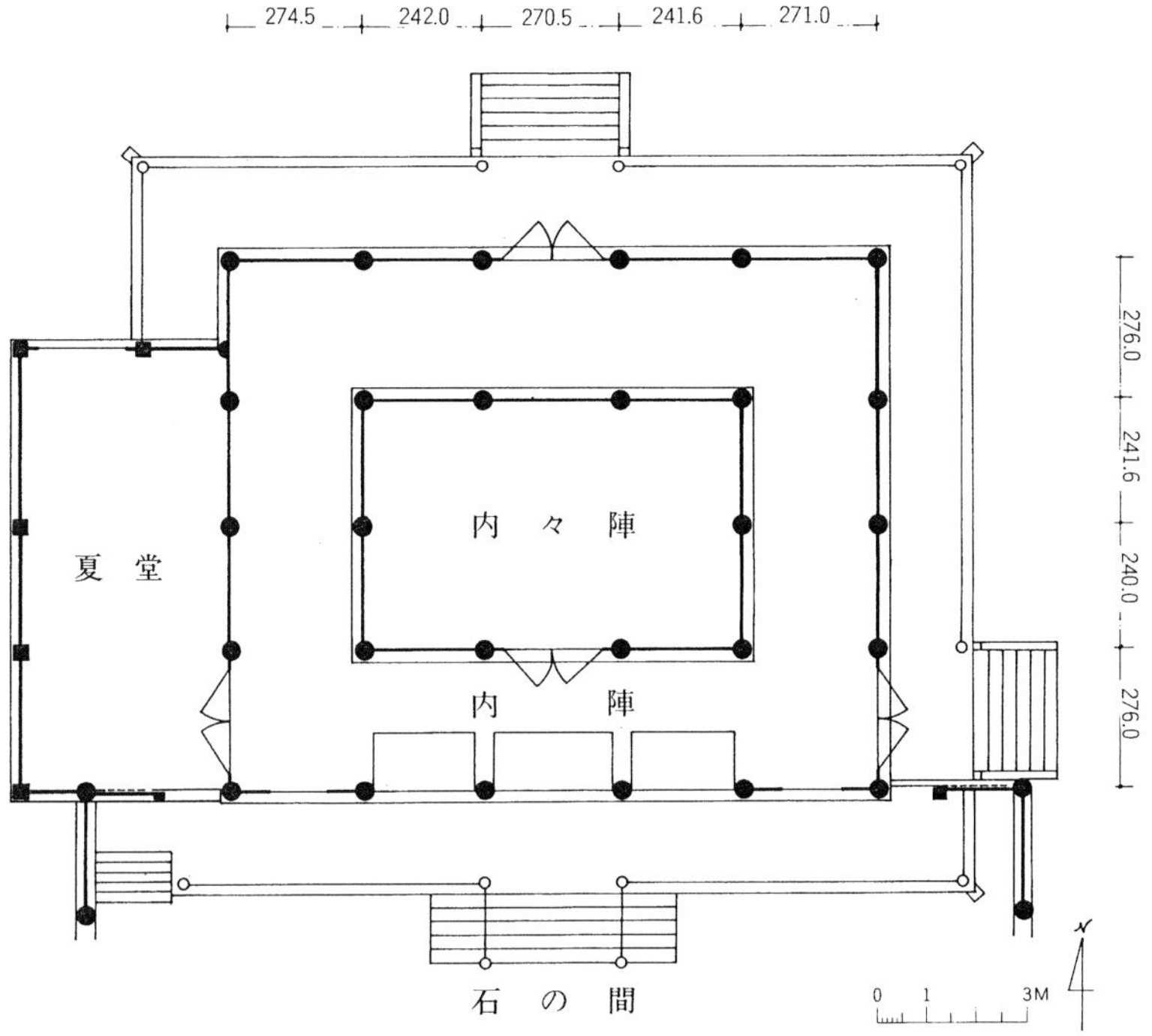


図１　北野天満宮本殿略平面図

平面は桁行三間梁間二間の母屋、及びその四周一間の庇とからなる（図１参照）。南を正面とする平入りの入母屋造本殿である。西側に夏堂を付し、その所を除いて四方に擬宝珠高欄付きの縁を廻らす。庇正面は五間となるが、中央三間は蔀戸とし、両脇の柱間は板壁で小ぶりの連子窓を付ける。庇の両側面では南端柱間に、背面では中央に、それぞれ桟唐戸を開き、他は板壁とする。本殿の内部は立ち入りを許されなかったので、以下は寛文九年修理の時に作製された図（『北野社堂并石之華表石矢来間数覚』[5]）によって、内部の様子を粗描しておく。

庇の部分は、入側柱から側柱へ海老虹梁を渡し、その上に格天井を張る。母屋部分の床は、庇よりも長押一段高く造り、天井は折上格天井とする。母屋の側面と背面は板壁で囲み、正面の柱間には西から順に「戸二」「同」「同」の書き込みがある。「戸二」は引違い戸か両開き戸のいずれかであろうが、中央が引違い戸では不自然であるから、三間とも両開き戸と解される。しかし、神職の談では、現状は中央が両開き戸、その両脇は板壁とのことである。いずれ実見の機会を得て、改造の有無など確かめたい。

柱間寸法は整然としている。上記『間数覚』によれば、桁行五間のうち中央と両端が九尺で残りは八尺、梁行では四間のうち両端が九尺で中央二間は八尺となっている。側回りのみ実測したが、現状もその通りである。即ち、母屋は八尺を基準として桁行中央一間のみを九尺にとり、その四周に九尺幅の庇を廻らした構成といえる。このことは、平面の性格として母屋と庇との区別が明確で、古式を思わせる。

## 二　本殿背面の舎利信仰

『北野縁起』(6)の記述によれば、天暦元年（九四六）北野の地に社殿を構えてのち、天徳四年（九六〇）にいたるまで改め造ること五度に及び、最後のものは、

是三間三面庇檜皮葺也

とある。三面庇の付き方について、これが神社本殿であるということを考えれば左右非対称の形は想定しにくく、おそらくは日吉造本殿と同様に背面庇を欠いていたか、あるいは前面庇を欠き、前の方は石の間や拝殿で補ったかであろう。前者の場合は、のちに背面の庇を付加したことになるし、後者ならば最初から備わっていたことになる。いずれであったかは再び第三節で考えるとして、ここで注意したいのは、のちに付加されたにせよ、始めからあったにせよ、背面庇が必要とされた点である。

さて、背面庇の用途であるが、北野天満宮では神仏分離以前、本殿背面に特殊な信仰が存した。背面庇の中央には、仏舎利を納めた舎利塔が祀られ、人びとは正面から参拝して後、背面へ回り、仏舎利に対して礼拝し祈願

図２　舎利塔（常照皇寺蔵）

するのを常とした。仏舎利及び舎利塔は、明治二年（一八六九）十一月、京都府北桑田郡の常照皇寺に移管、天満宮本殿の舎利塔のあった場所には天穂日命その他二柱の神々を祀った(7)。内実は変化したが、背面にも参拝する風は今もみられる。

　常照皇寺伝存の舎利塔は、かなり手の込んだ黄銅製四角宝塔で、細部は全く建築的に造られている（図２参照）。四面に扉があり、開くと中には二段の棚があって、仏舎利が納められている。写真最下方のものは木製の台座で、高さ四〇ミリ、上面は三三〇×三三八ミリである。裏側に四つの車輪を備え、塔を入れる木箱からの出し入れが便利なようにしてある。その上の四隅に足の付いた基台の高さ九五ミリ、上面は三〇〇×三〇〇ミリ、さらに基壇の高さ四八ミリ、基壇から軒丸瓦上端まで二二一ミリ、木製の台座を除く相輪先端までの総高七九五ミリである。木製台座の裏面には（／は原文改行を示す）、

　舎利殿之台／法眼禅覚／新造之

なる墨書がある。また、塔を納入する木箱底面には、

　北野宮内陣／舎利殿之箱／元禄十四辛巳年／三月十二日造之／神事奉行法眼禅覚

と記されている。舎利塔自体には少し疑問が残るが、おそらく全体として元禄の社殿修造の際に造られたものと考えられる(8)。

　本殿の後方には透塀が廻り、中央に一間の平唐門を開くが、神仏分離以前、この門を舎利門と呼んだのは、ここから仏舎利を拝んだからである。逆に、門の呼称をたどってみると、延徳二年（一四九〇）の『目代日記』(9)に

「御しやりの戸」「御しやり戸」、長禄三年（一四五九）の『預之記』[10]に「御舎利の戸」などとある。従って、上述のような神仏の祭祀構成は中世からの伝統を受け継ぐものであることがわかる。中世の天満宮における舎利信仰に関しては、鎌倉末から南北朝初期の成立になる『渓嵐拾葉集』[11]に興味深い記述がある。

一。参二詣北野一者可レ為二正直一事

師物語云。北野天神参詣《スルニハ》。北向《ノ》ツイ垣《ノ》キハ《ニシテ》後門《ノ》妻戸《ニ》向《キ》奉二念誦一也。就レ之三重《ノ》習事有レ之。初重《ニハ》此神《ノハ》菅丞相《カンセウ》《ニテ》御座時。依二無実之咎《ニ》一被レ罪給《ヘリ》。故妄語《ヲ》殊《ニ》誡《メ》給《ヘリ》。而《ニ》世間《ノ》人《ハ》皆不実《ノ》意《ヲ》以参詣。万人《ノ》竟楽皆神慮《ニ》背《ケリ》。仍北方《ヘ》向給《フニ》故。北面《ヨリ》参詣《シテ》所念《ノ》事《ヲ》奉二祈請一也云々　第二《ニハ》此社壇《ノ》後門《ニ》舎利塔《ヲ》安置。此舎利《ノ》処《ニ》天神常《ニ》居《シ》給《ヘリ》。故《ニ》北面《ニ》参《シテ》祈念《スル》也云々　第三重《ニハ》今舎利即天神御体也。一切諸神《ノ》本源《ハ》舎利《ト》習也。加レ之此天神《ハ》元《ト》弁才天《ノ》法《ヲ》行給《ヘリ》。即以二舎利一為二最極大事《ト》一也。其上此神《ノハ》不妄語《ノ》神体金界《ノ》大日《ノ》全体《ト》習也

筆者は、天台の学僧光宗である。要約すると、師がいうには、北野天満宮では背面から参拝するが、このことについては三つの知っておくべきことがある。第一には、天神は無実の罪に遭ったので、妄語を特に戒めるにもかかわらず、人びとは不実の意をもって参詣する。だから天神は北方（裏）を向いてしまっている。第二には、社壇の「後門」には舎利塔があって、天神は常にそこにおられる。第三には、その舎利と天神は一体であり、加えて天神は生前に弁才天法を行い、仏舎利を特に大切にしていた。そのようなわけで北面から祈念するのであり、要するに参拝者は正直でなければならない。

仏舎利は「社壇《ノ》後門」（四行目）に安置されていた。「後門」という言葉は二行目にもある。字義の上では、本殿の北方に「ツイ垣」（二行目）があったのだから、あるいは舎利門に相当する門があって、それを「後門」と記したとも考えられる。しかし、この条が書かれたということ自体、舎利塔の存在がそう顕わなものでなかったことを示すであろうし、また「天神常《ニ》居《シ》給《ヘリ》」（四行目）なる場が門を指すとも思えない。この「後門」は後戸ま

たは後堂、即ち本殿背面の庇の部分と考えるのが妥当である。よって第二行目の「後門ノ妻戸」も、本殿背面の両開き戸と解される。

以上で遅くとも鎌倉時代末頃には、近世と大差のない祭祀方式の採られていたことがわかる。それは室町時代にも変わることなく、例えば『当宮御社参記録』[12]に、康正三年（一四五七）将軍義政参詣のおり、

　御後戸ニテ御祈念

とあり、また長享二年（一四九八）の奥書を有する『神記』[13]によれば、神拝次第の中に、

　後戸舎利拝

とある。十五世紀の中頃には、本殿背面に参拝して後戸の舎利を拝することが、公的な作法ともなっていた。

## 三　三間三面庇の本殿

ここでは、三面庇と伝える初期の本殿形態について、日吉大社との交流の有無など、周辺的な事情を考察してみたい。

創建の経緯に関しては、『北野縁起』『最鎮記文』『天満宮託宣記』の三つが基本的な史料である。『天満宮託宣記』は、折りに触れて下った託宣を集めたものであるが、『北野縁起』と『最鎮記文』は天満宮の進止をめぐる部内の対立を反映しているとみられ、十世紀後半の状況を察するよすがとなる。

『北野縁起』は、荏柄天神社蔵本[14]の末尾に、

　天徳四年六月十日　根本建立宜禰多治記

と記していて、多治比文子あるいはその一党の手になるものと思われる。多治比文子は民間巫女であるが、古代豪族の末裔ともいわれ、天神縁起などでは天満宮創建に大きな役割を果たしたと伝える。しかし、この頃には文

子の一党は次第に排除されようとしていたのか、以後の天満宮管理にかかわる子孫の権利を述べている。

『最鎮記文』は、三つの部分からなる。最初は天満宮創建の由来、次は天徳三年（九五九）造営の時の祭文、そして貞元元年（九七六）十一月七日に太政官符が下され最鎮の寺務を司るべき地位が認められたことを記す。(15)符は北野の寺務管掌をめぐる争論に際して発せられたもので、大宰府安楽寺の例に任せて氏人をもって天満宮を領知するよう命じている。そのもとで最鎮は実権を握ったようである。そして寛弘元年（一〇〇四）には、菅家の流れを引く延暦寺の僧是算が別当職に補せられ、のちの曼殊院の基礎ができる。

天満宮の創建は天神の託宣に始まる。『北野縁起』ではまず多治比文子に託宣が下るのだが、『最鎮記文』には文子は登場せず、代りに近江の比良宮において託宣が下る。比良宮の神官である良種がそれを最鎮に伝え、彼等は協力して北野の地に社殿を建てたことになっている。良種は、最鎮の側で託宣を司った者と思しく、託宣の下った場が比良宮とされる点は、天満宮の創建を考える上で重要であろう。比良宮は『最鎮記文』(16)に、

近江国高島郡比良郷居住神主良種……

また『天満宮託宣記』(17)には、

近江国比良宮にて禰宜神《ミワノ》良種か男太郎丸……

とある。『日本三代実録』(18)貞観七年（八六五）正月十八日の条に、

授㆓近江国无位比良神従四位下㆒

とみえ、これが良種の仕えた比良宮であろう。比叡山の北に連なる比良山の近辺で、琵琶湖側の高島郡か滋賀郡に所在したらしい。比良神は、近江の地主神的な性格を有し、古代・中世にはある種の神話的権威を備えていた。その姿は、例えば『七大寺巡礼私記』(19)東大寺の条に、

老翁居件岩上垂釣捕魚（中略）我是当山地主比羅明神也

とある如く、湖上の岩で釣り糸を垂れる老翁として描かれる。引用した部分は東大寺造営に関する伝説で、他に『石山寺縁起』[20]では「比良の明神」と記され、神名は明らかでないが、より早い成立の『三宝絵詞』や『今昔物語集』にも同様の姿を見せる。一方、『太平記』や『神道雑々集』『日吉山王新記』などにみえる比叡山の縁起にも釣りの老翁があらわれるが、これらの中ではこの神は白鬚明神とされる。白鬚明神は現在も白鬚神社として高島郡に所在する。

少なくとも中世以後、延暦寺の側では比良神を白鬚明神に比定し、伝教大師叡山開闢以前の地主神として重んずることになるが、その端緒は相応和尚の比良入峰に求められる。『相応和尚伝』[21]に、

発二大願一。（中略）安二居於比羅山西阿都河之滝一。

とあり、貞観元年（八五九）、和尚は比良山の西側、所謂裏比良へ入った。比良宮の所在した表比良にはすでに南都系寺院が営まれていたためであろう。[22]これらは延暦寺の勢力に抗すべくもなく、あるいは天台に吸収され、あるいは衰退していった。十世紀半ば、北野天満宮創建の頃には、ちょうど比良全山が叡山の圏内に抱摂される過程にあったと思われる。そして相応和尚の事績として特に重視したいのは、日吉大社東本宮・西本宮の本殿をおそらく現在の形、つまり三間三面庇の形に改めたと考えられることである（五頁の図2参照）。やはり『相応和尚伝』に、仁和三年（八八七）、

又造二立華台大菩薩宝殿一宇一。

とあり、寛平二年（八九〇）には、

法宿大菩薩託宣云。如二小比叡宝殿一為レ我可レ造二宝殿一。不レ経二幾日一造立。

と記す。和尚は、まず華台大菩薩宝殿（東本宮本殿）を造立し、法宿大菩薩が自らの宝殿（西本宮本殿）も小比叡（東本宮）と同じ形に改めよと託宣したので、続いてこの方も造立した。和尚の造った本殿は、『玉葉』[23]治承三年

（一一七九）二月二日の条、日吉社司等解に記す、

檜皮葺三間三面神殿一宇（西本宮、現本殿日吉造——筆者注）

同三間三面聖真子神殿一宇（宇佐宮、現本殿日吉造——同右）

なる形式であっただろう。

九～十世紀の頃の日吉大社・比良宮・北野天満宮をめぐる状況は以上の如くである。初期の天満宮が、比良宮を介して日吉大社と関連づけられるとすれば、天満宮の「三間三面庇檜皮葺」という形も、日吉造本殿に倣ったものと見なされるのである。

## 結　び

北野天満宮本殿の変遷を年代順にふり返ってみよう。

天暦元年（九四七）、北野の地に創建。天徳四年（九六〇）にいたる十三年間に五回造替したという。天徳造営の本殿は三間三面庇と伝え、これは特に日吉造本殿の影響を受けたものと考えられる。

天延元年（九七三）三月、第一回の火災を蒙り、続いて長徳二年（九九六）十一月、文暦元年（一二三四）二月、文安元年（一四四四）四月、延徳二年（一四九〇）三月と五回の回禄を繰り返して[24]、慶長十二年（一六〇七）の現本殿造立に及ぶ。すると、『渓嵐拾葉集』の書かれた頃の建物は、文暦炎上ののち再建されたもので、これは四面庇入母屋造本殿であっただろう。もっとも、文暦以前に本殿の前方では、石の間と拝殿から成る構成ができていたとされるから[25]、本殿部分が四面庇となったのも平安時代にさかのぼる可能性は大きい。背面庇に舎利塔を祀るこの特異な神仏の祭祀方式は、今のところ鎌倉末期から明治維新まで確認される。

舎利信仰の発生と、三面庇から四面庇への発展とを直接に結びつける根拠はない[26]。しかし、少なくとも鎌倉末

期あるいは文暦の頃からの背面庇の主たる用途は舎利塔の奉安であった。そして元来が三面庇と伝えられることも考慮すれば、これが単に寺院建築を模しただけの本殿形態ではないのは明らかであって、むしろ天満宮独自の神仏の捉え方によるといわなければならない。日吉大社と比べてみれば、日吉大社では本殿の床下が仏教的色彩の籠り場となっていたのに対し、[27]北野天満宮では仏教的空間は背面に設定され、外部から参拝できるようになっている。つまり、より大衆的な神仏習合の表現を完成しているのである。

(1) 太田博太郎「入母屋造本殿の成立」（『日本歴史』二三六、昭和四十三年。『日本の建築――歴史と伝統――』所収、筑摩書房、昭和四十三年）。

(2) 『建築学大系4―Ⅰ　日本建築史』（彰国社、昭和四十三年）。

(3) 棟札及び社蔵の記録による。

(4) 若干粗略なものであるが、寛文修復以前の状態を示す図（寛文六年作製）がある。これと修復後の図（注5参照）を比べると、細部に異なる部分がある。なお、平面や規模など、基本的な変更はない。

(5) 『北野社堂并石之華表石矢来間数覚』（一軸、天地三四センチ、北野天満宮蔵）。境内の諸建築、鳥居などをあげ、その規模と社頭整備に際しての新造・修造の別を記す。北野天満宮史料刊行会編『北野天満宮史料　古文書』（北野天満宮、昭和五十五年）に、本文と本殿一郭の平面図が載せられている。指図はこれ以外に、本殿まわりの立面・断面図、末社その他の略平面図などがある。末尾に「加藤良重」の署名がある。

(6) 『北野天満自在天神宮創二建山城国葛野郡上林郷一縁起』（『神道大系　神社編十一・北野』、神道大系編纂会、昭和五十三年）。注(15)の『最鎮記文』とともに、荏柄天神社蔵（現在は鎌倉国宝館に寄託）『北野天神御伝并御託宣等』に収められる。

(7) 『北野仏舎利常照寺安置始末』（村上専精他編『明治維新神仏分離史料』上巻、東方書院、大正十五年）。寺名については、明治以来「常照寺」となっていたが、最近「常照皇寺」に復した。

(8) 舎利塔の扉を開くと板ガラスがはめてあって、仏舎利が見えるようになっている。戦前、寺では舎利塔・仏舎利を始めとして天満宮から譲り受けた品々を盛んに出開帳しており、おそらくそのための細工であろう。また舎利塔は、明治の中頃に盗難に遭い、のち発見されて寺に戻ったという。従って多少の疑問はなしとしないが、現存の舎利塔は木箱及び木製の台と寸法的に一致し、基本的には元禄のものと見てよい。

(9) 『目代日記』延徳二年三月二十一日の条（『北野天満宮史料 目代日記』、北野天満宮、昭和五十年）。

(10) 『預之記 長禄三年大般若事 八島竈鳴事』（『北野天満宮史料 古記録』、北野天満宮、昭和五十五年）には「本社内陣後度自御妻追垣御舎利の戸を明て」とある。

(11) 『大正新脩大蔵経』第七六巻。応正元年（一三一一）から貞和三年（一三四七）の約四十年間にわたって書き継がれた（平泉澄「渓嵐拾葉集と中世の宗教思想」、『史学雑誌』第三七編六号、大正十五年）。

(12) 前掲注(10)『北野天満宮史料 古記録』。

(13) 前注に同じ。

(14) 前掲注(6)に同じ

(15) 荏柄天神社蔵本（注6参照）による。『北野誌』及び『群書類従』所収の『最鎮記文』は、この後に太政官符の本文を載せる。

(16) 前掲注(6)参照。

(17) 『群書類従』神祇部。

(18) 『国史大系』第四巻（昭和九年）。

(19) 『校刊美術史料・寺院篇上巻』（中央公論美術出版、昭和四十七年）。

(20) 『日本絵巻大成』一八（中央公論社、昭和五十三年）。

(21) 『天台南山無動寺建立和尚伝』（『群書類従』伝部）。

(22) 確認できるのは九世紀前期、薬師寺の恵達、西大寺の静安が比良山の修行憎として知られ、静安は妙法・最勝の二寺を建立している。

(23) 『玉葉』（国書刊行会、明治三十九年）。

(24) 天延元年三月十三日（『日本紀略』、『最鎮記文』〈『群書類従』〉所載太政官符）、長徳二年十一月六日（『日本紀略』）、文暦元年二月十四日（『百錬抄』）、文安元年四月十三日（『康富記』）、延徳二年三月二十一日（『蔭凉軒日録』）。なお、永延元年（九八七）・万寿二年（一〇二五）にも修理または改造があったらしい。

(25) 福山敏男「北野天満宮の石の間」（『日本建築史研究続編』、墨水書房、昭和四十六年）。

(26) 仏舎利は御襟懸舎利と呼ばれ、道真生前の持物と伝える。即ち『天満宮託宣記』（『群書類従』神祇部）冒頭、天暦元年（九四七）の託宣に「我物具と毛は此仁来住せし始皆納置り。仏舎利玉帯銀造ノ太刀尺鏡なと毛有り」とあるものに相当する。従って、現在のものと同一かどうかは別として、仏舎利そのものは、天満宮本殿の三面庇時代から存在したはずである。ここでは「我物具」として太刀や鏡と並列し、一種の神宝として扱われている。

(27) 拙稿「日吉七社本殿の構成――床下祭場をめぐって――」参照――本書第一章収録。

# 八坂神社の夏堂及び神子通夜所

## 序

十世紀の後半、天台座主良源の時代に、八坂神社は天台末となった。もとは興福寺末であったという。(1) 以後、八坂神社は山門強訴の際の拠点ともなって、叡山と緊密に結びつく。同じ頃、北野天満宮が叡山の傘下に入る。山門との関係からすれば、宗内で神社として最高の地位を占める日吉大社に対して、両社は似たような位置にあったといえる。確かに八坂と北野とは優れて個性的な信仰を展開させるが、御霊社であることや神仏習合が著しいことなど、共通点も少なくない。このように考えると、建築的な問題についても、日吉・八坂・北野の間にはなんらかの相関関係が想定されるのである。先に、日吉造本殿と北野天満宮本殿との関係について論及したが、(2) ここでは中世の八坂神社を中心に、また別の観点から上記三社の比較検討を行いたいと思う。

八坂神社の創建に関しては諸説ある。しかし、文献史料の面からみる限り、『二十二社註式』に引かれる承平五年（九三五）六月十三日の官符に従って貞観年中（八五九～七六）常住寺十禅師円如の建立にかかるとされ、(3) さらに久保田収は『社家条々記録（晴賢自筆記案）』を参照しつつ、貞観十八年（八七六）に年代を絞っている。(4) のちの祇園感神院の基礎ができたのはおそらくこの頃であろうが、北野天満宮の場合と同じく、八坂の地も祇園社の鎮座以前からある種の聖地であったと考えられる。[5] 例えば、本殿床下の竜穴[6]については、古く『続古事談』また『釈日本紀』に記述があり、松前健氏は「この社の祭神は、元来、その池または井に棲む竜神であり、最初はその井泉そのものが祭儀の対象とされていたものが、後世になって、その上に神殿を架せられたものであろう」[7]と述べている。

創建に関する異説の中では、次の二つに注目したい。まず『元亨釈書』巻二十八に見える感応寺の縁起には、いわゆる牛頭天王縁起とは趣きを異にする牛頭天王があらわれる。貞観年中に一演法師が平安城東北鴨河西岸にいたって霊地を見出し、伽藍を設けたところ、牛頭天王があらわれて護伽藍神になろうと告げた。問題はその姿である。

老翁持二釣竿一出二河中一。語レ演曰。我《ハ》此地之主也。[8]

河の中で釣竿を持つ老翁であって、これは『太平記』『神道雑々集』等の比叡山縁起に出てくる白鬚明神、あるいは『七大寺巡礼私記』『石山寺縁起』等の東大寺造営伝説に登場する比良神と同じ姿である。八坂の神たる牛頭天王が、北野天満宮創建に深くかかわった比良神[9]と同様の容姿で観念される場合があったということは、祇園の叡山に対する関係の一面を物語るものであろう。

次に、福山敏男・西田長男等によって後出の縁起とされた元慶年中（八七七～八八四）昭宣公建立説がある。[10] これは鎌倉期の『伊呂波字類抄』に見える。創建を貞観とすると、元慶の頃には祇園の信仰が顕在化しつつあったはずで、当時の八坂の神は天神としての性格を色濃くもっていた。[11] ここで『西宮記』臨時一（甲）臨時奉幣裏書によると、昭宣公基経は、元慶年中に年穀のため雷公に祈り、感応があったと伝える。これは、延喜四年（九〇四）十二月十九日、北野において雷公の祭を行った時の記事である。[12] 元慶はもとより延喜にしても天満宮のできる前であるから、雷公といってもそれは一般的な天神であって、のちの天満大自在天神ではない。つまり、昭宣公が祇園に結びつけられる背景には、これと似た事実または伝承があったのではなかろうか。(13)

さて、貞観から約半世紀を経て、『日本紀略』延長四年（九二六）六月二十六日の条に、祇園天神堂供養の記事がある。(14)少し後、先に述べた『二十二社註式』所引承平五年（九三五）の官符は観慶寺を定額寺となすべきことを命じたもので、建築物の規模が記されている。

檜皮葺三間堂一宇。在二庇。四面一 檜皮葺三間礼堂一宇。在二庇。四面一 安二置薬師像一体。（中略）神殿五間檜皮葺一宇。天神婆利女。八王子。五間檜皮葺礼堂一宇。(15)

神殿とあるのが祇園天神堂と考えられ、よって少なくとも延長四年（九二六）以降は礼堂を備えた広壮な社殿となっていた。この当時、平安中期には観慶寺が上位で全体を被う存在であったかと思われるが、すでに規模の上では薬師像その他を安置する堂宇と、天神・婆利女・八王子の神殿が拮抗していた。以後の天神堂の発展は目ざましく、観慶寺は薬師堂に名残りをとどめる存在となる。

## 一　夏　堂

現在の本殿は承応三年（一六五四）の再建であるが、福山敏男の研究によって、その概形は久安四年（一一四八）造営の時点にまでさかのぼり得ることが明らかにされている。(16)久安造営の本殿は、文治五年（一一八九）、建保二年（一二一四）の修造を経て、承久二年（一二二〇）四月十三日に焼亡した。

『玉蘂』にみえる火災の実検文には、

宝殿一宇、五間四面、又庇階隠三間、御後、閼伽棚、三間比皮葺、(17)

と記され、これがおよそ久安に造営された本殿の規模と考えられる。夏堂というのは、のちの記録ではあるが

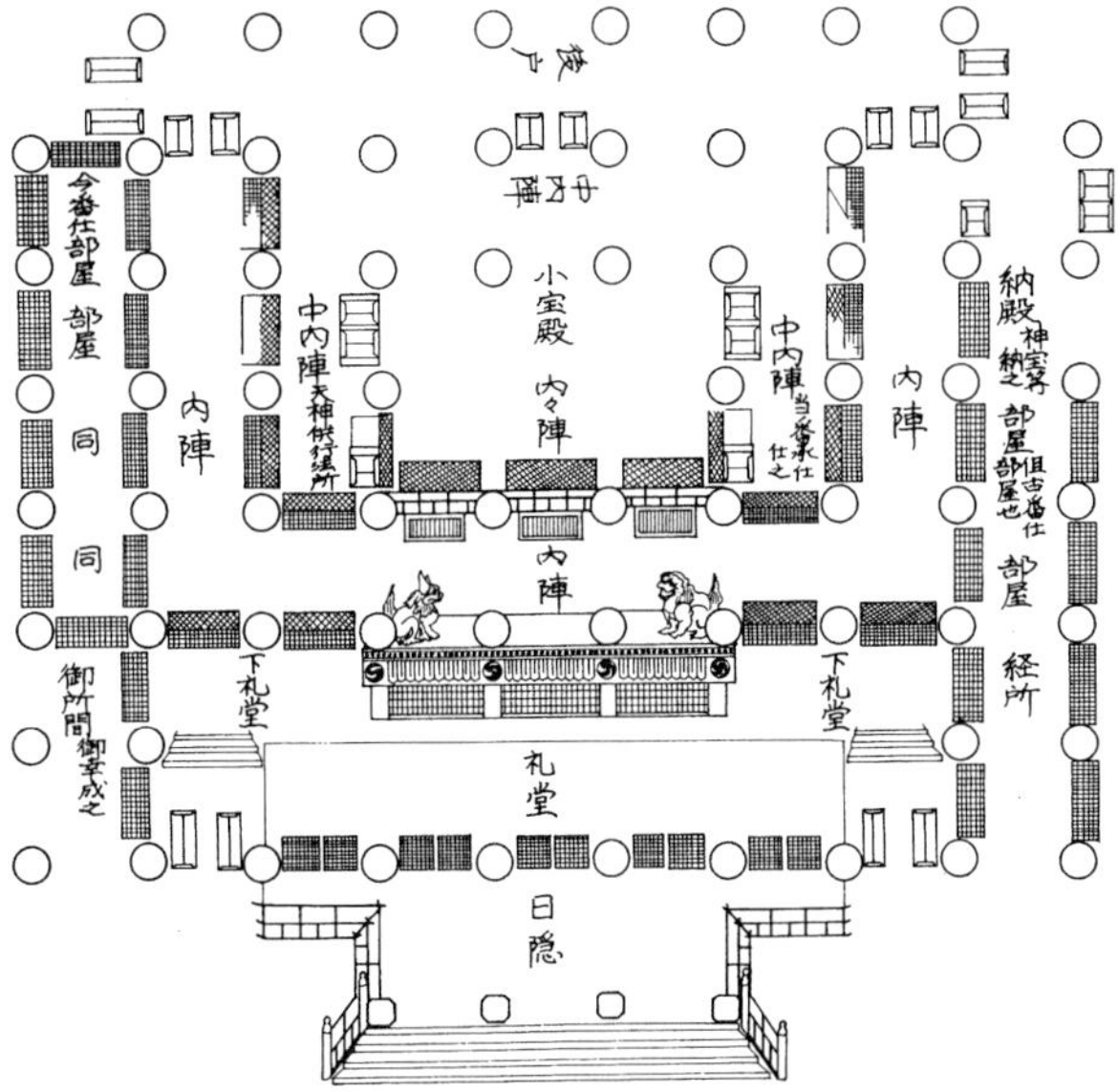


図１　八坂神社本殿指図（室町前期）[41]

『祇園社記第十三（文安三年社中方記[18]）』に「中内陣北之夏堂」と見える。室町初期とされる指図を参照すると（図１）、それは後方すなわち北側の又庇で、「後戸」と書込みのある部分に当たる。名称は八坂神社の記録類でも「後戸」と呼ばれることが多い。ここには『玉蘂』の記事にもあるように、供花供水を行うための閼伽棚が備えられていて、それ故「花堂[19]」と書かれることもある。夏堂・花堂なる呼称は、この部分が一夏九旬の夏安居の関連施設であって、特にその間は毎日供花が行われたことによる。例えば『祇園社記雑纂第二[20]』所収、永享五年（一四三三）五月十八日の文書には次のように記されている。

当社安居中御花摘、社僧専当宮仕宮籠御花御後戸ニ入申式事、御後戸自沓脱入申之

しかし、中世、夏堂つまり後戸にはさまざまの用途があった。以下、『社家記録[21]』から事例をあげて整理してみよう。

まず、神供は一度後戸に下げ、それから社家社

僧等に下行される。

正平七年（一三五二）五月五日

社頭御節供、直会一膳、執行得分餅三盃、伏兎三盃、菓子以下毛立廿五、二種肴毛立箏一盃、自後戸送之、同祝布施壹社家分

連小綱沙汰之、自執行代方被進之

第二に、後戸が仏神事の後の直会の場になることがあった。

同年十二月一日

仏名神事、伯耆少別当慶増勤仕、神供五斗、御料伏兎餅三種、後戸饗膳号榼分沙汰之、

社家分神供一膳、餅三盃、伏兎三盃、籠五種有之、酒一瓶垂腹、五升納後戸饗号横分小漬等有之、肴菓子伏兎餅三種

肴

同年十二月十五日

仏名如例、頭人伯耆、少別当慶増盃酌於後戸行之、畳床小文渡之、北座二帖為導師座、南座小紋一帖為社家座、西寄二間屏風頭人出立切之、以西為上座、東屏風前ニ敷長床、為従僧座、盃膳宮仕導師内陣所作以後、出礼堂経御所間并部屋前大床、自後戸西妻戸入

この二つの記事は仏名会に類する儀式と思われるが、詳しくはわからない。十五日の記事には、後戸における座の設け方や、導師が内陣所作を終えてから後戸にいたる経路が記されている。以上のごとき後戸における饗宴を念頭に置けば、次の記事も同じような例であることがわかる。

同年四月七日

安居結番後戸酒如例

同年四月十五日

恒例御祈師子今日舞之、……後戸酒肴如例

康永二年（一三四三）九月九日

今日社頭御節句、……神供十三膳勢分如日別神供、赤飯也、内陣小瓶子乗板納一櫃三、内一者社家へ送之、残二於後戸行之

なお、後戸での饗宴の特別な場合として、正月元旦の朝拝がある。

正平七年（一三五二）正月一日

……次後戸朝拝如例、

朝拝後戸座事、先々重々有沙汰、以往於執行座者、渡床大文畳用之、中古静晴社務時、常住長床也、而先年康永四予社務時有其沙汰、執行座者用大文渡切床畳於権官座者用小文渡内陣畳畢、而権官等依申子細、其以後静晴社務時、又常住長床也、又貞和三年予社務時用長床了、仍今夜不及渡内陣畳、例長床也

長床を用いるか畳を用いるかで論争があって、結局先例のごとく長床を用いることになった。先の「仏名」の場合とは多少異なるようである。

第三に、後戸で合議を行うことがあった。正平七年四月、足利義詮・佐々木道誉が祇園社の僧房を軍勢の宿所に充てようとした時、その可否に関する評定が行われた。

同年四月四日

社僧等今日於後戸評定

同年四月五日

社僧坊軍勢寄宿事、執行代等於後戸評定

もう一例あげる。

応安五年（一三七二）七月十二日

丹波法眼快忠来、備後房盗出社頭経所畳事、後戸有其沙汰、烈参社家、又南岸下人所行云々、就之、彼等臨後戸辺、悪口嗷議以外也云々

東の又庇に経所と呼ばれる一室がある。そこの畳が盗まれたので、後戸で詮議があり、また尾を引いて猛烈な嗷議となった。以上、事例が正平七年（一三五二）に集中しているのは、記述の明瞭さによるとともに、できるだけ同時期の使用例を見るためである。しかし、右に述べてきたような夏堂の使用法は、中世を通じてあまり変わらなかったと思われる。概括すると、八坂神社の夏堂すなわち後戸は、供花供水とともに神供下行、直会、合議通達など、主に祭儀の面で神社を運営してゆくための舞台裏の役割を果たしていたといえるだろう。

次に北野天満宮の夏堂をみてみよう。天満宮の社殿は、天徳四年（九六〇）に基礎ができて後、天延元年（九七三）、長徳二年（九九六）、文暦元年（一二三四）、文安元年（一四四四）、延徳二年（一四九〇）と五度の回禄を蒙り、そのつど再建を繰り返して慶長十二年（一六〇七）の造営に及ぶ。慶長再建の現社殿では、夏堂はやや変則的な形で本殿西側に付随している（九一頁の図1参照）。本殿は三間四面庇であるから、夏堂部分は又庇ということになる。夏堂の使用法について述べる前に、中世におけるその位置と形を考察しておこう。

慶長再建の少し前、『北野社家日記』[22]慶長四年（一五九九）七月一日の条に、

御前西ノ夏堂ノ脇妻戸ノ前ニ致伺候……其後又預御前西ノきたはしのらんかんまて来、らんかんノ前ニ畏、神事奉行へ一礼仕、さて退出也

とある。夏堂の位置は本殿の西側で、そのあたりに階（「きたはし」）もあった。よって延徳造営の本殿では、少くとも夏堂の平面的なあり方は、現社殿と大差なかったであろう。また同じく長享二年（一四八八）四月十四日の条に夏堂という言葉が見えるので、延徳以前、つまり文安の社殿にも夏堂は存在していた。文安より前には、観応二年（一三五一）制作の慕帰絵巻第六に天満宮社殿が描かれていて、現在と同じく本殿西側面、入母屋屋根

の下に又庇が設けられていたことがわかる。これについて、文正元年（一四六六）作成の旧古引付書抜(23)に載せる次の文書の記述に注目したい。

嘉元二年八月七日夜、大雨大風、社頭大木・小木悉転倒畢、神殿戌亥角ハ大木落懸天、角木以下皆打損之、夏堂皆破損、十二所御社并福部十禅師尼神等同転倒畢、……

右先規随撰出、且注進如件

康永元年七月一日　御殿大預法眼相禅

嘉元二年（一三〇四）の出来事を記した康永元年（一三四二）の文書である。略した部分で、能登国菅原庄が嘉元二年から造営料所となったことを述べており、これが文書の主眼である。嘉元二年八月七日夜、大風が吹き、神殿の西北角に大木が倒れかかって隅木以下を打ち損じ、夏堂は全壊、小社は転倒した。この記述自体からは、夏堂の位置については推定の域をでないのであるが、慕帰絵の図と合わせ考えると、本殿西側の又庇が夏堂であったとして誤りないであろう。つまり、夏堂は本殿西北隅への倒木によって破損したのである。したがって、およそ文暦造営の本殿には、西又庇の形で夏堂が存在したと思われる。

以下、『北野社家日記』を中心に夏堂の用途を見てゆく。中世の天満宮においても、夏安居とそれに伴う供花の行事が行われていたことは、次の条から明らかである。

長享三年（一四八九）六月十二日

社頭一夏九旬之御銅器、同令妨失候間、影向以来之供花令闕怠云々

供花と夏堂との関連については、

長享二年（一四八八）四月十四日

供夏、珍重々々、……殊夏堂閼伽桶等事、……

延徳三年（一四九一）五月二十一日

夏堂香盤并大鞁事、既闕怠云々、花机等迄為造営方致沙汰上者、……

延徳四年（一四九二）四月七日

供花夏堂花皿番承仕執来間渡之

などとあり、閼伽桶・香盤・大鞁(24)・花机・花皿等の諸道具が夏堂に準備されていた。また、実見の機会がないので現在はどうなっているのかわからないが、寛文九年（一六六九）修理の際に作製された『北野社堂并石之華表石矢来間数覚(25)』所載の図によると、夏堂内部、南西の隅に閼伽棚が設けられていた。したがって、その名称からして当然のことながら、まず天満宮の夏堂は、夏安居と供花のための施設であったことが確かめられる。

その他の夏堂の使われ方として、折りに触れて社僧等が酒盛をすることがあった。

天正十七年（一五八九）八月二十七日

能作廿五日御番ニて今朝皆へげ堂ニて酒有、参也

慶長三年（一五九八）十一月二十五日

暁社参仕、花堂へ能金ニ申付、ともし火ともさセ申候也、能金酒を花堂ニて当坊へくる丶、能金・能閑両人来、能金シヤクニて当坊五盃、能金三盃、能閑三盃也、当番能金也

慶長四年（一五九九）正月十一日

今夜節分也、夏堂ニ而年取、社頭より当坊よ方也、能養・能札なと晦日ニ年取時来、一談[段]仕合能候つる間、又両人よひ出、夏堂ニて酒給、預もよひ出酒呑スル、……右之義修正過而ノ事也、今夜シヤク取事能養、後ニハ能伯、小畠も夏堂迄参、小畠も当坊へ酒くる丶、珍重〻〻、衆中よひ出酒ノマスル事非例〻〻

最後の例は、修正会の後、松梅院が社頭で年取をしたのにつれて時ならぬ宴となったものである。先の二例が恒

例のことかどうかは判然としない。ともあれ、夏堂が社僧等の控所としての性格をもっていたことがうかがえる。延徳三年（一四九一）日代盛増日記[26]四月十三日の条には拝殿の古畳を夏堂へ転用しようとした記事があって、夏堂に畳があった事とともに、ここが比較的格の低い場所であったことがわかる。また同日の条には、夏堂に「障子」のあったことも見える。[27]明障子にせよ襖障子にせよ、「障子」を備えていたのは多分ここだけであろうから、居住性も若干考慮されていたといえる。管見に入った範囲では、天満宮の夏堂は、控室・準備室としての性格が強いようである。[28]したがって、八坂神社と北野天満宮とでは、同じく夏堂と呼ぶにしても、形態的に異なるだけでなく、使用法の上でも多少の差異があったと考えられる。それでは、両社に大きな影響を与える位置にあった日吉大社の夏堂はどのようであったろうか。

『日吉社神道秘密記』[29]には次のように記されている。

大宮彼岸所、雑舎迄両棟、《アリ》二季《ノ》法事南谷上中下僧悉参籠事也、此内《ニ》夏堂、《アリ》九旬供華十二人結番、七社《ニ》有二夏堂勤行《アリ》一、大宮夏堂香華燈明、《ハ》中僧調レ之、彼岸所《ノ》上座《堂イ》、二宮《ノ》夏堂別《ニ》有二拝殿東一立レ之、十二人《ノ》僧聖真子《ハ》念仏堂、《ナリ》十二時《ノ》勤行、十二人鐘法螺、八王子《ノ》夏堂、供華三院行者、衆徒祈念《ノ》処、客人宮《ノ》夏堂《ハ》彼岸所内《ニテ》行法、《アリ》十禅師宮《ノ》夏堂十二人、樹下僧《ト》号レ之、又《ハ》亥《ノ》子谷《ノ》大衆《ト》号レ之、非二衆徒一非二中僧一、堂衆《ト》云《テ》十二人、《アリ》

近世には、聖真子（宇佐宮）念仏堂を除き、これら彼岸所・夏堂はまったく再建されることがなかった。この意味において、日吉大社の彼岸所・夏堂はまったく中世的な施設であった。この記述によると、元亀の兵乱以前には山王七社にそれぞれ夏堂があり、大宮（西本宮）と客人宮（白山姫神社）では彼岸所の内に設けられ、聖真子では念仏堂を夏堂にあて、二宮（東本宮）では彼岸所とは別に拝殿東隣に設けていた。また他の部分の記述から、十禅師（樹下神社）夏堂もその拝殿の東方に一棟を成していたことがわかる。ただし客人宮に関しては、日吉山王秘密社参次第記[30]には「客人宮夏堂護摩堂《ト》号」とあり、彼岸所とは別とされている。三宮（三宮神社）と八王子

（牛尾神社）の夏堂は、山王宮曼荼羅[31]・日吉山王秘密社参次第記をみると、彼岸所内かまたは彼岸所に連接していたようである。八王子社については、『日吉社神道秘密記』の八王子社殿内に「夏堂供奉」、山王二十一社等絵図[32]にも「夏堂供奉　拝殿」と書き入れがあり、拝殿も行事に関与していたらしい。規模の上では、彼岸所の一郭をあてたものは三間四方内外かと思われ、独立のものも上記の史料からやはり同程度と判断される。彼岸所はいずれもかなり大規模な建物で、それは山王宮曼荼羅をみてもわかるし、具体的には『玉葉』治承三年（一一七九）二月二日の条に引かれる日吉社司等解に、大宮彼岸所が「十間三面[33]」とある。また『門葉記』巻六十六、貞和四年（一三四八）正月十八日に客人宮彼岸所で修された冥道供の記事並びに彼岸所の部分図から、これも十間以上の規模であったことがわかる。彼岸所とは、先引『日吉社神道秘密記』に「二季法事南谷上中下僧悉参籠事也」とあるごとく、発生的には春秋の彼岸参籠を行うための施設であって、その点、夏堂と一脈通じる性格をもつ故に、しばしば抱き合わせの形で設けられたのであろう。彼岸所の規模の大きさは、多人数の参籠を可能にするためと思われる。[34]夏堂の使用法については、今のところ判然とせず、その発祥に関しても同様であるが、おそらく平安時代の日吉大社発展期にさかのぼるであろう。

以上、日吉・北野・八坂における夏堂のあり方をみてきた。日吉大社の夏堂は七社それぞれに設けられており、古代中世には重要な施設であったらしい。しかし、本殿とは別棟であって、近世初頭の再興時にはまったく再建されなかったことから、夏堂がなくとも一般の祭儀にはそれほど支障を来さず、北野や八坂に比べて独立性の強い建物であったと思われる。北野天満宮では、本殿の西側に又庇として付随し、控所の性質をもつようになる。しかし、建築的にはいかにも便宜的なあり方といわねばならない。これが八坂神社になると、夏堂は東西の又庇に対応する北の又庇として全体の建築構成の中に納まり、使用法の上でも、先に見たごとく種々の機能を有機的に果たすようになっているのである。

## 二　神子通夜所

八坂神社には、元徳の古絵図として知られる絵図が伝えられている。(35) 承久再建の本殿が、建長二年（一二五〇）、建治三年（一二七七）の修造を経て、元徳二年（一三三〇）、闘諍による触穢のため仮殿遷宮されている時の図で、元徳二年（一三三一）十二月の作製になる。本殿の完成は遅延し、ようやく康永二年（一三四三）七月二日、正遷宮の運びとなった。したがって、元徳の古絵図には、触穢を被った古殿と神体を遷座した仮殿との両方が描かれている。仮殿は古殿の東北に造られたのであるが、仮殿の西に「神子通夜所」と記された、桁行四間梁間一間ほど、おそらく切妻造板葺の粗末な建物がある。これについて、正遷宮からおよそ四か月の後、『社家記録』康永二年十月三十日の条に次のような記述がある。

　宮籠座片羽屋本殿前辰巳角ニ如先々作之、仮殿時ハ仮宝殿ノ西ニ作之、去七月本殿遷宮雖有之、当時マテ宮籠仮殿西ニ座而今日作之

宮籠座の「片羽屋」を従来通り本殿の東南に作ったが、仮殿の時は仮宝殿の西にこれを作った。正遷宮は七月に行ったけれども、この条の記された十月末まで宮籠は仮宝殿の西にいた、ということである。つまり元徳の古絵図における「神子通夜所」とは、ここにいう「片羽屋」にほかならず、常の状態では本殿の東南に設けられていた。この「神子通夜所」あるいは「片羽屋」と呼ばれる雑舎に注目するのは、中世、日吉大社にも宮籠なる人びとが常在し、彼等は下殿即ち本殿床下に籠っていたからである。八坂神社の神子通夜所は、日吉大社の下殿に相当する施設と考えられるのである。なお、日吉大社の下殿に関して、詳しくは拙稿「日吉七社本殿の構成――床下祭場をめぐって――」(36) を参照願いたい。

八坂神社の宮籠は、例えば『社家記録』応安五年（一三七二）八月十九日の条に

挙仙洞御掃除人夫事、為四条中納言奉行被下御教書之間、二人宮籠帯鋤鍬進之、

とあるごとく、内外の雑役に従事していた。また、『祇園社記雑纂第一』[37]に次のような文書がある。

祇園社宮仕等謹言上

正月朔旦丑尅大神供之御時、片羽屋之衆者、為庭上掃除之役之処仁、搆新儀縦仁号御子乱祭礼之間之事、

右彼片羽屋之主典等者為庭上之役、社家様御出時、蠟燭之台自庭上捧置之而令退出、其後宮仕取之於置於殿上事者、先規之礼節也、既我等者自往古神代御影向之時、子々孫々相続而、于今無退転致其勤、然仁彼等者一旦為己之依怙自号御子也、其本御子者廊之御子在之、何為主典分争可驥大床乎、然者階之二重三重モ敢不可踏昇、且不存冥慮之懼歟、……既去々年者則乞降之所仁、又去年重而昇階間、亦依其譴一字不見彼台於置直畢、仍両方共仁雖被令罪科、致非礼主典等者、則其正月中仁被而赦免、……仍粗謹言上如件、

文安五年卯月　日

正月元旦の大神供では、宮籠（「片羽屋之衆」）たちは庭上の役とされており、庭を清め、蠟燭を用意して退出し、その後宮仕が蠟燭を殿上に運ぶ。宮籠は階さえも昇れないしきたりであった。これが破られたため、宮仕が憤慨しているのである。宮籠は宮仕の下に位置することがわかるが、『三鳥居建立記』[38]貞治四年（一三六五）六月十一日の条には下級神人を「専当、宮仕、宮籠」と記していて、この順の上下関係になっていたと思われる。宮籠は中世祇園感神院の組織の中で最底辺をなす階層で、『社家記録』正平七年（一三五二）五月十八日の条に「宮籠職」と見え、入衆の手続もあった。それがどのような淵源をもつのかはわからないが、「御子」と称し、居場所が神子通夜所と呼ばれる以上、彼等も祇園社の信仰の一部を下層において支えていたであろうことは想像できる。その一つのあらわれは神楽の奉納で、神楽料に関する記事が社記に数多く見え、また末社を勧請し管理することもあった。宮籠の中では、一和尚・二和尚などという地位が定められているが、名前から判断して宮籠は僧

侶とは限らず、僧俗男女混在している。

日吉大社の宮籠は、『平家物語』などの記述によれば、社会的な最下層の人びとから成っていた。八坂神社の宮籠も本質的には大差なかろうが、より明確に組織づけられているように思われる。そして建築形態の上では、本殿・礼堂・夏堂等の諸施設を一つの建物に統合することによって成立した八坂神社本殿において、この神子通夜所のみは逆に切り離されたのである。

## 三　結び

北野天満宮の三間四面庇入母屋造本殿は日吉造本殿の発展形と考えられ、[39]それに拝殿を連接させた石の間造である。石の間造は双堂の一種であるが、八坂神社の社殿もまた承平五年（九三五）の官符に見えるごとく、双堂形式の時代があった。北野天満宮においてはこの形が固定されたのに対し、八坂神社では、おそらく延久二年（一〇七〇）の焼亡以前に本殿と礼堂を被う大きな屋根をかけたと推定される。[40]ここでは、このような社殿形態の発展を別の角度から跡づけるべく、日吉・北野・八坂における仏教的施設の一つ、夏堂のそれぞれのあり方を検討した。まず、日吉大社においては夏堂は本殿とは別棟で、比較的独立性の強い建物であったと思われる。これが北野天満宮では本殿の西側に付加され、社僧等の控所としての性格をもったようだが、その形は便宜的な域を出ていない。しかし、八坂神社になると、形態的に整合性をもって全体の建築構成の中に収まるばかりでなく、機能的にも祭儀全般を裏で支える空間として、最も有機的な使われ方をしたといえるであろう。十世紀ないし十一世紀における八坂神社本殿の形態的完成は、中世密教本堂の成立と軌を一にするといわれる。しかし、それは同時に、日吉大社の独立した形の本殿から北野天満宮に見られる双堂形式へ、そして八坂神社の大規模な入母屋造本殿への発達として捉え得るのである。

このような発展は、本殿回りへのさまざまな施設の集約化・統合化であった。その中で、日吉大社の下殿のみは八坂神社における神子通夜所となって、逆に本殿から放逐された。それは、おそらく下殿や神子通夜所の利用階層、すなわち宮籠なる人びとの宗教的並びに社会的性格に由来する現象であろう。日吉大社の宮籠の実況がよくわからないので、八坂神社との間にどのような差異があったのか明らかでないが、一つ指摘しておきたいのは、八坂神社では宮籠が神社の組織の中に明確に組み込まれていたことである。つまり、宮仕以上は殿上の役、宮籠は庭上の役で階も昇れないというふうに、階層意識と結びついた役職が割り当てられていた。一方、日吉大社は神社自体が内百八社、外百八社と称されるように極めて大きな組織であって、これが叡山三塔十六谷と複雑に関連し合い、また雑信仰をも許容していた。古代から中世にかけて、日吉大社は雑駁な形で極端に肥大化したのに対し、八坂神社ではいろいろな面で組織化が行われ、社殿のあり方もそれに応じて整えられていったと考えられるのである。

叙上の意味で神仏習合の一つの頂点をなす八坂神社本殿の位置づけに関しては、ここに取りあげた夏堂のみに限っても他の寺社における夏安居のあり方の検討が必要であるし、広くは密教本堂との類比など、基本的な問題を多く残しているが、今は一つの見方を指摘するにとどめる。

(1) 興福寺末から天台末への転換の経緯は『今昔物語集』巻三十一の「祇薗、成比叡山末寺語第二十四」に見える。この話しをそのまま史実とするわけにもゆかないが、良源が座主の時代の出来事であったことについては他の徴証がある。詳しくは、久保田収『八坂神社の研究』(神道史学会、昭和四十九年)参照。

(2) 拙稿「北野天満宮本殿と舎利信仰」――本書第二章収録。

(3) 福山敏男「八坂神社本殿の形式」(『日本建築史の研究』、桑名文星堂、昭和十八年、綜芸社、昭和五十五年再刊)、西田長男「祇園牛頭天王縁起の諸本(上・中・下)」(『神道史研究』一〇―六、昭和三十七年、同一一―二、昭和三十八年、同一一―三、昭和三十八年)、村山修一『本地垂迹』(吉川弘文館、昭和四十九年)等。

(4) 久保田収前掲注(1)。

(5) 柴田実は、祇園の地も御霊会の行われる多くの祭地の一つであったとする(『中世庶民信仰の研究』、角川書店、昭和四十一年)。また林屋辰三郎は、「天神信仰の遍歴」(『日本絵巻物全集』八、角川書店、昭和三十四年)において「……『祇園天神』と称したという事実は、やはりこの社が祇園社となる以前において、一つの天神社であったことを考えさせるものである。従ってそこで八坂造らによって農耕祈雨のための殺牛祭神が行われ、やがては祟りをしずめるための信仰を育てていたと考えることには、一つの通路があるように思われる」と述べている。

(6) 竜穴は内々陣床下と考えられ、現在は盛土をして漆喰で塗固めている。『重要文化財八坂神社本殿修理工事報告書』(京都府教育委員会、昭和三十九年)参照。

(7) 松前健「祇園牛頭天王社の創建と天王信仰の源流」(『角田文衛博士古稀記念　古代学叢論』、平安博物館研究部編、昭和五十八年)。祇園社が水に縁の深い神と考えられていたことは確かで、氏の指摘された事例以外にも、春日大社外院の水屋明神が牛頭天王とされることとか(『春日大明神垂迹小社記』)、日吉大社大宮楼門前、大宮川にほど近く祇園石なる霊石があり、この石のくぼみに溜った水で目を洗うとよいという伝承(『日吉社神道秘密記』)などがある。

(8) 『元亨釈書』(『新訂増補国史大系』三一)。

(9) 北野天満宮と日吉大社及び比良宮との関係については、前掲拙稿注(2)参照。

(10) 前掲注(3)参照。

(11) 『二十二社註式』所引承平五年(九三五)官符に「天神」、『日本紀略』延長四年(九二六)六月二十六日の条に「祇園天神堂」などと見える。また、林屋辰三郎注(5)、松前健注(7)前掲論文参照。

(12) 「延喜四年十二月十九日、此日使二左衛門督藤原朝臣一令レ祭二雷公北野一。此祭本意、訪二左大臣一曰、此故太政大臣昭宣公、元慶中為二年穀一祈二雷公一有二感応一。因毎年秋(必)祭レ之。仁和中不レ祭。寛平初年頻不レ祭。彼時奏下元慶祭二雷公一故事上。太上法皇因レ之、臨時令二諸司祭一、有レ験。自レ爾以来祭レ之不レ絶。今因レ之為二豊年一可レ祭。又不レ可下以二季冬一祭上レ之。此度事已俄爾。故因二循年来之例一。」(『神道大系　朝儀祭祀編一・西宮記』、神道大系編纂会、平成五年)。

(13) 昭宣公と祇園社の実質的な関係については、西山徳「八坂神社の成立」(『神道史研究』一〇―六、昭和三十七年)に詳しい考察がなされている。しかし、その関連を直接に示す史料は見当たらないようである。

(14)『一代要記』に同じ事柄を記したと考えられる記事があり、こちらは承平四年または五年とする。
(15)『群書類従』神祇部。
(16)前掲注(3)参照。
(17)『玉蘂』(思文閣出版、昭和五十九年)。
(18)『八坂神社記録』三(『増補続史料大成』四五、臨川書店、昭和五十三年)。
(19)『後戸花堂造営用途算用状』(『八坂神社文書』上、名著出版、昭和四十九年)
(20)『八坂神社記録』四(『増補続史料大成』四六、臨川書店、昭和五十三年)。
(21)『八坂神社記録』一・二(『増補続史料大成』四三、四四、臨川書店、昭和五十三年)。
(22)『北野社家日記』一~六(『史料纂集〔期外〕』、続群書類従完成会、昭和四十七~四十八年)
(23)『北野天満宮史料　古記録』(北野天満宮、昭和五十五年)所収。表題は同書の目次による。原本表紙には「文正元年六月日/旧古之引付少々写之/記録大小十五帖在之」などと書かれている。
(24)おそらく太鼓ではなかろうか。『延徳三年目代盛増日記』(『北野天満宮史料　目代日記』、北野天満宮、昭和五十年)六月一日の条に「……今度社頭ゑんしやうの付候て夏堂たゐこゑんしやう候、然間供夏ニ参候ハんする時分のしるへなく候間、法花堂之かいを被仰付御ふかせ候て尤可然候よし申され候」とあって、太鼓は夏衆に参集の時刻を知らせるためのものである。
(25)北野天満宮蔵、一軸、天地三四センチ。『北野天満宮史料　古文書』(北野天満宮、昭和五十五年)に本文及び指図の一部を載せる。
(26)前掲注(24)『北野天満宮史料　目代日記』所収。
(27)『北野社堂并石之華表石矢来間数覚』(前掲注25参照)によると、夏堂西側面、つまり本殿と反対側の外部に接する面全体が「上乱真ニシテ内障子」であった。この場合は当然明障子であろう。
(28)中世末期には、神前で行われるべき祭儀が夏堂で行われることがあった。例えば『社家日記』慶長三年(一五九八)十一月二十九日の条に「御講有之、式当坊番也、花堂ニて有之」、慶長四年(一五九九)正月十一日の条に「夏堂ニて大般若・仁王経転誦」などと見える。御講とは天神講のことである。しかし、これらは本来の用途ではなく、祭儀の衰微した状況をあらわするものであろう。また延徳四年(一四九二)四月十八日の条によると、長禄年間(一四五七~六〇)から、夏堂に長谷観音を安置していた。

(29)『神道大系　神社編二十九・日吉』（神道大系編纂会、昭和五十八年）。
(30)日吉大社蔵、一軸、天地三六・四センチ。天正七年（一五七九）南光坊祐能書写奥書の本を、天和三年（一六八三）法曼院慶算が写したもの。これらの祖本は『神社古図集』（日本電報通信社、昭和十七年）に紹介された日吉山王参社次第（岡田儀一氏蔵）で、この本は書風から室町中期の作とされる。
(31)奈良国立博物館蔵。裱背銘から文安四年（一四四七）の制作とされる。
(32)前掲注(29)に同じ。
(33)『玉葉』（国書刊行会、明治三十九年）。
(34)二、三例をあげる。『愚昧記』によると、仁安四年（一一六九）二月十三日の皇太后日吉社行啓に際し、彼岸所を行事官宿所に当てている。『日吉社叡山行幸記元徳二年』を見ると、元徳二年（一三三〇）三月二十六日、後醍醐天皇の日吉社行幸において、大宮彼岸所を頓宮としたことがわかる。『門葉記』巻六十六に記すところの貞和四年（一三四八）正月十八日より修された足利直義のための冥道供は三夜に及び、客人宮彼岸所の中に「常御所」「伴僧群居所」等が設けられた。『満済准后日記』正長二年（一四二九）九月十六日の条には、大宮彼岸所が将軍足利義教の御所とされたことが見える。
(35)京都国立博物館編『神道美術』（角川書店、昭和五十一年）等参照。
(36)本書第一章収録。
(37)前掲注(20)に同じ。
(38)『八坂神社記録』二（前掲注21参照）。
(39)前掲拙稿注(2)。
(40)福山敏男前掲注(3)。
(41)八坂神社蔵。南北朝頃の制作とされる。『神社古図集』（前掲注30）、『八坂神社文書』上（前掲注19）等に写真図版がある。本図は建具を細かく描いており、なにも描かれていない柱間は開放もしくは壁と推測される。この図のみからも大概のことは知られるが、具体的な中世の平面に関しては福山敏男の復原図（前掲注３所収）を参照されたい。

# 御上神社本殿考

## 序

琵琶湖の東岸、滋賀県野洲郡に一名を近江富士ともいう形の整った山がある。標高は五〇〇メートルに満たないが、西側に広い平野が開けており、湖東のみならず湖西からも遥かにその姿を望むことができる。これが三上山で、御上神社の所謂神体山である。神社は、山の西麓に鎮座している。

御上神社本殿は、中世における入母屋造本殿の代表作とされ、仏教建築の影響を著しく蒙ったものと解されてきた。これは常識的な見解として一般的な概説の中で述べられることが多く、詳しい考察はなされていない。一方、この本殿は山に対する拝殿が本殿化したもので、基本的には神社建築内部における発展として捉え得るという解釈もある。(1) この説は、いわば本殿の原形を取り扱っており、現在の本殿に関しては疑問な点も少なくない。その他にも御上神社本殿は、古代から中世にかけての神社建築の発達を考える上で種々の問題を投げかけていて、一度その歴史と性格を検討しておく必要があると思われる。そこで、まず第一節では、神社の歴史をたどりつつ仏教との関連を概観し、次に第二節では視点を変えて、神体山信仰の中での位置付けを試みる。そして第三節では、本殿の建築的な問題点に論及して、中世における御上神社本殿の意味合いを考えてみたい。

## 一　仏教的背景

『古事記』中巻、開化天皇の条に「御上祝」(2)の名が見え、この氏族が奉じたと思われる御上神社の発祥も、それ相応に古いであろう。続いて『日本霊異記』下巻「依レ妨二修行人一得二猴身一縁」(3)（第二十四）に、近辺に「堂」のあったことが記されている。

近江国野州郡部内御上嶺有二神社一　名曰二陁我大神一　奉レ依二封六戸一　社辺有レ堂　白壁天皇御世也宝亀年中　其堂居住　大安寺僧恵勝　暫頃修行時

ここでは祭神を「陁我大神」としている。「タガ」の音からは犬上郡の多賀大社が思い浮かぶ。封戸については、『新抄格勅符抄』(4)に「田鹿神　六戸」「御上神　二戸 近江国」とあって、『日本霊異記』においても、神名が「陁我大神」であれば「封六戸」でよいのである。しかし、冒頭の国名、郡名、山の名は動かし難く、どのような事情で上のように書かれたのかは判然としないが、これは平安初期以前の御上神社の話しと考えてよいだろう。この「堂」の性格については、『日本霊異記』では仏堂を呼ぶのに「寺」「山寺」「堂」を区別して用いているという直木孝次郎の論がある。(5)氏によると、「堂」と記されたものの多くは国や上級貴族とは無縁の農村寺院で、専門の僧侶はおらず、無住の場合も少なくないという。ちなみに、大安寺の僧が来て修行したとある点については、ごく近くに大安寺領の野洲荘・淵荘(6)があったことを指摘しておきたい。

『延喜式』では、月次新嘗にあずかる名神大杜に列する。そしてこの頃には、栗太郡の金勝寺（大菩提寺）四箇所鎮守の一つとされたことが、寛平九年（八九七）六月二十三日の太政官符(7)によってわかる。金勝寺の開基は良弁と伝えるが、弘仁二年（八一一）興福寺の願安が伽藍を建立したとあるから、興福寺末に属したであろう。

以後、中世も含めて現今の社頭が完成した時期の動向を示す直接的な史料は見当たらず、中世後半以降の史料によって類推する他はない。『源平盛衰記』巻四十五に、元正天皇御宇、養老年中（七一七〜二三）三上明神天降りのことが見え、また嘉吉元年（一四四一）の『興福寺官務牒疏』(8)には次のように記す。

三上神。在二野洲郡三上郷一。社僧二人。神主二人。
　養老元丁巳年。三月十五日降臨。二火二水神。為二日本第二忌火神一也。金勝寺四箇所鎮守神也。

また、同書東光教寺の条には、

東光教寺。在二同州野洲郡三上郷一。三上大寺内。僧房十九宇。交衆八口。
天武帝叡願。相続持統帝勅願也。本尊薬師仏也長五尺八寸。元興寺道智法師開基。三上神法楽之精舎也。

とある。御上神社には、社僧二人・神主二人が居り、東光教寺は法楽の精舎、つまり神宮寺的な役割を果たしていた。「三上大寺」は不明であるが、これは同書妙光寺の条にも見える。

妙光寺。三上大寺内。僧房九宇。
　本尊岩本釈迦仏。

妙光寺は、後述『日陽山東光寺之紀』(9)によると、東光教寺の一院であった。要するに、東光教寺を中心とする三上山周辺の寺々を「三上大寺」と称したものであろうか。東光教寺あるいは東光寺は、三上山の北に連なる妙光寺山にあったと伝えるが、早く中世に湮滅して今はその寺趾も定かでない。『日陽山東光寺之紀』は、近世以降に東光教寺復興の動きがあったらしく、古記を集めて述作された縁起である。全面的に信をおけるとは限らないが、中世の三上山周辺諸寺院の消息を伝える貴重な史料と思われる。御上神社との関係を示す部分は、以下の如くである。

金堂には御長五尺八寸の薬師如来の尊体を安置し、脇士日月の二菩薩并十二神将等を作り並へ、其外弥勒、釈加、地蔵、観音等の四尊をまじへて、三上大明神の御本地仏を安置す。
三上の供僧は、若僧六人をもつて輪職たり。五座の内、年老一人をして別当職に補任せらる丶也と云々。
(変体仮名を改め、句読点を施した)

五座というのは、妙光寺・清水寺・本明寺等、やはり三上山周辺の寺院を指す。

さて、東光教寺は少なくとも名目上興福寺末と考えられる。『日陽山東光寺之紀』も『興福寺官務牒疏』が記す開基その他の伝はそのまま踏襲し、さらに行基・良弁・最澄・空海・円仁の入山を伝え、なかんずく空海を重視して「是より法相宗に密宗を兼学するの始めなり」と述べている。ところが、『近江輿地志略』[10]が「縁起に曰」として用いた縁起はまた別のものであったのか、慈覚大師円仁の開基とし、『野洲郡史』[11]はこれを引いて「天台宗山門派」としている。この方の支持材料は、まず『日陽山東光寺之紀』も記すように、東光教寺の一院たる峰の堂の本尊が、伝最澄作の薬師如来であったことがあげられる。[12]また御上神社では、明応二年(一四九三)に勧進による社頭修理を行っており、勧進帳文言の作成者は「山門西塔院北谷観行院教運法印」[13]であった。中世の近江において、山門の影響を受けることは、むしろ当然といわなければならない。

東光教寺は、上記の如く複雑な性格をもつものであったらしいが、『日陽山東光寺之紀』によれば、長禄四年(一四六〇)と大永四年(一五二四)の二度の兵火にかかって大半が滅び去った。以後、妙光寺山及び三上山に散在した諸寺と御上神社の関係は、かなり変貌したと思われる。

天文二十三年(一五五四)、神前の雑用を行っていた神主の家人が名跡を絶ち、三上村の祈僧政光院が代りを勤めることになって、境内に庵室を建てた。[14]政光院は発展して、近世における御上神社の本地堂、神宮寺を形造る。その様子は、文化十一年(一八一四)刊『近江名所図会』所載の図に詳しい。本殿・拝殿の東側に、西向きの簡素な門を開き、「本地堂」「神宮寺」と注記された建物と小さな庵室らしきものとがある。これらの規模は、天保十二年（一八四一）の『書上帳[15]』に「護摩堂　弐間四面」「寺　桁行五間梁行三間」「他ニ部屋壱ヶ所」とあり、上記「本地堂」が「護摩堂」に、「神宮寺」が「寺」に対応する。『書上帳』末尾署名は、「山門正覚院末寺　近江国野洲郡三上村　三上大明神社僧　政光院」で、天台末であった。

この項を結ぶにあたり、本地仏の関係を一瞥しておきたい。社蔵文書によると、明応二年（一四九三）八月社頭修理敬白勧進状に「安養之教主」（阿弥陀如来）、享禄二年（一五二九）三上社雑記に「慈尊三会ノ教主」（弥勒菩薩）、天文三年（一五三四）三上社雑記に「薬師如来或弥勒菩薩共」、寛文五年（一六六五）奉加帳に「本社御本地阿弥陀如来」、寛文十年（一六七〇）三上大明神由来附三上山ノ事[16]に「弥勒共阿弥陀共不動共」、社蔵文書以外では寛文七年（一六六七）刊『種類集』に三十番神の内三上大明神は「本地千手観音」とある。まだ他に説があるかも知れず、総じてはなはだしい混乱を見せている。これは、単に本説に対する異説が多いというのでもなく、また時代の流れにつれて本地説が変遷していったものとしても説明し難かろう。原因はおそらく中世における御上神社と周辺諸寺院との関係に求められるのではなかろうか。もし特定の一寺が神社との間に不離の交渉を結んでいたなら、こうはならなかったはずである。先に見た如く、神社の仏教的な側面は周辺諸寺が共同して事に当たり、神社を中心にまとまった宗教圏を成していたらしい。つまり、その基盤は教説や宗派であるよりも、『日本霊異記』の時代と同じく、むしろ地域的なものであって、個々の寺の来由は、南都あるいは天台の流れを引くもの等、さまざまだったのではないか。

以上の要約を述べて、この節を終えることにする。平安初期以前、御上神社には小さいながら堂宇が備わっていた。系統は南都系であろう。平安中期には金勝寺との関係で興福寺末に属し、この関係は名目上中世の終り頃まで続く。平安中期以後中世にかけては史料を欠くが、やはり叡山の影響力は無視し得ないと思われる。中世後半には、東光教寺を始め周辺に多くの寺が存在し、三上山と御上神社を中心に、地域的なまとまりを示していた。

東光教寺は、寺院の側の核であったが、十六世紀前期には滅び、十六世紀中頃からは境内に神宮寺ができて幕末に及んだ。

## 二 社地と方位

ここでは、山に対する信仰の中で御上神社の社頭がどのように位置付けられるかを考えてみたい。最初に、神社信仰、民俗信仰一般における祭場構成に関して、平野孝國の示した分類(17)を紹介しておく。

単式祭場〔第Ⅰ類型〕社殿
複式祭場〔第Ⅱ類型〕神にゆかりの地―主祭場
〔第Ⅲ類型〕神にゆかりの地―家・当屋・社―主祭場

単式祭場は、今日多くの神社に見られる型で、基本的に神霊は社殿に常在すると考え、降臨を仰ぐ場合も直接その場に神霊を降ろす。これに対して複式祭場の方が形としては古く、神霊を神の出現または降臨にかかわるゆかりの地から主祭場に迎えて祭る型〔第Ⅱ類型〕と、この二祭場間に中継点として家・当屋・社等を置き、そこを神常在の祭場としている型〔第Ⅲ類型〕とがある。

古社の中には第Ⅲ類型の祭場構成をもつものが多く、景山春樹はこの型に現れる三つの祭場を、奥宮―神社―御旅所、あるいは山宮―里宮―田宮などと概念化し、宗像神社・厳島神社・日吉大社その他を具体例にあげておられる。そして御上神社に関しては、「現在の社地は神体山から離れすぎており、私はここが、古代の田宮、つまり御旅所のあった所で、そこにのち固定して社殿神道的な発達をとげたものだと思っている(18)」と述べた。本節の結論は、ほぼ氏の指摘に尽きているが、今少し具体的な空間構成の問題として、他の事例と比較しつつ検討を加えようと思う。

図1は、奈良の春日若宮おん祭における祭場構成である。春日若宮社は御蓋山を背に西面し、御旅所は参道を一キロ程西へ下った地点にある。ここには、毎年、黒木造り草葺きの原始的な御旅所本殿が、南向きに設けられる。おん祭の創始は保延二年（一一三六）といわれ、整備された遷座方式は一つの典型例であろう。初めは九月の秋祭りであったが、現在は十二月に行われる。[19]遷幸の儀は十六日で、早旦に御旅所を荘厳する。若宮社において、午後十時半以後三度、本殿に向かって出御の案内を奏し、十一時半頃暗闇の中で本殿開扉、警蹕を発する神人に奉持されて、若宮神は御旅所に遷幸する。十七日午前一時頃から暁祭、夜が明けると本殿祭、渡御式、御旅所祭と続き、夜半に還幸の儀となる。[20]

有名な天平勝宝八年（七五六）の東大寺図には、御蓋山西麓に区画があり、西向きに「神地」と書き込まれていることから、当時は山を主たる信仰対象と仰いだとされる。[21]春日大社の四神はそういう土着の信仰とは関係がなく、また今問題にしている春日若宮神も記録や伝承の上では春日大社の若宮である。しかし、数々の春日曼荼羅を見てもわかるように、御蓋山を神聖視することは、中世になっても衰えていない。山を背に負う社殿の位置からすると、御旅所で盛大な饗応を受ける若宮神は、春日信仰の基底に横たわる御蓋山の神格と重なり合っていると思われる。

図2は、奈良県山辺郡都祁村白石所在の雄神神社と国津神社である。雄神神社には本殿はなく、拝殿後方の雄雅山を神体としており、山頂には所謂岩座がある。雄神神社から参道を西へ五〇〇メートル程下ると国津神社にいたる。そして参道の北側に三カ所、南側に一カ所の計四カ所、「やすんば」と呼ばれる小さな叢林が、田圃の中に点々と並んでいる。これについて『都介野村史』[22]は、次のように説明している。

里人は之を「やすんば」と呼んでいる。此処の樹木を切れば祟るので、自然残されたのであるという。又「やすんば」というのは、「雄神さんが国津神社へこられる時に休んだ場所であるから」ともいわれている。

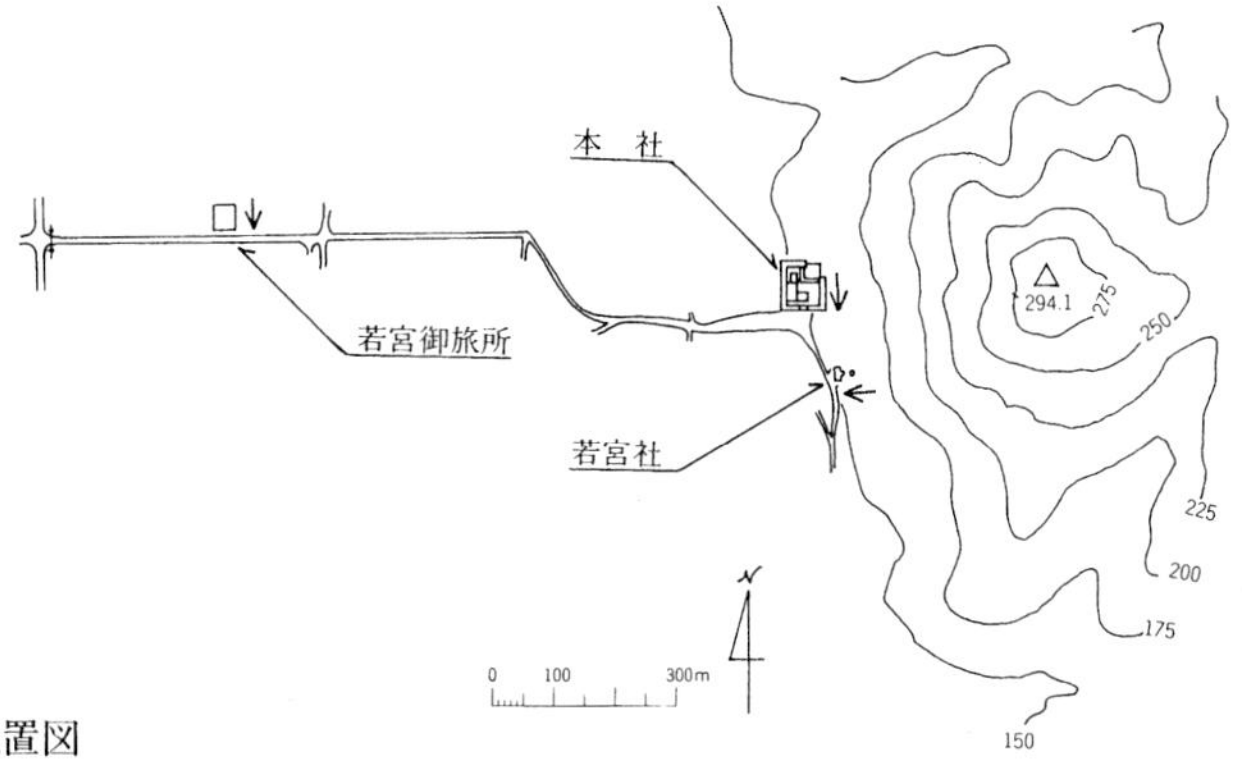


図１　春日大社配置図

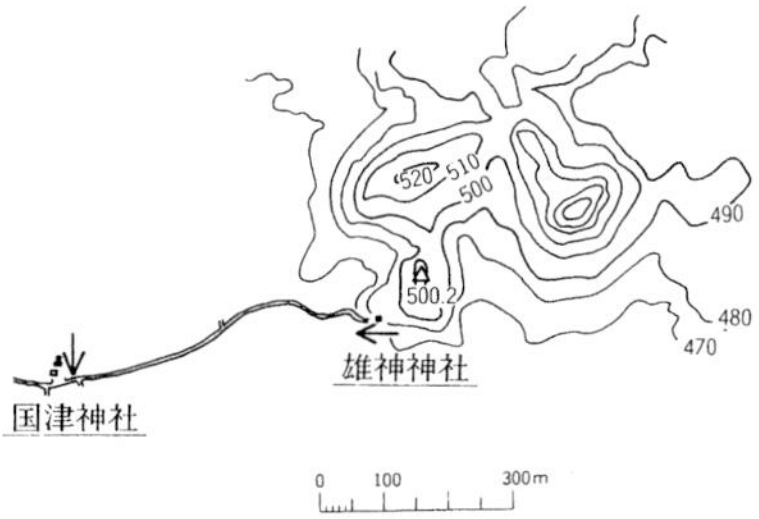


図２　雄神神社・国津神社配置図

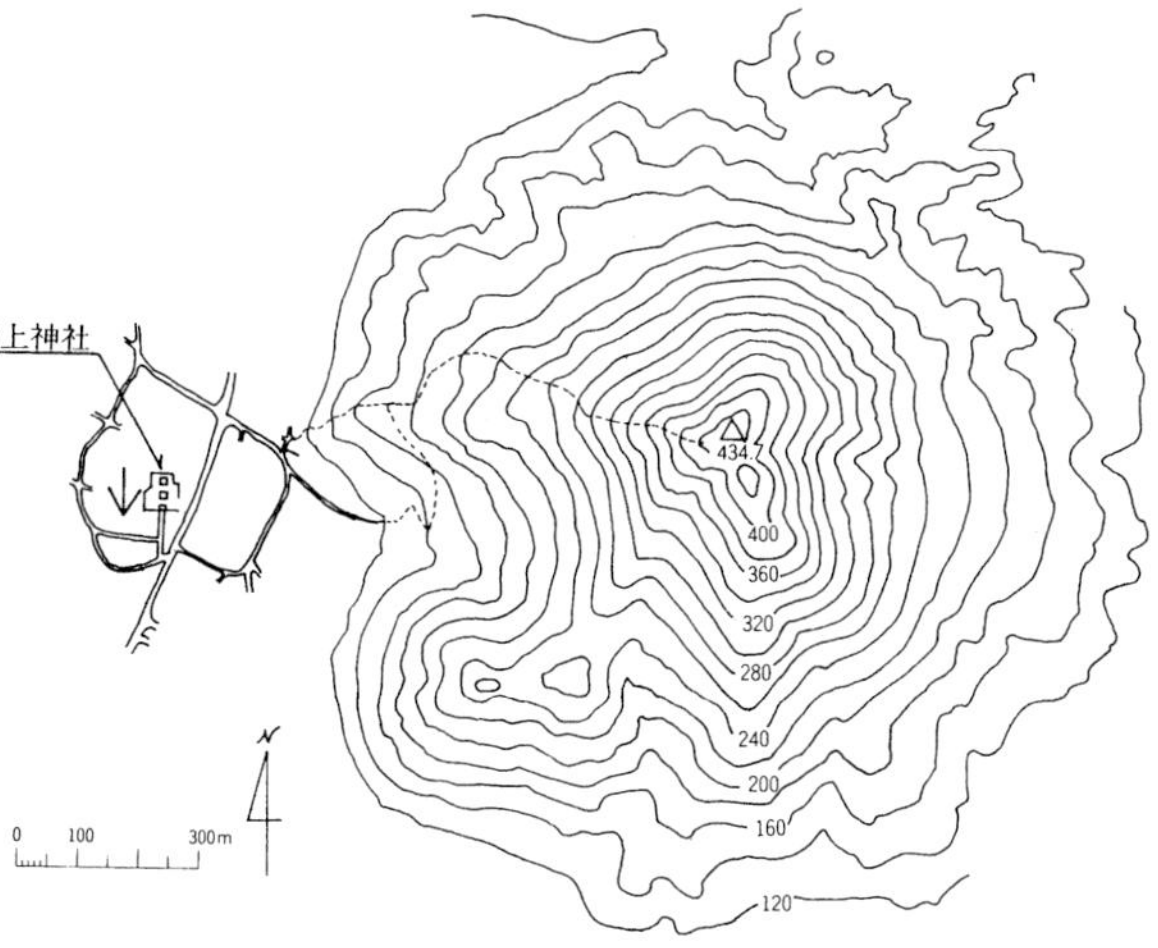


図３　御上神社配置図

禁忌的な神聖叢林を思わせる。

雄神さんが国津神社へこられる、という言い伝えは重要である。つまり「やすんば」とそれに付随する伝承は、現在の国津神社の地が、元来は雄雅山の神の御旅所であったことを示すのに他ならない。「やすんば」は、山と御旅所の間で行われたなんらかの遷幸儀礼にちなむ場の名残りと解される。

国津神社の本殿は、一間社春日造で、南面する。境内には慶長十三年（一六〇八）に奉納された石灯籠があって、銘は以下の如くである。

慶長十三年法主□坊
奉寄進大明神御宝前為二世安楽
八月吉祥日定政敬白

社名あるいは神名は記されていないが、国津神社が神常在の神社として成立した時点を、およそ推量する手がかりにはなる。これに続くものでは、元禄十年（一六九七）及び宝永六年（一七〇九）の春日社銘のもの、元禄十年（一六九七）の若宮社銘のもの、元文元年（一七三六）の白石社銘のもの等がある。この頃にはまだ社名も確定していなかったかと思われるが、中に若宮社と刻した灯籠の存することは、御旅所としての社地の性格を別の面から示唆するといえる（後述）。このように、国津神社の発祥は少なくとも江戸前期にさかのぼり、摂社をも従えて一個の神社たるにふさわしい社頭を成しているのに対し、雄神神社の方には比較的最近の拝殿と、近代以降に奉納された灯籠その他があるのみで、社頭の古さを示す徴証はみられない。結局、雄雅山に対する神体山信仰においては、まず御旅所の地に神社が出現したのである。

さて、上述の二例と御上神社（図3）の、それぞれの山に対する位置関係は興味深いであろう。御上神社は山の西側の平地にあって、社殿は南面している。この位置と社殿の向きは、図1の春日若宮御旅所、図2の国津神社と同じである。とすると、御上神社の社地も先述の景山の指摘のように、本来は御旅所の地であったと言い得るであろうか。

一般に神社の大きな祭礼は、春と秋に集中して行われる。春祭では、例えば上賀茂神社葵祭の御阿礼神事であるとか、日吉大社山王祭の宵宮祭の如く、主祭場で若宮神の生誕を象る事例がある。主祭場または御旅所には若宮神の観念が結びついている場合が多いのである。春日若宮おん祭はもちろん若宮の祭であるし、国津神社には若宮社銘の石灯籠があった。

御上神社において現在も行われている古い祭りに、秋季古例祭の相撲神事がある。神社には十三世紀を降らないとされる相撲人形が伝えられていて、[23] この神事が鎌倉時代以前からの由緒を受け継いでいることを物語る。神事の由来に関する中世以前の記録はないが、寛文十年（一六七〇）の三上大明神由来附三上山ノ事[24]は、次のような伝承を書き留めている。

一、若宮之御本地ハ釈迦薬師観音ニテ尺迦薬師相撲之手合、観音行事之体御座候。此若宮ハ所之地主之由、九月十四日神事色々備物有之後ニ十番之相撲御座候。是者若宮之神事と申伝候也。（句読点筆者）

神事の場は神社の境内であるが、実はこれは本社の祭りではなく、若宮社（摂社、本殿の西側にある。一間社流造、鎌倉時代）の祭りなのである。そして、「此若宮ハ所之地主」と伝える点に注意したい。江戸時代の伝承から、鎌倉あるいは平安時代の社頭の形成を考えるのは少し危険ではあるが、上にあげた二例との比較からも、御上神社の現在の社地は、若宮神にかかわる祭りを行う場、御旅所であったと考えられる。

神社信仰は、基本的には土着性が強く、一口に神体山信仰といっても、個々の地域的歴史的諸条件による相違が大きい。従って、具体的な面での類型化には、かなりの困難が伴ってくる。ここでは、御上神社の社地と社殿の方向性の問題を理解すべく、管見の及ぶ範曲で地理的条件が似ていて、かつ内容的にも単純な事例を選んだ。

これらにおいては、山の西側に平野が開けており、山に対する信仰の軸としては、まず西から東に向かう軸が考えられる。御上神社では山と神社の間に集落が入り込んで不明瞭になったと思われるが、他の二例では平野から山に向かう東西の参道が認められる。平地の主祭場には神そのものが迎えられるのであるから、空になった山の方角は関係がなくなり、宮殿や多くの寺院におけると同じ理由で、南を正面とするのであろう。御上神社の立地と方向性は、伝承と相俟って、社地が山から離れた平地の主祭場であることを示しており、そこに神常在の恒常的神殿が成立したのである。

三上山の信仰はどうなったであろうか。寛文十年（一六七〇）の社蔵絵図を見ると、神社より東の山側に山出村・東林寺村があり、山頂には八大竜王を祀る。近世前期には、山と神社の結びつきは稀薄化し、山には竜神信仰のあったことがわかる。土地の伝承では、集落ごとに崇める竜王が定まっていて、それぞれの籠り所で雨乞いしたという。[25] 雨乞いは、古代から続く三上山の信仰の一つであろう。古代においては、その他さまざまの信仰が融け合っていたはずであるが、平地に神常在の神殿が独立してからは、山には最も自然神的な面が残されたと考えられる。

## 三　本殿の形式

年代に関しては、東南隅の縁束礎石に、

建武二二年丁丑二月日願主僧□□

なる銘が確認されている。しかし、これを建立年代と見る向きもあり、一方では縁及び向拝廻りの修理年次と見る向きもあり、今のところ決め手がない。降って、背面東端の板壁には、

東三間同年大永三癸未四月十一日順運

なる墨書があるという。[26] 本殿の外廻りは、全て板壁の上に漆喰を塗っていて、外観は土壁の如く見えるが、塗壁の下に墨書があることから、この珍しい手法は少なくとも十六世紀前期から行われていたことがわかる。以後、天文二十三年（一五五三）と寛文五年（一六六五）に大修理があり、[27] 近代に入って明治二十三年から同四十五年まで、本殿・拝殿・楼門の根本的な修理があった。明治の修理は綿密なもので、できる限り古材を残しており、かつ在来材、作り直し材、新材の区別を記した詳細な記録を作製している。[28]

平面は一間四方の母屋に四面庇を廻した形で（図４）、構造上の関連はないものの、入母屋屋根の外観とよく対応している。母屋部分が内陣で正面に扉を開き、他の三方は板壁で囲う。天井は母屋部分が小組格天井、四面の庇は化粧屋根裏である。内陣の四天柱は、それぞれが側柱筋よりも前後左右に垂木一枝分外側にある。つまり内陣柱間は外陣柱間よりも垂木二枝分広く、この点は仏堂風といえる。外廻りの柱間装置は、正面中央、背面中央、西側南端の柱間に板扉を設け、西側中央、東側南端の柱間では内法長押の下に連子窓を付ける。他は全て板壁で、外側に漆喰を塗っている。組物は四隅の柱上に舟肘木を置くのみである。正面、側面に跳高欄付きの切目縁を廻し、縁束礎石には蓮弁の彫刻を施す。軒は二軒繁垂木で、正面一間に向拝を付ける。本体の柱は全て円柱を用いるが、向拝柱は面取角柱とし、連三斗を置く。向拝部分の下には浜床を造り、頭貫上に透蟇股を入れる。屋根は入母屋造檜皮葺、妻飾は豕扠首、拝みにひれ付き猪目懸魚、棟には外削ぎの置千木一組と堅魚木三本を置く。

背面一間通りの庇の扱いは異例である。この部分は、平面図で見ると前方とは板壁で仕切られ、さらに断面図（図５）で明らかなように床高も低い。床高の関係は、内陣から正面・側面の外陣へ長押一段落ち、外陣から後方の室へまた長押一段分落ちる。長押成は約二三センチであるから、内陣と後方の室との床高差はおよそ四六センチに及ぶ。そして、後方の室への出入口は背面中央の扉のみで、内部からも縁伝いにも入ることはできない。

ここで内部の構成の特徴をまとめておこう。

(イ)一間四面庇の平面

(ロ)内陣柱間が外陣柱間よりも広いこと

(ハ)後方（北側）一間通りが独立した室であること

屋根裏及び内陣はまだ実見していないが、他の部分には著しい改造の痕は見られず、一応これらは全て最初から

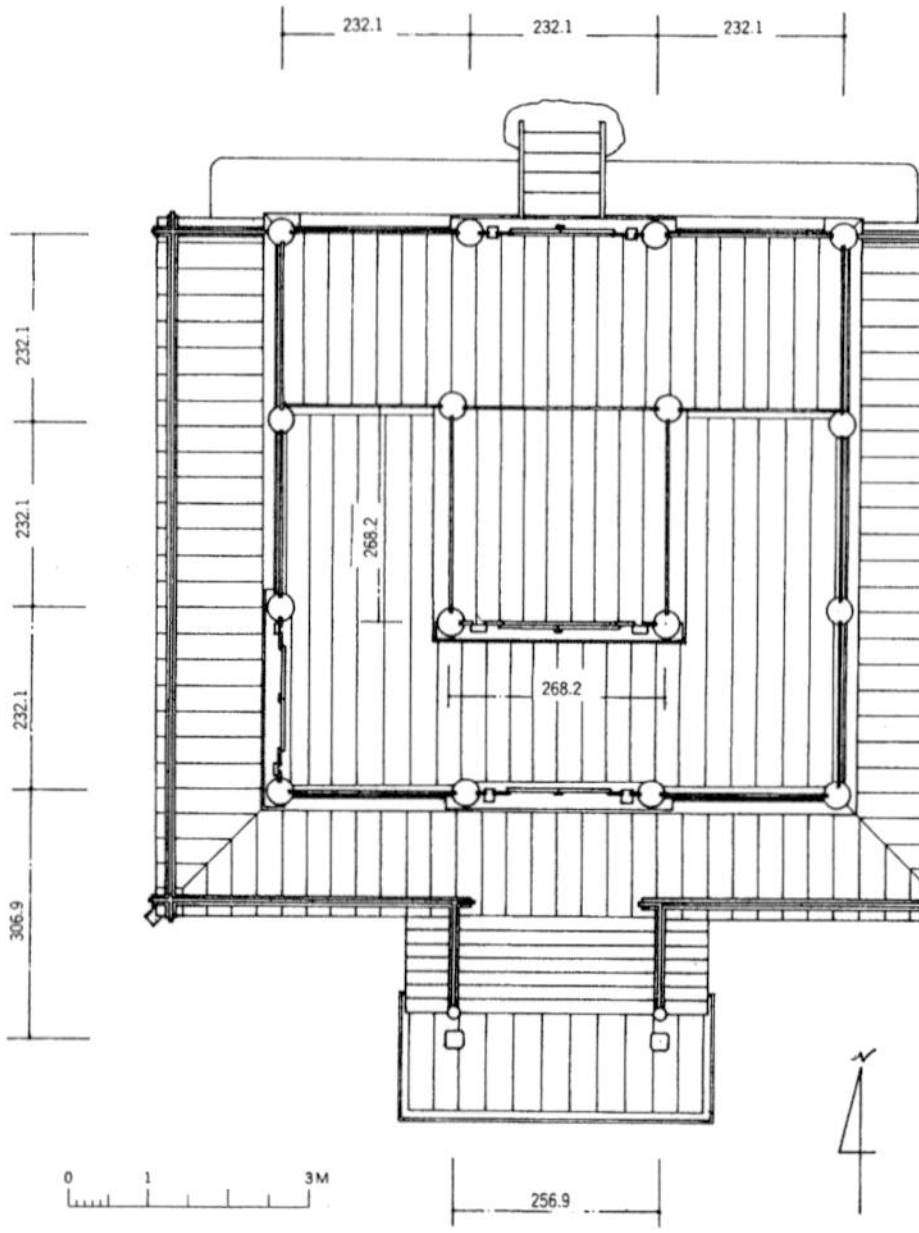


図４　御上神社本殿平面図[33]

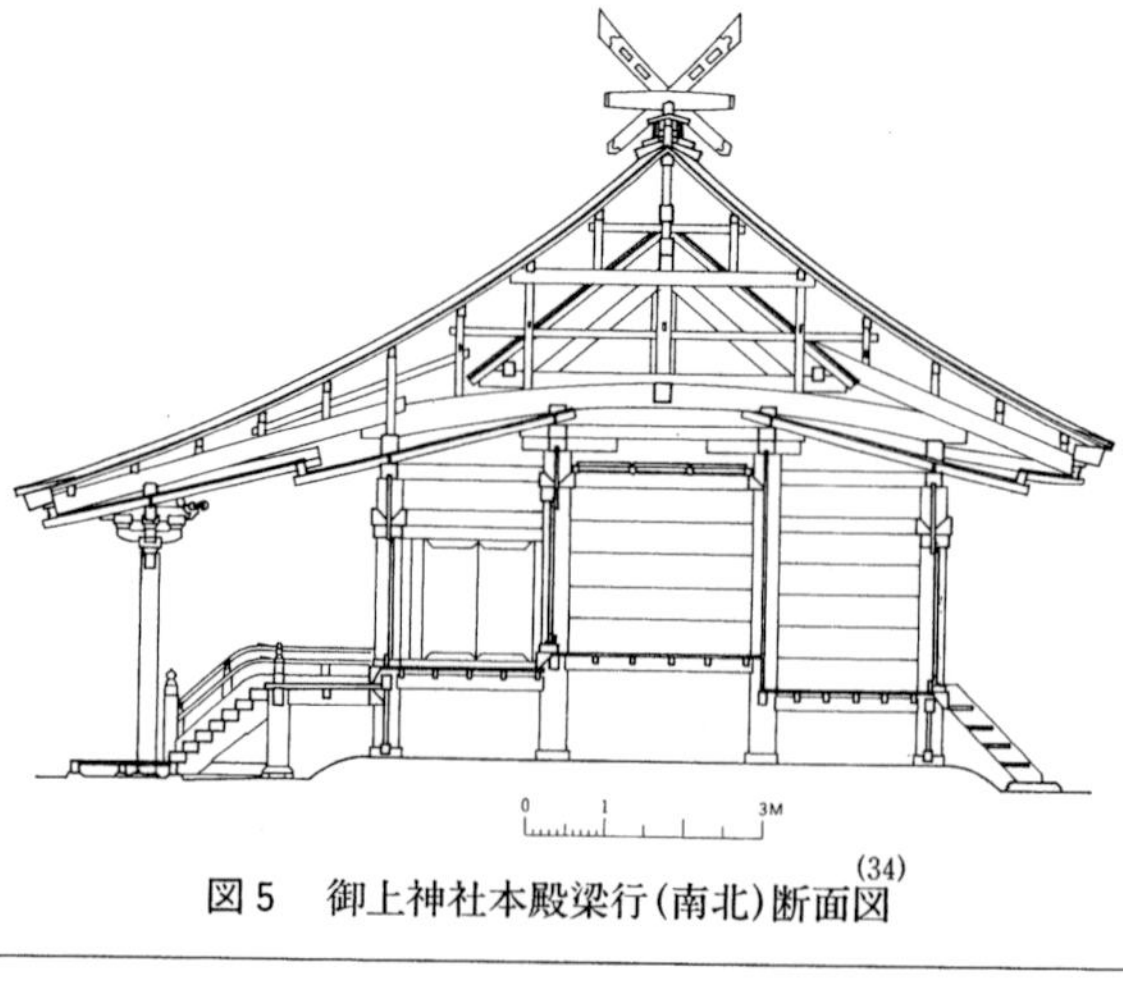


図５　御上神社本殿梁行(南北)断面図[34]

の形と考えられる。

ここで旧本殿と伝えられる拝殿の問題にふれる必要があるだろう。拝殿は方三間吹き放しで、本殿とほぼ同じ規模をもち、様式的に本殿より古い建物と考えられている。柱などに種々の痕跡がある故に、伝承と相俟って早くから注目されてはいた。しかし、拝殿がもとは本殿であったという言い伝えの根拠ははっきりとしておらず、その是非を確かめるべく、それらの痕跡について以前に報告したことがある。[29] そしてその際、不可解な点を残しながらも、一つの叩き台として復原図の作製も試みた。詳しくは拙稿を参照願い、今は概要とともに疑点の数々を示して、大方の御批判を仰ぎたいと思う。

まず、中央天井部分の痕跡から、四天柱があったものと推定される。四天柱の位置は、先に現本殿の特徴としてあげた(イ)(ロ)の二点に従う。また(ハ)についても、やはり後方（北側）一間は前方とは板壁で仕切られ、その床高も現本殿と同じく他の部分より低かったと考えられる。そして、側柱通りには概ね板壁もしくは扉が嵌り、床も拝殿としての現在の高さより全体的に高く張られていたらしい。しかし、なお多々疑問な点がある。例えば、痕跡の解釈に関する問題である。第一は、現本殿では後方一間を区切る板壁は後方の四天柱真々から出て、側柱に接する形で側柱筋板壁に当たる。しかし、拝殿ではこの壁は側柱のほぼ真々から出る（図6）。他端は、側柱筋に垂直に壁を出して内陣相当部分を囲むであ

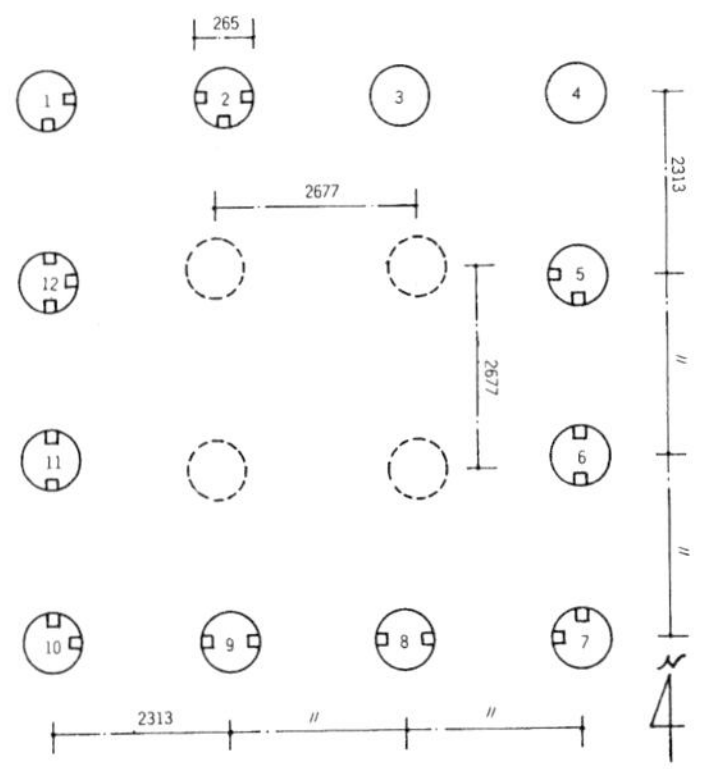


図6　拝殿柱溝彫りの概念図

実線が現存の柱で、柱に彫られた縦溝、即ち板壁または扉の取付け痕を平面図的に示す。柱3は取り換え材。柱4は古材であるが、溝彫りは西側の上方に30センチ程あるのみ。柱2・5・12には内部へ向かう溝彫りがある。このうち柱5・12ではなかり北へ偏し、柱2では西に偏するが柱5・12に比べるとごくわずかである。

ろう板壁に当てるか、少し斜めに入れて四天柱に納めるかである。常識的には前者が自然であるが、側柱に残る壁の取付け痕が、不明瞭ながらも側柱筋に垂直ではなく、後者の納まりを示唆している。また、板壁の痕跡のみから判断すると、後方一間通りの中で西一間は一室をなし、東一間は吹き放しということになる。従って、現本殿において見られる特徴的な形を有しつつも、同じ形であったとは言い切れない。第二は、これら痕跡の年代及び前後関係に関する問題である。上述の分についてては同時期のもので、柱位置もそのまと仮定しており、前稿ではこれらは現本殿造立以前の本殿の痕跡と考えた。しかし、板壁の取付け痕、つまり柱に残る溝彫りの幅や深さは斉一でなく、しかも復原的に考え得る建物の形態も

図7　御上神社本殿

図8　御上神社本殿背面

図9　御上神社拝殿

相当不自然であることから、これらの痕跡自体がのちの改造になるものである可能性が高い。要するに、その特徴的な形から、ある時期この建物が本殿であったと判断できるにしても、その時期や理由については今のところ不分明といわざるを得ない。ともあれ、建立当初にせよそうでないにせよ、拝殿が一時期本殿として使用されたとすると、現本殿の特異な形式は、かなり意識的なものと考えられるのである。

さて、最後に本殿背面の扉は、山を拝していた時代の扉の名残りとする説がある。だが、前節で考察した社地の性格、及び本殿の軸線は山の方角とほぼ直角をなすこと、そして本殿の内部構成からして、背面の扉は単に後方の室のためのものと解してよい。板壁と床高によって内陣及び外陣から入念に隔てられたこの室の用途としては、なにを納めたのかはわからないが、広義の納殿と考えて大過ないであろう。

## 結び

以上の考察を踏まえて、これまでの研究にもふれつつ、問題点を整理しておきたい。

御上神社本殿を、神社建築史の中にどう位置付けるかについては、概ね二つの立場があると思われる。一つは寺院建築の影響を重視する立場である。まず屋根形式が入母屋造であるし、縁束礎石には蓮弁が彫り出されており、平面にも仏教建築の影響が認められる。全体的な形としては、それまでの切妻造を基本とする諸形式よりもずっと寺院建築に近いのは確かである。例えば伊藤延男は、「寺院建築との接点に立つ神社建築の例といえるであろう」(30)「このような仏堂風の平面が神社建築に浸透していることは、中世の信仰の本質を知る上にきわめて興味が深い」(31)と述べている。次に、太田博太郎は「入母屋造本殿の成立」(32)において、平面が母屋四面庇構成をとること、背面に扉を開くことに注目し、石上神宮拝殿や厳島神社本殿との比較の上で、御上神社本殿は三上山に対する拝殿がその形を保ちつつ本殿化したものと解釈した。これは今問題にしている本殿そのものよりは、むしろその原形に関する説であるので、少し論点は異なる。ただこの説については、本殿の位置、方位、内部構成に関する多くの仮説が要求されるであろう。

御上神社本殿は、神社建築の中では異彩を放つ建物である。本稿では、このような形式を生み出した背景をさぐることに重点を置いてきた。仏教的な面では、地域的な神仏習合文化があって、御上神社本殿もその中から生まれたに違いないが、史料上の制約から十分なことはわからない。山に対する信仰の面から見ると、なるほど御上神社は代表的な神体山信仰の社ではある。しかし、同じような山の信仰に発祥する社であっても、立地によっては社地の性格ひいては社殿の性格も異なってくるということが、今まで見過ごされていたと思われる。本論中では論証が煩雑になるのを避けるために割愛したが、御上神社本殿と三上山との関係は、神奈備山信仰で知られる大神神社拝殿と三輪山、厳島神社本殿と厳島（弥山）、山ではないが石上神宮拝殿とその禁足地、それぞれの関係と比較すると、地理的にもまた信仰の上でも結びつきは弱く、むしろ山の信仰と神社信仰とにわかれていると見做される。本稿の論旨でゆくと、御上神社の社地は、大神神社であれば若宮社即ち大御輪寺に、厳島神社であれば対岸の地御前社に相当する。このような社殿の立地とそこで発展を見た信仰形態との関連は、今後の課題となろう。

最後に、御上神社本殿が山から独立して平地に営まれた神常在の神殿であるなら、神仏習合の所産とされる他の著名な入母屋造本殿、つまり北野天満宮本殿や八坂神社本殿と質的にそれほど異ならないものとして把握し得るということを強調しておきたい。これらの比較検討を通じて、神社信仰の展開における入母屋造本殿成立の意義もより明らかになるのではなかろうか。

（1） 太田博太郎「入母屋造本殿の成立」（『日本歴史』二三六、吉川弘文館、昭和四十三年。のち『日本の建築――歴

史と伝統――』に収録、筑摩書房、昭和四十三年）。
（2）『古事記　祝詞』（日本古典文学大系一、岩波書店、昭和三十三年）。
（3）『日本霊異記』（日本古典文学大系七〇、岩波書店、昭和四十二年）。
（4）『新抄格勅符抄』（新訂増補国史大系二七、吉川弘文館、昭和八年）。
（5）直木孝次郎「日本霊異記にみえる『堂』について」（『奈良時代史の諸問題』、塙書房、昭和四十三年）。
（6）清水正健『荘園志料』（角川書店、昭和四十年再刊）による。肝心の三上荘については定かでない。『吾妻鑑』文治二年（一一八六）六月十七日の条から、この当時は内大臣藤原実定の領する所であったことがわかる。
（7）社蔵文書。慶安二年（一六四九）写。『群書類従』釈家部にも収められている。
（8）『興福寺官務牒疏』（大日本仏教全書寺誌叢書）。
（9）社蔵文書。
（10）宇野健一編『新註近江輿地志略』（弘文堂書店、昭和五十一年）、原本は寒川辰清編、享保十九年（一七三四）完成。
（11）『野洲郡史』（野洲郡教育会、昭和二年、名著出版、昭和四十七年再刊）。
（12）妙光寺山の宗泉寺に現存。平安時代の作、重要文化財。現在、宗泉寺は浄土宗であるが、もとは東光教寺の一院と思われる。
（13）明応二年八月社頭修理敬白勧進状（社蔵文書）。
（14）天文二十三年政光院建立証文（社蔵文書）。
（15）叡山文庫蔵。
（16）社蔵文書。
（17）平野孝國「祭場と神供」（『講座日本の民俗宗教1　神道民俗学』、弘文堂、昭和五十四年）。
（18）景山春樹『神体山』（学生社、昭和四十六年）。
（19）九月十七日に行われていたのを、寛正年中（一四六〇～六五）から十一月二十七日（旧暦）に変更した。
（20）現行祭式。春日大社社務所発行の『春日若宮おん祭略記』による。
（21）福山敏男「春日神社の創立と社殿配置」（『日本建築史の研究』、桑名文星堂、昭和十八年、綜芸社、昭和五十五年再刊）。

(22) 『都介野村史』(都介野村史編纂委員会、昭和三十年)。
(23) 京都国立博物館監修『神道美術』(角川書店、昭和五十一年)参照。
(24) 前掲注(16)に同じ。
(25) 例えば妙光寺山の岩神神社は巨岩だけの社で、この岩の下に籠った伝える。また、御上神社の森の周囲は田圃であるが、北側の田の中にひときわ小さな森があって、これは子守堂の森である。元禄の社蔵文書に「木森殿」とあるものであろう。字の当て方は違うが、いずれも籠りに由来すると思われる。
(26) 前掲注(11)に同じ。
(27) 社蔵文書による。
(28) 滋賀県庁蔵。
(29) 拙稿「御上神社本殿の復原的考察」(『日本建築学会近畿支部研究報告集』昭和五十五年六月)。
(30) 伊藤延男編『鎌倉建築』(日本の美術一九八、至文堂、昭和五十七年)。
(31) 伊藤延男『中世和様建築の研究』(彰国社、昭和三十六年)。
(32) 前掲注(1)に同じ。
(33・34) 文化財保護委員会『国宝重要文化財(建造物)実測図表』の図をもとに、筆者が図版用に透写したもの。ただし、若干の省略を行い、尺の寸法表示をメートル法に換算した。

# 大御輪寺の祭祀と建築

## 序

現在の大神神社摂社大直禰子神社社殿が、明治維新まで大神神社神宮寺のひとつ大御輪寺の本堂であり、かつ若宮とも呼ばれていたことは、よく知られている。本尊は、天平の傑作に数えられる十一面観音立像（聖林寺蔵）であった。その本尊の年代と符合するかのように、堂の建築部材には奈良時代のものが含まれ、また『延暦僧録』や『今昔物語集』に「大神寺」の名が見えるので、この建物は奈良時代の神宮寺の残存例として、他に比類のない重要性を有すると考えられていた。しかし、現在の建築は、鎌倉時代後期に大改造を受け、その後も何度か改修しているので、奈良時代の形状はとどめていない。

この建物を、まず本格的な建築史的研究の俎上に載せたのは、桜井敏雄である。[1] 氏は、建物が建ったままの状態で可能な限りの精密な調査を行い、この建物が奈良時代から平安時代初期の内陣と、鎌倉再建時に古材を用いて再構成した外陣からなるという調査結果を得た。そして、この建物はもともと双堂として建っていたという卓越した仮説を提示した。

表１

| 建築解体調査 | 発掘調査 |
| --- | --- |
| | 第１期 第２期 6世紀末～8世紀中頃 |
| | 第３期 8世紀中～後期 |
| 当初 奈良時代（8世紀後半） | 第４期 8世紀後半以後 |
| 第１次改造 平安時代中期（11～12世紀） | |
| 第２次改造 鎌倉時代初期（13世紀初期） | |
| 第３次改造 弘安八年（1285） | 第５期 弘安8年頃 |
| 第４次改造 応永19年（1412） | |
| 第５次改造 室町時代末期（16世紀末） | |
| 第６次改造 貞享５年（1688） | |
| 第７次改造 明治17年（1884） | |

その後、文化財建造物修理の手法によって、全面解体修理と地下発掘調査が行われ、極めて多くの事実が明らかになった。それらの結果は、『大美和』誌上に修理担当者の松田敏行、国樹彰、発掘担当の前園実知雄の報告が掲載されて、のち正式の修理工事報告書（『重要文化財大神神社摂社大直禰子神社社殿修理工事報告書』、奈良県教育委員会、平成元年）が出された。(2) 桜井敏雄の考え方、建造物修理技術者の考え方、発掘担当者の考え方には微妙なずれがあると思われるので、一度それらを整理して問題点を明らかにするとともに、ここでさらに文献史料を加えて事実関係を考え、また大御輪寺の意義に関する仮説を示そうと思う。

なお、本稿は修理工事報告書の出版以前に書いたもので『大美和』誌上の論考に即して記述している。両者の間には堂の変遷に関する推定において基本的な変更はなく、かつ『大美和』誌上の論考の方が分かりやすいため、本文に関しては初出のままとした。ただし堂の変遷図は報告書所載のものが最終結論として提示されたものであろうから差しかえた。

## 一 古代の大神寺

現在の大直禰子神社社殿は、明治以前は若宮とも呼ばれたが、十一

図1　大直禰子神社社殿変遷図

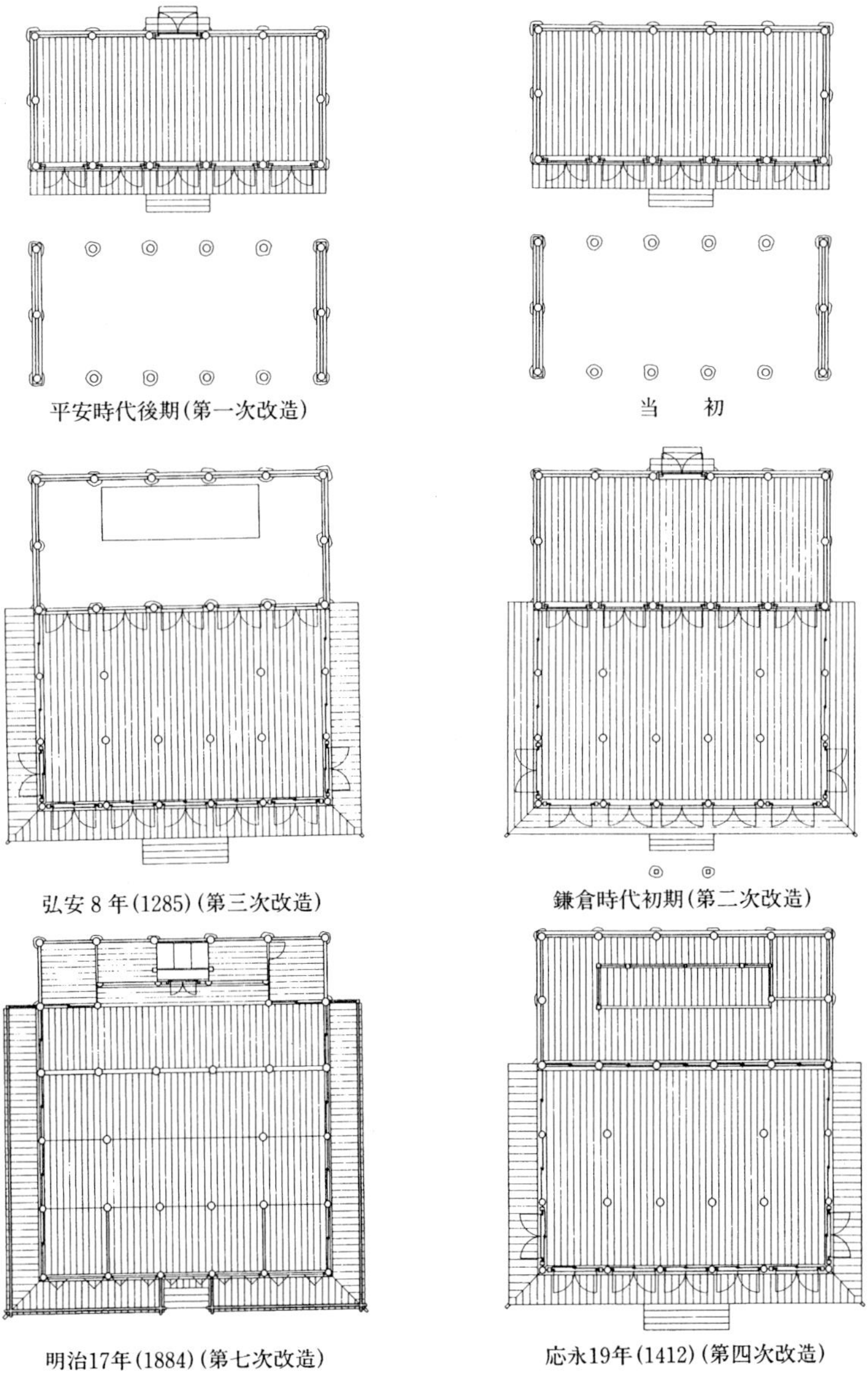

面観音を本尊とし、建築形式の上でも寺院本堂の形式をとるので、鎌倉後期の再興以後については大御輪寺とし、それ以前については大神寺と表記することにする。

建築の解体調査の結果からは、創建当初以後七次までの改造が確認され、[3]発掘調査からは五期にわたる区分が行われている[4]（表1）。

発掘の第一・二期には何棟かの掘立柱建物が確認された。しかし、第三期には発掘区域からは建物がなくなったとされ、また方位ものちの大御輪寺前身建物とずれている。従って、これらの掘立柱建物は、大神寺とは一応無関係なものと考えられる。

発掘の第四期が大御輪寺前身建物の創建である。前園は内陣部分について、「礎石の根石がほとんど遺存し、後世の移動の痕跡は認められず、創建当初のままに近い姿を残している」と記している。これは解体調査の結果と一致しており、内陣部分だけで一棟の完結した建物であることが確認され、しかも復元が可能であった。復元図によれば、切妻造、全面板床張の建物である。

だが、明治以前、大御輪寺本堂の本尊であった聖林寺の十一面観音立像は、台座、光背を含めると四メートルの高さに達するといわれているので、[5]内陣復元建物には入らない。床板が無く、土間だとすればぎりぎり入るかも知れないが、仏像と堂が相応しているとはいえない。よって、十一面観音像と奈良時代の内陣復元建物とは無関係ということになる。内陣のこの状態は、鎌倉後期の再興まで続くとされるので、結局、鎌倉再興以前の大神寺は実像を結ばなくなってしまった。しかし、この建物が大神寺の一部である可能性は高いであろう。

また外陣には、もう一棟の奈良時代の建築物の部材が混入していることが明らかとなり、桜井の仮説の確実性が増したことは確かである。しかし発掘調査の結果は、一応双堂の可能性を示すとはいえ、いまだ不確実な要素が多いといえよう。筆者自身は、内陣復元建物の性格が不明となったので、それが双堂であるかどうかという問題は、あまり意義を持たなくなったと思っている。奈良時代の大神寺が双堂であったという仮説は、それを東大寺二月堂などと同じ系譜の上で捉えうるという点に大きな意義があったと思うのである。

## 二　中世の大御輪寺

従来からいわれていたことではあるが、解体修理の第三次改造、即ち弘安八年（一二八五）の再興によって、現在の建築の大枠ができたことが確実となった。弘安八年は、叡尊が大御輪寺を訪れた年である。『感身学生記』には、叡尊の造営を記す記事はないが、約四十年にわたる叡尊と三輪別所、三輪宿との関係が記されている。そのような長期間の交渉の中で、衰微した大神寺を復興し、西大寺末に位置づけて、維持してゆく方途が決まっていったのであろう。

第三次改造の復元図で、始めて内陣は土間となる。発掘調査では、内陣は土間で、後ろ寄りの中央に高さ五〇センチ、東西二・五メートル、南北一・四メートルの土壇があったとしている。内陣が土間となったことは、この時この建物に十一面観音が移座したことを強く示唆するであろう。なお、神仏分離の時、十一面観音とともに最勝会の道具と最勝経・法華経が聖林寺に移っている(6)。桜井は、これらを奈良時代の大神寺において最勝会が行われたことの証左と捉えているが(7)、鎌倉時代には大神寺は衰退しており、叡尊を中心に大御輪寺として再興されたとするなら、むしろ叡尊と最勝王経との関係を重視するべきである。叡尊自身の記した『金剛佛子叡尊感身学生記』弘安八年大御輪寺の条には見えないが、江戸時代に編纂された『西大勅謚興正菩薩行実年譜』(8)には、

又為レ神開二法華最勝二会ヲ一

とある。『感身学生記』によれば、叡尊は暦仁元年（一二三八）、三一歳の時、西大寺四王院において、最勝王経転読を行ったのを始めとして、生涯を通じて何回か最勝王経の転読や書写を行っているので、『行実年譜』の記

事の蓋然性は高いと思われる。
発掘調査の結果によると、内陣前面の土間は踏み固められており、鎌倉末から室町時代初頭の瓦器・土師器が多量に出土した。その上にも硬い床面が形成されていて、表面からは寛永通宝が出土した。前園は、「建築物の構造とも関連させて考えなければならないが、この土間であった状態は江戸時代までその痕跡をたどることができる」という微妙な書き方をしている。これに対して、建築の方の変遷は、応永十九年（一四一二）の第四次改造で内陣は全体的に板張となり、貞享五年（一六八八）の第六次改造で内陣前半を土間とするが、土間中央には板床を張る構成としている（修理工事報告書には、この時期の半土間の記述はない）。この両者の記述は矛盾してはいないが、内陣の変遷は、土間↓全面板張↓半土間という不自然な流れになっている。
また、応永十九年に内陣の東北隅が囲われる状態が出現するが、これは若宮神を祀ったことをこの時期に設定しているのであろう。変遷図では、この室は板張で、最後までそのままである。しかし、『大田田根子命御神軸之記事』[9]によると、明治元年に、この東北の室を開けた時、内部は、
床板ナクシテ、土石ヲ築上ケタリ
と書かれている。よって、少なくとも明治十七年の図の前に、東北の室が土間だった図がなければならない。
これらのことを勘案すると、応永十九年に内陣が一挙に板張になった可能性は低いと思われる。筆者は出土状況をみていないが、内陣の前半から瓦器・土師器が多量に出土するということは、そこが掃除されていないことを示すのではないだろうか。そうだとすると、内陣が全面的に土間であったとしても、全面的に板張であったとしても、状況に適合しない。従って、東大寺二月堂などのように、半ば土間、半ば板張の状態を考えるべきであろう。また、東北の室については、明治の少し前に土間だったのは確実で、それが何時までさかのぼるのかが問題となり、かなり古い時期にさかのぼる可能性も否定できないと考える。

## 三　神仏の祭祀

神仏分離以前の状況は、元禄元年（一六八八）の聖林寺蔵『三輪山神宮大御輪寺記』(10)に次のように記されている。

大師就キ二観世音宝龕ノ後板ニ一、手モテ絵ク二薬師如来ノ像一万体ヲ一。又観世音ノ右側ニ有リ二地蔵菩薩ノ立像一。高サ五尺許リ、（中略）右側不動明王ノ座身ハ二尺五寸。

これによれば、当時十一面観音は龕、つまり厨子に入っていた。解体調査からは、千体仏の描かれていたのは、仏後壁とされているが、この文は厨子の背面とも読める。観音の右脇侍は地蔵菩薩立像、左脇侍は不動明王座像であった。

この堂の最も特徴的な点は、東北隅に若宮神が祀られていたことである。東北の隅の部屋で、生身の若宮が入定し、その前の板に残された足跡がいまなお暖かいという伝説は、中世以来有名で、天正十一年（一五八三）の『顕如上人雑記』、江戸時代には本居宣長の『菅笠日記』明和九年（一七七二）四月十二日の条をはじめ地誌・紀行文に数多く見える。

若宮入定の部屋の位置は、文献では東北隅あるいは東とし、解体調査の結果も、応永十九年に東北の室が囲われたとしている。桜井は、床下の土壇の残存状況から、若宮祭祀の位置を本尊の西としたが、本来東北の隅にあった若宮祭祀の土壇は明治時代に破壊されたと考えざるをえないであろう。

さて、文献の上で、若宮の東北隅での入定伝説を最も早く書き止めたのは、文安五年（一四四八）撰の『太子伝玉林抄』(11)である。

自今以後ハ人ニ不可交也トテ入定シマシ〳〵ケリ、御入定ノ処、大御輪寺ノ堂ノ丑寅角也、末代ノ奇特ヲ見セン

トテシキヰタニ御足ノアトヲフミ付テ御ヲキアリ

若宮伝説自体は、文保二年（一三一八）の奥書をもつ『三輪大明神縁起』にみえていて、入定の場所は「大御輪寺内一室」となっている。『太子伝玉林抄』は、「三輪ノ縁起」に言及しているので、『三輪大明神縁起』に類する書をみている。『太子伝玉林抄』は、これに丑寅隅という方角がついているだけで、両者の間には本質的な差異はない。そうすると、大御輪寺の東北隅に若宮神が祀られたのは、文保二年以前にさかのぼると考えた方がよいと思われる。

しかし、解体調査から設定された東北隅の室の年代、応永十九年（一四一二）は、『三輪大明神縁起』と『太子伝玉林抄』の中間にあたる。これが正しいとすると、伝説に基づいて、大御輪寺内に若宮が祀られたことになろう。これもひとつの疑問として、提示しておきたい。

## 四　三輪の若宮

大御輪寺の本尊十一面観音は、どのような位置づけをもつのか。また、堂の一室に祀られた若宮神とは、一体なになのか。

大神神社の正式の社史である『大神神社史』(12)二一五頁には、若宮と十一面観音は同一であると書かれており、これが現在の定説であろう。これは、『三輪大明神縁起』(13)の「大御輪寺影観音事」の解釈にかかわる問題である。

一大御輪寺影観音事

古記云、彼大納言孫皇子誕生給後、経七ケ日、母儀早世、皇子成長之後、恋慕悲母之志甚切、寺内石上居、悲泣愁傷、爰感彼恋母孝情、化人出現、造悲母形而与皇子、皇子大悦、愁歎之思聊息、其後皇子常参詣父大神宮、其形皃白打出笠、白羽矢、夏毛行縢乗白葦毛馬、如斯多歳、御年十有余歳之時、永籠大御輪寺内一室、再不出給、此則日本国生身入定之初也、彼御影事、其形相実無知人、而聖徳太子参詣当寺、開御戸奉拝見御影御、即十一面観音形像也、自其以後、人皆奉知十一面観音、自垂仁天皇至聖徳太子御出世、算之六百一年也云々、

若宮が入定して十一面観音に変じたというのは、江戸時代初期の成立といわれる(14)『三輪流神道神秘抄』に見える解釈であるが、本尊が十一面観音で、それとは別に若宮が祀られている状況では、この解釈は苦しい。現段階では、どれが正統なのか充分に検討しえていないが、筆者のみた範囲では、むしろ若宮と十一面観音を同一視するのは少数派だと思われる。最も合理的な説明を行っているのは、聖林寺蔵『三輪山神宮大御輪寺記(15)』で、皇子は化人から与えられた母の像を中心として殿宇を構え、その後一室に入って再び出ることがなかったという。つまり、十一面観音は皇子の母なのである。このように解釈すると、例えば先述の『三輪流神道神秘抄』も「一説ニ若宮ノ本地弥勒ト云々」と異説を掲げており、ほかにも『三輪山縁起』が「大聖文殊の化現」とするなどの本地説の異説の存在が納得できる。

大御輪寺における若宮神の問題は、御神体の調査が行われれば明らかに一歩進むのだが、今のところは望めない。明治の神体調査の際に描かれた画像が、『三輪流神道の研究』三九五頁に載せられている。貫頭衣のようなものを着たいかめしい像である。この像について、『大田田根子命御神軸之記事』は「大田田根子命ノ御壮年ナルヲ、古史ニ見ユ、ソノ真相今コノ神像ノ御面体ニ備ハルコト感泣ノ至リ也」と書いている。

若宮神の描写は、前掲『三輪大明神縁起』の「大御輪寺影観音事」にもある。入定の年齢が十有余歳であるから、若宮は少年と考えられているのであって、神像の方が壮年男神像であることと矛盾する。もし、『三輪大明神縁起』以後にこの神像が造られ、足跡の伝説にみられるような特殊な信仰が寄せられたのであるなら、神像は少年像として造られたと思われる。よって、神像の方が古いとすると、それはかつて大神寺のどこかに祀られて

いたものであり、大御輪寺には再興の当初から祀られていたのであろう。

もうひとつ問題なのは、『三輪大明神縁起』に描かれた姿が、白打出笠・白羽矢・夏毛行縢といういでたちの騎上の少年であることである。このような短文で、皇子の姿が異常に丁寧に描写されていることには、なにか意味があるだろう。皇子は、その姿で、常に父である大宮に参詣したという。ここで思い起こされるのは、四月の大神祭に合わせて行われる若宮神幸祭である。大神祭は、『延喜式』に規定のある国家的祭儀であり勅使の奉幣がある。これに付随して行われる若宮神幸祭の由来は判然とせず、その実態も江戸時代のことしかわからない。現在は、神輿も出て、神霊の動き方も整理されているが、明和三年（一七六六）の『神事勤行日記』[16]によると、薬師堂村で児武者をそろえて若宮へ行き、次いで本社に向かい、本社で神楽が行われると即刻四辻へ下がるという単純なものだった。行列は、御幣と大的・小的を先とし、神輿はなかった。即ち、『三輪大明神縁起』に描かれた若宮の姿は、この稚児武者なのであろう。もう一歩仮説を加えるなら、おそらく『三輪大明神縁起』の「大御輪寺影観音事」は、この祭りを裏づける中世神話ではなかったか。

そして、この稚児武者の渡りは、瑞垣郷と称する三輪・金屋・茅原・芝・箸中の荘厳組によって行われる在地の祭りなのである。ちょうど春日大社の本社が摂関家の氏神であり、祭礼も在地とは無関係であったのに対して、若宮おん祭が興福寺衆徒と国侍の祭りであったことと似た事例といえるであろう。

叡尊の三輪での活動は、大神社に対してのものというよりは、三輪別所・三輪宿という在地での活動であり、それが大御輪寺の再興へと結びついていったと考えたい。そこには、叡尊の神祇信仰、在地における神幸祭の成立など[17]、若宮社の意義に関する多くの問題が伏在している。ともあれ、その後の大御輪寺は、神と仏をあわせ祀り、神秘な伝承と庶民信仰の性格をもつ寺院として、本社とは一歩離れたところで栄えたと思われる。

(1) 桜井敏雄「神仏習合の建築――大神神社摂社大直禰子神社社殿(旧大御輪寺本堂)を中心として――」(『三輪流神道の研究』、大神神社史料編修委員会、名著出版、昭和五十八年)
(2) 国樹彰「大直禰子神社社殿修理工事の調査中間報告」(『大美和』七四、昭和六十三年)、同「大直禰子神社社殿修理工事の調査中間報告(続)」(『大美和』七五、昭和六十三年)、同「若宮社社殿修理工事の進捗と当初復元模型製作」(『大美和』七七、平成元年)。松田敏行「大直禰子神社社殿の修理と現状変更について」(『大美和』七六、昭和六十四年)。前園実知雄「大直禰子神社(若宮社)社殿地下発掘調査の概要」(『大美和』七五、昭和六十三年)。
(3) 国樹彰「大直禰子神社社殿修理工事の調査中間報告(続)」(前掲注2)。
(4) 前園実知雄「大直禰子神社(若宮社)社殿地下発掘調査の概要」(前掲注2)。
(5) 池田久美子「聖林寺十一面観音立像光背残欠の復原」(『仏教芸術』九九、昭和四十九年)。
(6) 「聖林寺文書」(『大神神社史料・第二巻』、大神神社史料編集委員会、昭和四十九年)。
(7) 桜井敏雄前掲注(1)。
(8) 奈良国立文化財研究所監修『西大寺叡尊伝記集成』(法蔵館、昭和五十二年)。
(9) 『神道大系　神社編十二・大神・石上』(神道大系編纂会、平成元年)。
(10) 『大神神社史料・第二巻』(大神神社史料編修委員会、昭和四十九年)。
(11) 『法隆寺蔵尊英本太子伝玉林抄』(吉川弘文館、昭和五十三年、飯田瑞穂解説)。
(12) 『大神神社史』(大神神社史料編修委員会　大神神社社務所、昭和五十年)。
(13) 『三輪叢書』(大神神社社務所、昭和二年、昭和六十一年再刊)。
(14) 久保田収『中世神道の研究』(神道史学会、昭和三十四年)三一三頁。
(15) 前掲注(10)に同じ。
(16) 前掲注(13)に同じ。
(17) 福原敏男「長者・旅所・政所――神幸祭成立の諸相――」(『国立歴史民俗博物館研究報告』四七、平成五年)。

# 第三章　後戸と床下

# 後戸の信仰

## 序

堂舎の後戸《うしろど》がある種の神秘性を帯びていたことについて服部幸雄が論及してのち、(1)高取正男・(2)小田雄三(3)等が論考を公表し、「後戸」という言葉に特別の宗教的意味を認めようとする研究者も数多い。このような流れの中で、山岸常人が、「後戸の性格・機能が、宗教的神秘性を帯びていたのは、一部の場合であって、全般的には、後戸は宗教的神秘性と、その正反対の世俗性、両者を含む様々な性格」をもつとし、「宗教的神秘性のみに偏っていたこれまでの理解に修正を加え」る目的で著わした論考は、(4)建築史学の側からするきわめて当然の応答であり、かつ優れた後戸の機能論であった。しかしながら、服部の問題提起以来、多様な展開を見せ、いささか混乱さえしているかに見えるこの問題の核心は、やはり後戸の神秘性である。

すなわち堂舎の本尊とは別に、その後方、あるいは背面に祀られる仏または神が存在し、それら「後戸の神」は、中世以前、大変重要な神（仏）格であった。それほどに重要な神（仏）格であるなら、また全く別の堂舎、別の占地を行えばよさそうなものを、「後戸の神」として祀り、かつそういう祀り方に意義を認めていたらしい点、あるいは「後戸」の空間そのものが神秘的な場とみなされた点をいかに理解するかが、上掲諸氏の腐心されたところであった。筆者もここで後戸に関わる信仰の問題を取り扱おうと思う。今まで、これがどのような立場から論じられて来たかというと、服部は芸能神信仰を中心に考察し、論旨も多岐にわたるが、「後戸の神」の本質については「宿神」の概念でとらえている。高取は民俗信仰の問題として後戸の信仰をまともに取りあげ、社寺の後戸には納戸神と類似の「眷属の諸精霊」が住むとした。小田の論考は、社会構成史的観点を踏まえて、寺院の後戸に活動の場をおいた人びとの階層と性格とから、後戸の信仰の中世的展開に説き及んだものである。

筆者は、一応建築史学に身をおくが、本稿の立場としては、上掲諸氏の中では高取のそれに最も近い。氏は、豊富な事例を紹介し、後戸の信仰の淵源を住居とそれにまつわる民俗信仰に求めた。筆者も氏の論考から多大の啓発を受け、基本的には反論する考えはない。しかし、住宅と堂舎とを直接に対比しておられる点、また心情的空間意識と現実の空間構成との境界がやや曖昧なまま考察が進められている点で、論旨の不明瞭感は拭えない。ではあるが、その原因は、氏の方法論よりもむしろ後戸の信仰という現象自体の中にあると思われる。それは確かに存在はしたらしいが、実にとらえ所のない現象であって、接近の仕方によっては果てしもなく拡散する性質をもっているようである。ここでは、ある枠組みを設けるとともに、後戸の信仰は一貫して漠然としたものであったこと、そのような捕捉し難さのなかにことの本質があるらしいことについて述べてみたい。

まずいたずらな混乱を招かないために、対象を実質的な「後戸」に絞る。住宅建築の「後戸」等はあまりにも漠然としているから除外し、「後戸」の範囲を建物の後方全般に拡大することも避ける。つまり宗教建築の背面に信仰が寄せられた事例を中心にみてゆくことにする。また、服部が注目した常行堂の摩多羅神《まだらじん》、小田の分析した「後戸の成立」以後の問題にも触れない。それらは本稿以後の課題と考えたためである。要は、後戸の神秘性に的を絞るということである。

## 一　古代仏堂

古代の金堂は、仏の占有空間などといわれ、仏後壁を設ける程度の一室空間で、一般に背面中央に両開き戸を付ける。ここでは、「後戸」を、堂の本尊とこの背面扉との間の場を指す呼称として用いる。

東大寺法華堂の後戸に祀られている執金剛神像は、あらためて紹介するまでもないだろう。確認しておきたいのは、どういう性格の像と考えられていたかである。この点に関する古い資料は『日本霊異記』で、中巻の第二一話に、執金剛神像は東大寺建立以前その地にあった山寺に祀られていた旨が記されている。[5]よって平安初期の段階で、法華堂にとって由緒ある客仏と考えられていたことがわかる。

興福寺東金堂には、明治初期、興福寺が危殆に瀕した時、行方知れずになったが、本尊と背中合せに釈迦三尊像が祀られていた。福山敏男の詳しい考証によれば、[6]この像についての早い記事は『聖徳太子伝暦』（延喜十七年〔九一七〕成立）にあり、東金堂にあることと敏達天皇八年（五七九）に新羅からもたらされたという伝承とが記されている。[7]これ以前の史料には記載がないので、おそらく平安時代になってから東金堂に流入したと考えられる。『聖徳太子伝暦』では、新羅国から伝来した像というに過ぎなかったのが、大江親通の嘉承元年（一一〇四）巡礼の記録『七大寺日記』では、欽明天皇の代に百済国から伝えられたわが国最初の仏像と書いており、[8]伝説化が進んでいる。福山の考察では、以後この二つの説を源とした記述が広まってゆく。ここでもやはり後戸の釈迦三尊像は客仏であり、十二世紀にはすでに東金堂自体よりも古い、根源的な由緒をもつ霊像と考えられていたことがわかる。

法隆寺金堂の後戸には、三殊勝地蔵と呼ばれる霊像が祀られていた。この像についてはあまり知られていないようなので、やや詳しく紹介しておこう。三殊勝地蔵は、現在は聖霊院厨子の東間にある。移像の時期については、十八世紀前期の『寺要便覧』に、「三殊勝地蔵之事貞治年中マテハ金堂ニ有之歟(9)」と記されていて、この頃すでに寺自身でもわからなくなっていた。教王護国寺観智院蔵頼教本『地蔵菩薩霊験絵詞』末尾には、文明十五年(一四八三)に付加されたとみられる地蔵霊験所の目録がある。そのなかに「法隆寺聖徳太子御願金堂後戸(10)」と書かれているので、十五世紀末にはまだ金堂にあったのであろう。そして元禄十一年(一六九八)の『和州法隆寺堂舎霊験并仏菩薩像数量等(11)』では聖皇院(聖霊院)の条に三殊勝地蔵が出ている。

三殊勝地蔵のいわれは、顕真の『聖徳太子伝私記』上巻、法隆学問寺金堂の条に以下のように記されている。

次後戸ニ北向ニ白檀地蔵菩薩御坐ス。立像也。長三尺五寸。御眉間者。実二眉之中入。或曰二髪際一至レ趺二尺五寸也。印與願施无畏也。
一乗院僧正云。於二百済国一明王地蔵自造之像也。云云。
地蔵三殊勝者。一者菩薩自造レ之。二者栴檀木像。三者日本最初云云。
此尊。百済国聖明王。聞二太子弘法一為二助成一送レ之。云云。
太子生年七歳。百済国聖明王。為レ助二太子弘法一。奉レ送形像也。日本地蔵始也。興福寺東金堂釈迦如来像同時奉レ送形像也。或云。聖明王即地蔵菩薩化身也。云云(12)。

このうち、「太子生年七歳」より前が一般の所伝で、残りはやや独自の伝承とみられるが、全体として中世的な理解をよく示している。というのは、まずこの地蔵像はおよそ十世紀の制作とされるので(13)、再造その他の事情を勘案しない限りは、聖明王が送った像ではあり得ない。また、この像に関する早い記事が『七大寺巡礼私記』に見え、それには、

又壇北方北向二尺六寸白檀地蔵菩薩立像、古老口伝云、此像伽羅陀山地蔵菩薩、手自下斧所造立給也云、(14)。

とある。つまり、大江親通が訪れた保延六年(一一四〇)の時点ですでに霊像視されていたのは確かだか、いまだ『聖徳太子伝私記』にうかがわれるような伝説は見えない。これ以後に、聖明王が太子に送ったとか、興福寺

東金堂の釈迦三尊と同時の形像だとかの伝説が加えられ、より一層霊像視されるようになったのであろう。それは伝承の上での進展だけでなく、中世には三殊勝地蔵のための地蔵供養法も行われていた。『嘉元記』に次のような記事がある。

一　当寺金堂後戸三殊勝地蔵御前毎月廿四日地蔵供養法一座事
古日記求見之処　龍田宮大般若経六口在之此料田所当等配分下行　記金堂地蔵供養法一口ヲ加テ合七口并地蔵御仏供下斗一升配金堂預方下行閏月歳ハ其分加毎年之散用状分明也仍此供養法供田ノ別トテ無ニ之多年之沙汰如是此供施主ハ信算春蓮房也其子慶玄法印其子慶祐僧都　此時代違乱都無之　其子慶覚此時代退転(15)

施主として名をあげられている僧のなかで、信算春蓮房以外は、いずれも『嘉元記』に登場し、慶覚の時代に退転したとあるので、この地蔵供養法は、およそ十三世紀末頃から十四世紀後半まで続けられたことになる。(16)

像の伝来に関しては、『古今一陽集』聖皇院の条に、

往昔橘寺納于校倉、経年彼寺零落之后、依後三条院勅、承暦年中遷彼像於当寺(17)

とある。承暦年中（一〇七七―八〇）に橘寺の校倉《あぜくら》から遷されたということで、昭和五年に會津八一も同じ推定を下した。(18) ただし、像に関する記事の初見は『金堂日記』の建久七年（一一九六）ではなく、先にあげた保延六年（一一四〇）の『七大寺巡礼私記』である。氏は、右と同じ伝承が『地蔵菩薩霊験記』にあることを指摘されながらも、その際は『群書類従』所収本が欠本であったために不明であった説話が、『地蔵菩薩霊験絵詞』上巻第三話にある。

大和国ニ糺ノ文時ト云有ニ信心ノ男《オノコ》一。頓《ニワカニ》息絶《イキタヘ》。到ル二閻魔王宮一ニ。簾中ニ御坐《マシマス》人ニ告テ曰玉ハク。（中略）吾ハ宇治橋寺ノ叉蔵《アセクラニ》有ル也。日夢ノ悟《サムル》様ニ生返レリ。成テ二本ノ心地ニ一後。参リ二橋寺ニ一。開キ二叉蔵ヲ一見ルニ。三尺ノ地蔵像御《マシ》坐《マス》。是ハ聖徳太子ノ御時。奉レ渡レ自二百済国一形像也。日本国地蔵菩薩ノ像渡給ケル始也。（下略）(19)

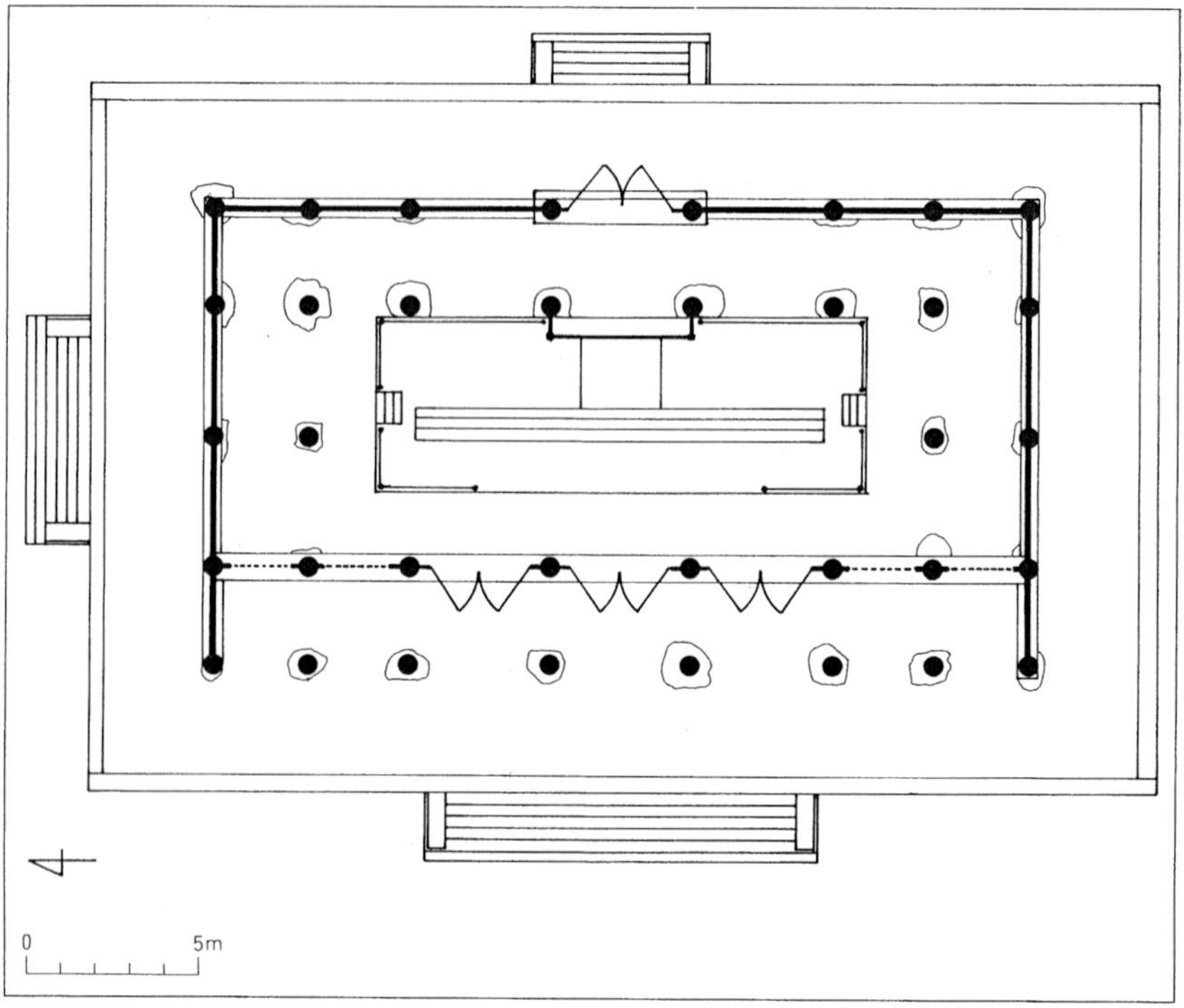


図1　興福寺東金堂平面図
この建物は中世の再建であるが、中世における復古建築として著名なもので、古代金堂の旧規をよく伝えている。須弥壇以外は土間で、壇の中央に本尊薬師如来を安置する。注目したいのは、仏後壁（本尊背後の壁）が前に突出しており、そのために仏後壁背面に床の間のような壇が区画されていることである。これは通常はありえないことで、そこに特殊な信仰を集めるにいたった釈迦三尊を奉安するための仕事と考えられる。また、後述の宇賀神は、この釈迦三尊の置かれた須弥壇の下方、つまり土間に迎えられたのであろう。ただし、奈良時代の東金堂創建時には、全面が土間で、現在のような須弥壇はなかったとされる。しかしながら、ともかく平安時代初期以降、本尊薬師如来と背中合わせに釈迦三尊が安置されていた点は変わりない。

「三尺ノ地蔵像」以下の内容から、これが三殊勝地蔵であることは疑いないが、寺名が「宇治橋寺」となっている。この点については、末尾に付加された地蔵霊験所の目録で、大和の部に「橋寺太子御願」とあって、こちらは太子建立七カ寺の一つとして知られる橋寺の誤写に相違ない。すると、「宇治橋寺」も橋寺の誤写に引きずられた表記と考え得る。よって、『古今一陽集』の記す内容も中世以前の相当早い時期からの所伝といえるわけである。

さて、興福寺東金堂・法隆寺金堂の例からすると、一般に古代金堂の後戸は、当初は信仰上の意味をもたない空間であり、それ故に客仏を迎える場となり得た。客仏はやがて霊像として尊ばれるようになるが、法隆寺の三殊勝地蔵の場合は、中世に信仰が昂揚した時期があった反面、近世には聖霊院に移されて後戸の仏ではなくなってしまう。むしろ、終始後戸に存在することに強い意味があったらしい東大寺三月堂の執金剛神は珍しい例で、この場合は小田の考察[20]の如く、堂衆の活動や性格と関連が深かろう。後戸の仏は、それほど一般的なものでもなければ、堂舎の守護仏としての意識も明確ではない。共通しているのは、その時代の人びとにとって、来歴のほぼ自明な堂舎や諸尊の中で、後戸の仏はなんらかのもっと根源的な由緒をもつ霊像とされた点である。それは、後戸に寄せられた淡い期待であった。

## 二　中世仏堂

いわゆる中世密教本堂においては、ほぼ全面に床が張られるとともに、内部は内陣・外陣・脇陣・局・後戸（後堂）など、位置、用途によって区画され、前節で後戸と呼んだ部分が一つの独立した空間となる場合も多い。そのような後戸の成立要因は、主として山岸の指摘[21]したような現実的要求であろう。

これらのなかで、まず建立当初から後戸に信仰対象があった例として、東大寺中門堂がある。中門堂は現存しないが、中世における平面と毘沙門天が本尊背面に祀られていた様子が、天理図書館蔵の永享八年（一四三六）および永正十年（一五一三）の二葉の指図によって知られ、山本栄吾の考証[22]によれば、その平面は鎌倉期の状態を示すという。中門堂は、大仏殿の堂衆が分かれて一部は法華堂衆となり、残りは大仏殿中門を道場としていたが、鳥羽天皇より中門の堂衆に十一面観音像が下賜され、それを本尊として成立したと伝える。『南都七大寺巡礼記』には、

　後戸北面在二毘沙門天王像一。鞍馬寺毘沙門影向之所也云云[23]

とある。この毘沙門天の由来は判然としないが、おそらく堂衆のかつての拠り所、中門に祀られていた多聞天すなわち毘沙門天にちなむものと想像される。法華堂における執金剛神が、法華堂建立以前の山寺の本尊と考えられていたことと軌を一にする現象といえるであろう。

また、京都の真正極楽寺本堂真如堂も、大永元年（一五二一）に再建された時には、後戸に当麻曼荼羅を祀っていた。当時の供養図によると、後戸は梁行一間桁行五間の独立した区画をなし、本尊と背中合わせの位置に床《とこ》を設け、「後門ノ本尊」として当麻曼荼羅を奉懸していた[24]。由来その他はわからない。

古代中世に隆盛であった寺院は、数多くの堂舎を擁していた。それら諸堂舎の衰滅のなかで行き場をなくした仏像等が本堂に集まってくるのも一つの成り行きである。そのような仏たちのために、仏後壁背面に仏壇を構える例がままある。包括的に調べたわけではないが、滋賀県の西明寺・金剛輪寺・円光寺・常楽寺・善水寺、兵庫県の太山寺などである。すべて中世の名建築で、いわゆる中世密教本堂に属する。しかし、これらの後戸の仏壇は、それ自体として古いものはない[25]。

西明寺の後陣仏壇はそれほど古いものではなく、多くの客仏を安置している。中央に不動明王像を安置し、前に護摩壇を置く。寺では、これのみは昔からのものと説明しており、後陣の天井材は相当煤けていて、実際に護

摩を焚いていたようである。本堂は鎌倉初期の建立で、方五間堂であったのが、室町前期に方七間堂に拡張された。修理工事報告書(26)の復原考察では、五間堂当時の後陣は梁行一間で、護摩壇を構えるには狭い。七間堂に拡張されて後陣は現状のように梁行二間となったが、両脇一間は蔵であるから、広くなった後陣にはそれなりの現実的要求があったはずで、護摩行を修するような宗教的な場ではなかったであろう。不動明王像が安置され、護摩が焚かれるようになったのは、早くても中世末以降のことと推量される。

これも何時頃からかは不明だが、同じように東大寺二月堂では、背面の外陣中央で護摩を焚く。二月堂の存在理由とさえいえる修二会の際には、護摩壇の舗設はすべて取り払われるのであるから、この場合も堂本来のものではない。

中世にさかのぼる例としては、法隆寺上宮王院における二月八日から十四日にいたる修二会の結願日、つまり十四日の作法がある。『聖徳太子伝私記』に以下のような記事がある。

但十四日初夜時終所レ行専抜護摩。其作法者。先垂二下四面戸帳一。於二後戸内一。中段置二大爐一。火鉢也。放木《アセホ》火切壇供餅所焼也。扇火堂内可レ令二薫熅一也。此間禅衆之中以二有行有智之人一。可レ令レ誦二如意輪呪一也。用心中心呪也。此口伝也或伝馬頭明王呪用レ之。云云如レ此焼畢。堂内諸僧可レ曳二此餅一也此為二薬方一用レ之。或世人為二蚕養一。云云(27)

結願の日に堂内を燻すのが主眼であるらしく、またそこで焼かれた壇供餅に御利益が認められている。つまり純粋に密教的な護摩ではない。ちなみに修二会結願日に護摩を焚くことは、東大寺二月堂の修二会でも行われるが、後戸ではない。

後戸での修法について、上の三例、また先に法隆寺金堂後戸の地蔵供養法をあげたが、中世では他に平等院本堂がある。『溪嵐拾葉集』第百五「宇治平等院本尊事」に、

堂五大尊安二置之一。後戸ニ安二普賢像一。修二法華三昧一。(28)

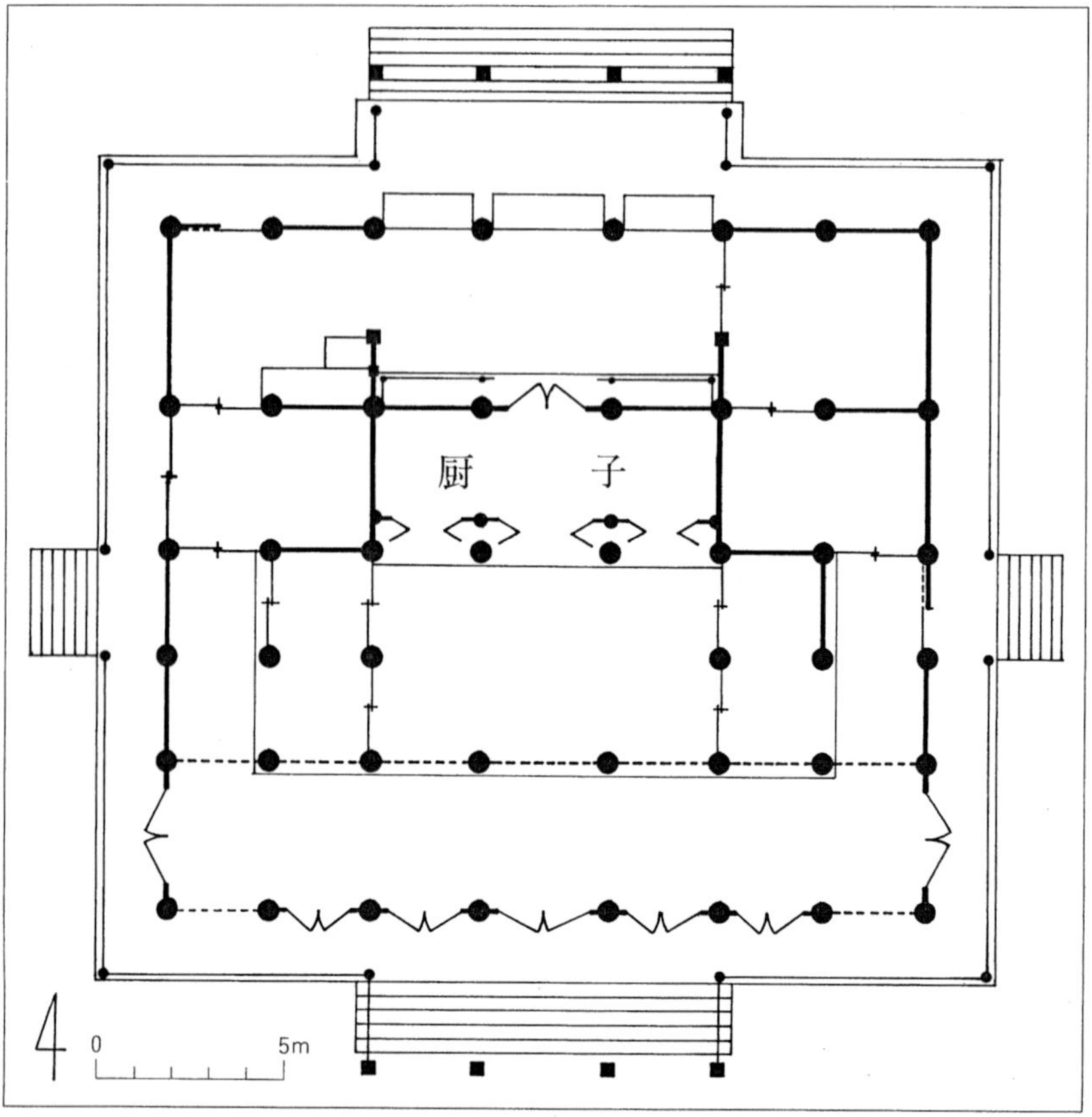


図2　道成寺本堂修理前平面図

堂は南を正面とする。正面側に階《きざはし》、向拝を設けるのは通例であるが、それが背面にもある。つまり背面からの参拝も、正面と同様に重要視されていたことがわかる。中央三間の厨子には、南面して像高約3メートルにおよぶ本尊千手観音と日光・月光菩薩、そして南面本尊と背中合わせに、ほぼ同じ位の大きさの千手観音が安置されている。この北面の本尊は秘仏で、33年に一度開扉される。堂の形態としては、特に厨子より北側の扱いが一般の中世密教本堂と異なる。それは、北面本尊への信仰の高まりに応じてなされた改造の結果と考えられる。

内部の間仕切りに関して、天沼俊一の図(同氏「天音山道成寺」、『東洋美術』第14冊、昭和7年)、伊藤延男の図(『中世和様建築の研究』、彰国社、昭和36年)、『重要文化財Ⅰ』(毎日新聞社、昭和48年)所収の図の三者は、それぞれ若干の違いがある。そして筆者も昭和61年10月に道成寺を訪れたが、これまた上記のものと異なる状態であった。それだけ改変が激しいということである。本稿の図は、『重要文化財Ⅰ』を基本とし、天沼・伊藤両氏の図を参照して改めた部分もある。この建物は近年解体修理されてさまざまなことが明らかとなった(補注参照)

とある。これがどのような事情によるのかは詳かでないが、後戸で法華三昧を行うことに特に意義を認めていたとも思われない。それは他の例にも共通していえるであろう。修二会における護摩を除き、別の堂舎で行われて然るべきことが後戸で行われているにすぎない。

後戸の本尊の諸例にしたところで、共通点は、客仏ないし準客仏であること、なんらかの根源的由緒が語られていることの二点にすぎず、当然のことながら仏菩薩の種類にも一貫性はなく教理的な説明も成り立たない。後戸の本尊は、著名なものが多いのも先述の通りで、特に秘されるべき由緒因縁があったとも思われず、逆に非公式に喧伝された嫌いもある。誰が、またどのような階層が後戸の仏の由緒を説いたのかも興味深い点ではある。実際の伝来は、多くの場合、伝説が生じる頃にはすでに不明になっていたというのが真相に近かろうし、また不明であった方が好都合だったろう。

図３　道成寺本堂後戸（修理前）

さて、そこで問題は、上記の後戸の本尊が後戸にあること自体になんらかの意味が認められていたのかということである。堂内に祀られている主尊以外の仏ないし神が、また別の信仰を集めるのはよくあることで、上掲後戸の本尊もたまたま後戸に置かれたにすぎないのであろうか。後戸の本尊について、後戸にあることの意義を特に記したものは見当たらず、後戸についての明確な意識は存在しなかったといわざるを得ない。

しかし、たとえば東大寺二月堂。二月堂は四方正面ということで、背面からも参拝する。特別の祈願のある人は、護摩木を購入し、捧げ持って堂の周囲を廻り、四方から祈る。祈り終って奉納された護摩木が堂背面の護摩壇で焚かれるのである。護摩の作法では、十一面観音咒を唱えるとのことで、背面にも十一面観音が祀られてはいるが、とりあえず二月堂本尊への背面からの祈念といえる。

またもう一つ、後戸への参拝の顕著な事例は和歌山県の道成寺本堂である。本尊は像高八尺九寸八分、蓮肉反花を含めると一丈を越える平安初期千手観音像の優作で、脇侍二菩薩と共に、内陣部分の中央三間に造られた厨子に安置されている。そして同じ厨子内、本尊と背中合せに、もう一体ほぼ同大の千手観音像を安置し、こちらの方は後戸から拝する。本堂は、瓦銘から天授四年（一三七八）頃の建立とされる正面七間・側面五間のいわゆる中世密教本堂で、南面する。背面厨子扉通りの西壁面に「正平十二年丁酉（一三五七）正月十九日……」「遷本堂……」等の墨書があるので、天授の建立は旧本堂の古材転用または改築の可能性があり、以後も幾多の修理を経ている。さて、この堂では後戸の部分が特に広く、背面にも向拝が付されている。これら堂の後方部分は、近世の改造著しいところで、北面本尊に対する信仰の高まりに対応した仕事と思われる。北面本尊については、寺では宮子姫・義淵僧正に関する伝説を説いている。秘仏ということもあって、実際の由来その他はわからないが、室町頃の作という〔補注〕。

東大寺二月堂にしても道成寺本堂にしても、背面からの参拝は後発的なものであろう。重要なことは、二月堂に関していえば、これは年一度の修二会のための堂としての二月堂に関わることではなく、日々参詣祈願の衆庶が絶えない観音霊場としての二月堂に関する方式であることである。道成寺にしても同様で、もし背面からの祈願が少なくとも中世において、他の寺社にも敷衍できるとすれば、上掲種々の後戸の本尊が後戸に存在することにもそれなりの理由があったといえよう。

## 三　後戸大事

真言系の三輪流神道では、堂社の後戸に参拝することを定式化していた。西教寺蔵『両部習合神道抄』下（寛文十三年〔一六七三〕開板）、三輪流神道諸大事の第十三に「後門大事」という項がある。

十三　後門大事
外五胋印五人神楽男　（梵字）
八葉印八人八乙女　（梵字）
惣シテ諸願ハ御後門ニテ密ニ可祈(29)

この書は、三輪流神道の秘法密行を開板した代表的な書で、同様の記事が多くの印信類に散見される。異なる内容のものを見てゆくと、玄賓庵蔵『三輪流神道諸大事口決』（寛政三年〔一七九一〕書、弘化三年〔一八四六〕写）には、

後門大事　惣シテ神ヲ祈ル時先ツ其本地ヲ可レシ念。後門ニ向ハ本地ヲ念スル義也。(30)

とある。年代は新しいが、興味深い記述である。高野山大学蔵『三輪源流神道口訣』巻上の「後門大事」には次のようにある。

後門大事
此ヲ云二後門《コウト》一ト。音便也。ロイ（口伝――筆者注）云、神社三迹ノ後於二神ノ後一密ニ作ス二心中ノ祈願一ヲ、是也。○神楽男文。外五古ノ五指ノ峯五人ノ神楽男ト観シテ奏スル二神楽一意。指端少動揺ス。五人即金界ノ五尊ノ故、用二五仏ノ種一也。○八葉文。観三八人八乙女作二舞童ノ躰一ヲ。故指頭ヲ少シ動揺ス。此表二胎ノ八尊一ヲ。種子意味可レ尋也。(31)

「後門」で結ぶ外五胋印と八葉印の解説が行われている。「後門」はコウトと読んでいる。また、乾健治氏蔵『神道諸大事三輪流』には、

後門《ウシロト》之大事　　第十

（中略）

私云、後門ト者堂社ヲ三度マワルヲ三反シテスル事也。後ロニテ堂ヲ三度打ベシ。祈念ハ後ニテスルヘシ。宮モ同事也。[32]

とあり、「後門」はウシロトと読んでいる。この史料では、後門の祈願を行う場を「堂社」とし、「宮モ同事也」と結ぶ。つまり寺にも社にも共通することであった。「後ロニテ堂ヲ三度打ベシ」とあるのも興味深い点で、大阪今宮ゑびすの風習が想起される。

すなわち、「後門之大事」とは、社寺に参拝する時、建物の回りを廻りつつ、背面から祈願する方式である。詳しくは述べないが、他に「社参之大事」「宮遶大事」というのもあり、これらも相似た一面をもっている。

年紀の明らかなもののなかで「後門之大事」を記す古いものは、西教寺蔵『神道灌頂諸印信法』である。万治二年（一六五九）の写本で、慶長二年（一五九七）の書写奥書をもつ。記事は左の通りである。

一、　社頭後戸大事二丁

八葉印　南无阿弥陀仏十反　光明真言三反　合掌シテ哥曰、

面加良入ト思ヘハナツカシヤ宇志呂ヲ見ルモ本ノ神ナリ三反[33]

「二丁」とあるのは印信として伝えられた形跡であろう。はじめに寛文十三年に開板されて流布したと思われるものを掲げたが、右は、それ以前の古態を示す一例として貴重である。また遅くとも中世末には、後戸の作法が成立していたことを示す例でもある。

三輪流神道は、大和の大神神社神宮寺、すなわち平等寺と大御輪寺とを中心に発達した中世神道の一派である。神宮寺としての発祥は大御輪寺が早いが、中世には平等寺が重きをなした。平等寺は、当山派修験の正大先達に名を列ねるので、三輪流神道も中世修験道の大きな影響のもとで形成されたといえる。筆者は修験作法には暗いが、五来重・宮家準[34]によれば、堂の背面が特に重視される場合があるといわれ、後戸の作法のさらなる広がりが察せられる。

次に、天台系の中世の神社における後戸の信仰として重要な事例について述べる。

神仏分離以前、北野天満宮では本殿背面に舎利塔を祀り、本殿正面だけでなく背面からの参拝も重視されていた。仏舎利は菅原道真生前の持物と伝え、天満宮創建の時からあったが、何時頃からか本殿背面に祀られて特別の信仰を集めるようになった。こういう祭祀方式が確認できるのは、史料上鎌倉末期以後であるが、諸般の事情から鎌倉初期あるいは平安末期にさかのぼり得ると思われる。この舎利塔が中世にどのような意味をもつと考えられていたかは、『溪嵐拾葉集』巻第四に記されており、原文は第二章に掲げた（九四頁参照）。つまり、最も本質的な意味として、三つの習事の内の第三重、舎利はすなわち天神の御体であり、一切諸神の本源であると観ぜられていた。仏舎利は『天満宮託宣記』冒頭、天暦元年（九四七）の託宣に「我物具」として太刀や鏡と並記されており、最初は神宝の一種であったと考えられる。またこの時代の天満宮本殿は三間三面庇で、要するに後戸の空間がなかった。したがって、何時のことかは特定できないが、のちに背面庇すなわち後戸の空間が造られて、そこに仏舎利・舎利塔が置かれたことになる。[35]

中世北野天満宮の以上のような祭祀方式は、宗教的意味の上でも、空間構成の上でも、実に象徴的な神仏習合のあり方を見せている。しかし、これは表面的な本地垂迹説にもとづくものではない。垂迹説にいう本地仏、十一面観音を祀る寺が別にあるし、まず『溪嵐拾葉集』が「天神の本地は何々」なる定式的な書き方をしていない。

北野天満宮における舎利信仰は、むしろより内発的な習合意識の上に立つものというべきである。そして、仏舎利祭祀の後発性、また「天神御体」「一切諸神の本源」という伝承の根源性の二点において、上述の後戸の本尊の同類と考えてよい。

## 結　後戸の神秘――あるいは基層の習合意識

中世、堂舎の後戸への参拝は、それほど珍しいことではなかった。人びとが後戸に期待したのは、ある種の根源性であった。

そのような根源性への希求は、民俗信仰に内在する心情であろう。民俗信仰には、神を荒魂《あらみたま》・和魂《にぎみたま》の両面でとらえる考え方がある。荒魂は、社殿に常在する和魂の存在を根源において保証する。この関係を維持するための祭儀によって支えられるのが本来的な神社信仰であろう。しかし、祈願参詣が日常化した寺社においては、これとは別の心情的支柱が求められたのではないか。

根源性への期待という点に関しては、長谷寺、石山寺、東大寺二月堂の観音が直接岩上に立つこと、仏の像を霊木をもって彫ることなどが想起される。(36) 岩や木を神としてとらえるなら、これらの例は巧まざる神仏習合といえ、寺院と神社との結び付きや、本地垂迹説にもとづく場合とはまた異なる水準で生じた習合現象と考えられる。どちらがより基本的な意識であるかはいうまでもないことで、結局、後戸の信仰もこのような基層の習合意識のまことに不十分な表出に相違ない。

後戸の信仰は、現代のわれわれからしても、たとえば表と裏とか、宗教的境界の前と後とかのごく基本的な空間認識を踏まえているように見えるのに、何故かくも不分明なあらわれ方をしたのであろうか。それは、古代仏堂においては、およそ奈良時代以前は境内が厳しく結界されていたこと、本尊背面には正式な意味がなかったことによる。逆に、いわゆる中世密教本堂をはじめとする中世仏堂においては、後戸に世俗的な機能があって、[37]現実に使用されていたことによるであろう。つまり、若干の例外はあるとしても、本質的に後戸の信仰は後発的なものであり、時代が下るにつれて境内に特定の僧侶貴人以外の階層が多数出入りするようになったこと、寺院内組織の変質等に伴う堂の使用法の変化などに関連して生じたと思われる。

興福寺東金堂後戸の釈迦三尊については先に言及したが、たとえば『興福寺流記』によると、釈迦三尊の記事に続けて、

又後門ノ壇ノ下ニ。宇賀神御座ス。是ハ蒲生ノ長者ノ移ス御影云云。[38]

と記されている。宇賀神は、民俗信仰における根源的な神の一つである。壇の下に祀られたのであるから、これは小神で、かつ地面への指向が認められる。似た例として、多くの稲荷祠の背面下方に設けられるいわゆる狐の抜穴がある。狐は稲荷神の使者、眷属神などと説明され、朱の小鳥居の他いろいろの物を供えて祈願する。また、服部や高取も注目した出雲大社の素鵞社にも、本殿の背面縁下で祈る風習がある。[39]床下や縁下の宗教行為に関しては、別途考察すべき筋もあるので詳しくは後考を期すとして、これらも後戸の信仰に属するであろう。興福寺東金堂に宇賀神が祀られたのは多分中世も後半のことで、民俗信仰の識閾下の空間意識が、説明的に分節されて表出した姿と考え得る。

わが国のある程度の規模以上の寺社においては、一つの教義にもとづく信仰対象しか存在しない場合は稀であって、特に庶民信仰の霊場においては、境内に諸種の神仏を招来し、周囲の木石に由緒因縁を付与し、混然とした宗教的空間が創り出されている。これら一つ一つが発生の原因をもつわけであるが、その基底には、上述のことどもをも含む広い意味での習合意識があったであろう。

この先は、護法神や地主神、摂末社、種々の仏と仏、仏と神との関係などの問題として考察すべきであると考

える。したがって、ここでは明らかな護法神・護伽藍神の類には触れなかった。ちなみに、中国においては、仏堂の後戸を多数の仏像・絵画等で荘厳すること、韋駄天《いだてん》・観音等を護伽藍神として祀ることが、割に一般的である。日本で中国式の護伽藍神が見られるのは黄檗宗の万福寺天王殿で、後戸に韋駄天を祀る。しかしながら、上述のような後戸の信仰に関して中国との間に影響関係があったのかどうかは定かでない。ここではわが国の後戸の信仰を、わが国の多重性をもった宗教意識の問題としてとらえて来たが、それがどれほど日本独自のものなのかは、今後の課題である。

(1) 服部幸雄「後戸の神——芸能神信仰に関する一考察——」(『文学』昭和四十八年七月号、岩波書店)、同「宿神論——芸能神信仰の根源にあるもの——(上)(中)(下)」(同上昭和四十九年十月号、昭和五十年一月号・二月号)。

(2) 高取正男「民俗と芸能——芸能未発の部分——」(芸能史研究会編『日本芸能史 第一巻 原始・古代』第一章、法政大学出版局、昭和五十六年)、同「後戸の護法神」(同氏『民間信仰史の研究』所収、法蔵館、昭和五十七年)。

(3) 小田雄三「中世の猿楽について——国家と芸能の一考察——」(『年報中世史研究』一〇、中世史研究会、昭和六十年)、同「後戸考——中世寺院における空間と人間——(上)(下)」(『紀要A(人文科学・社会科学)』二九・三〇、名古屋大学教養部、昭和六十年・六十一年)。

(4) 山岸常人「『中世仏堂』における後戸」(『佛教藝術』一六七、昭和六十一年)。のち同氏『中世寺院社会と仏堂』(塙書房、平成二年)所収。

(5) 「号曰二金鷲一 々々優婆塞 住二斯山寺一故 以為レ字 今成二東大寺一 ……其山寺居二一執金剛神攝像一矣……彼放レ光之執金剛神像 今東大寺於二羂索堂北戸一而立也」(日本古典文学大系七〇『日本霊異記』)。

(6) 福山敏男「興福寺東金堂の金銅釈迦像」(『史迹と美術』一八三、昭和二十二年)。

(7) 「八年己亥冬十月。新羅国献二送仏像一。太子令二皇子奏一曰。西国聖人釈迦牟尼仏遺像。末世尊レ之。則消レ禍蒙レ福。蔑レ之。則招レ災縮寿。児読二仏経一。其旨微妙。望也崇二貴仏像一。如レ説修行。天皇大悦。安置供養。今在二興福寺東金堂一」(大日本仏教全書『聖徳太子伝暦』上巻)。

(8) 「仏後ニ東向ニ金銅ノ釈迦三尊像アリ、中尊三尺許居仏也、蓮花ニ垂裳アリ、二菩薩像立、尤神妙云々、本朝第三十代

欽明天皇御代ニ、従百済国始奉渡、本朝仏法最初ノ像也、尤可拝見」（「七大寺日記〈観智院本〉」、『校刊美術史料』上巻、中央公論美術出版、昭和四十七年）。
（9）『寺要便覧』（法隆寺史料集成一四、法隆寺昭和資財帳編纂所、昭和五十九年）。
（10）『地蔵菩薩霊験絵詞』（『地蔵霊験記絵詞集』古典文庫一一八、昭和三十二年）。
（11）法隆寺史料集成一一、法隆寺昭和資財帳編纂所、昭和六十年。
（12）『聖徳太子伝私記亦名古今目録抄』（大日本仏教全書）。
（13）『奈良六大寺大観』四、（岩波書店、昭和四十六年）。
（14）『七大寺巡礼私記』（『校刊美術史料』上巻、中央公論美術出版、昭和四十七年）。
（15）『嘉元記』（法隆寺史料集成五、法隆寺昭和資財帳編纂所、昭和五十九年）。
（16）慶玄——正和五年（一三一六）僧都補任、元応三年（一三二一）一﨟拝堂、法印補任。
慶祐——建武五年（一三四〇）五師補任、文和三年（一三五四）権律師補任。
慶覚——康安二年（一三六二）成功中﨟。
（17）石黒豊次校訂『校訂古今一陽集』（綜芸舎、昭和四十九年）。
（18）會津八一「法隆寺六体仏並に白檀地蔵像の伝来を論じて再び四天王像の金堂移入に及ぶ」（『東洋美術』五、昭和五年）。
（19）注（10）に同じ。
（20）注（3）に同じ。
（21）注（4）に同じ。
（22）山本栄吾「東大寺の中門堂と指図堂」（『史迹と美術』三一〇、昭和三十五年）。
（23）『南都七大寺巡礼記』（大日本仏教全書）。
（24）永井規男「大永元年真如堂供養図とその本堂」（日本建築学会『昭和60年度大会（東海）学術講演梗概集』）。
（25）年代が明らかなのは円光寺と常楽寺で、円光寺のものは昭和三十四年竣功の解体修理の時に造られた仮設仏壇。常楽寺のものは、明治三十八年竣功解体修理の追加工事として明治四十四年に新設された。善水寺のものは、材質から見て明治三十六年解体修理時の造作らしい。金剛輪寺の仏壇も近代のものらしい。太山寺のものは昭和三十七年修理時のもの。

(26) 滋賀県教育委員会『国宝西明寺本堂他一棟修理工事報告書』(昭和五十七年)。
(27) 注(12)に同じ。
(28)『大正新脩大蔵経』七六。
(29)『両部習合神道抄』(『大神神社史料』第一〇巻、吉川弘文館、昭和五十七年)。
(30)『三輪流神道諸大事口決』(『大神神社史料』第五巻、吉川弘文館、昭和五十三年)。
(31)『三輪源流神道口訣』巻上(『大神神社史料』第六巻、吉川弘文館、昭和五十四年)。
(32)『神道諸大事三輪流』(注31に同じ)。
(33)『神道灌頂諸印信法』(注29に同じ)。
(34) 五来重編注『木葉衣・踏雲録事他』(東洋文庫二七三、平凡社、昭和五十年)一六七頁注二三。宮家準「絵図から見た大峯山――『大峯峯中秘密絵巻』を中心に――」(『佛教藝術』一六八、昭和六十一年)。
(35) 詳しくは、拙稿「北野天満宮本殿と舎利信仰」参照――本書第二章収録。
(36) 井上正「古密教系彫像研究序説――檀像を中心に――」(町田甲一先生古稀記念会編『論叢仏教美術史』、吉川弘文館、昭和六十一年)等の一連の論稿、および安藤佳香「勝尾寺薬師三尊像考――神仏習合の一証左として――」(『佛教藝術』一六三、昭和六十年)参照。
(37) 山岸常人、前掲注(4)論文。
(38)『興福寺流記』(大日本仏教全書)。
(39) 千家尊統『出雲大社』(学生社、昭和四十三年)。

【補注(一六四頁)】

道成寺本堂は昭和六十二年から本格的な発掘をともなう解体修理工事に入り、平成二年に竣工した(注1)。この解体修理によって、本堂の歴史が明らかとなった。創建は奈良時代前期で、後期にいたって金堂・回廊・中門などが整備された。平安時代前期の大修理において正面に孫庇を付加した。正平十二年(一三五七)頃に本堂は再建され、これが現在の建築である。江戸時代前期(明暦頃)には基壇廻りの整備が行われ、文化九年(一八一二)から十二年(一八一五)にかけて後戸を拡張し、だいたい修理前の形態となった。今回の修理工事に際しては、正平再建時の形態に復した。

この解体修理に際し、本尊と背中合わせに祀られて後戸の信仰の対象となっていた北向本尊の調査が行われた。北向

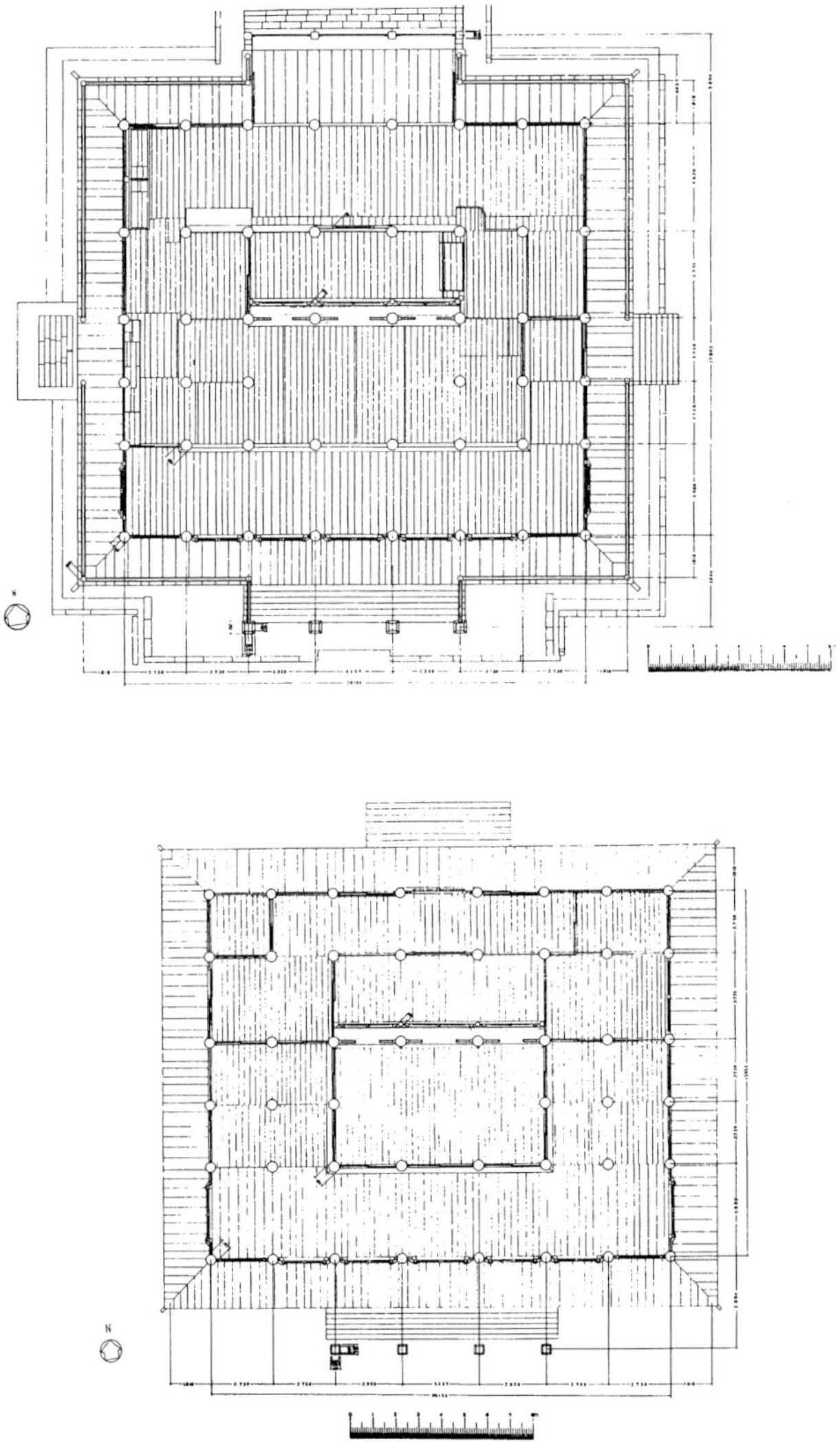

図４　道成寺本堂の修理前(上)と修理後(下)平面図

本尊は十四世紀後半の造立と考えられ、その胎内から奈良時代後期の像高二・五メートルに及ぶ木芯乾漆千手観音立像が発見された。本堂の創建は奈良時代前期と推定されるからやや時代はずれるが、この胎内仏は創建期に近い時代の本尊と考えられる。現在の本尊が造られた平安時代前期は、本堂とその周囲の寺観が整えられた時期と合致する。正平の再建時には本堂の前と後ろに池が作られた。この時、奈良時代の像を胎内仏とする北向本尊が造像され、現本尊と背中合わせに安置されたと推定される。平安前期から正平再建時までの間、奈良時代の像がどこにあったかは定かでない。ともあれ、正平の頃には後戸の信仰が成立していたと考えられ、そして本稿での考察と同じく、後戸の本尊が前身堂の前身本尊という根源的な由緒をもつことも明らかとなった。

（注1）和歌山県文化財センター『重要文化財　道成寺本堂・仁王門修理工事報告書』（道成寺、平成三年）。

# 床下参籠・床下祭儀

## 序――『しんとく丸』と『うばかは』――

説経『しんとく丸』の物語り。しんとく丸は継母の呪詛によって盲《めし》い、癩を病み、四天王寺念仏堂に捨てられる。しんとく丸は乞食の身となって熊野へと向かうが、その途上、それとは知らずに乙姫の館で物乞いをし、下女らの嘲《あざけ》りを受ける。許嫁の乙姫にも嘲られたと思い込んだしんとく丸は、熊野での湯治も断念して四天王寺へと引き返し、

　天王寺ぢせん堂に、縁の下へ取り入りて、干死《ひじに》せんとおぼしめす（傍点筆者、以下同）

一方、下女らの話を聞いて驚いた乙姫は、家を出てしんとく丸を捜し求め、最後にしんとく丸が乙姫を見染めた思い出の四天王寺にいたるが、ここでも見つからず、ついに蓮池に身を投げんとする。

　待てしばし我が心、尋ね残《のこ》いた堂のあり。いせん堂を尋ねんと、いせん堂にお参りあつて、鰐口《わにぐち》ちやうど打ち鳴らし、「願はくは夫《つま》のしんとく丸に、尋ね会はせてたまはれ」と、深く祈誓《きせい》をなさるれば、後ろ堂より、弱りたる声音《こわね》にて、「旅の道者か地下人《ぢげにん》か、花殻《はながら》たべ」とお請ひある。乙姫、この由きこしめし、縁より下

に跳んで降り、後ろ堂に回り、蓑と笠を奪ひ取り、差しうつむいて見たまへば、しんとく丸にておはします(1)

ここで、しんとく丸の運命は急転回を遂げ、病本復後、乙姫との婚姻を果たして再び長者となる。その契機は、四天王寺西門外にあった引声堂背面での縁下籠り(2)であった。このことは、すでに岩崎武夫・服部幸雄・高取正男・小田雄三の各氏が論及されていて(3)周知のことであるが、中世の考え方がよくうかがわれるのであえて長々と引用した。

御伽草子『うばかは』も継子《ままこ》いじめの話である。尾張国、岩倉の里の長者の姫君は、継母にいじめられ、家を出てさ迷い歩き、甚目寺の観音堂に着く。

は、うへの、ましますところへ、いそきゆかはやと、おほしめし、ないちんのゑんのしたに、人にしのひてこもり給ふ

内陣の縁の下というのは、建築の用語としては矛盾しており、内陣の床下か、または単に堂の縁の下であるべきだが、決め難い。ともあれ、三夜籠ると観音菩薩が枕上に立って、近江国の武士を尋ねて行けと告げ、道中、美麗の姫の身を守るために、それを着ると醜い姥に見える「うばかは」を授ける。

さてもありかたき、御つけかなと、ふしおかみ給ひ、てんあけ、れは、うはかはをき給ひて、ゑんのしたを、いてたまふ(4)

そして、しんとく丸と同じように姫君の運命が開けてくる。

したがって、『しんとく丸』の床下参籠は、けっして孤例でないばかりか、この二つの話に見られる発想の強い類似性から、中世末において、床下参籠に対する考え方・感じ方は、かえって形骸化して一般通念になっていたとさえ思われる。つまり、堂の縁の下は、零落のどん底の場であり、そこから再生してゆく極限の祈願の場と

観念されていた。堂の縁の下、床下が零落の象徴であるのは、そこに乞食のたむろすることが多かったからで、たとえば一遍聖絵巻四[5]に描かれた京都の因幡堂（二一四頁参照）では、色黒の乞食たちが縁下で眠っている。

しかし、『しんとく丸』や『うばかは』における縁下は、ただ現実的などん底を意味するだけではない。『しんとく丸』の縁下籠りに言及された前掲諸氏は、いずれもその宗教的意味合いに注目したのであった。岩崎武夫は、「この縁の下、盲目という闇を連想するイメージが、次に訪れるしんとく丸の蘇生と浄化を意味する光明の世界にとっては、不可欠のいわば忌み籠りの状態を暗示している」[6]と読み解いた。すぐれて文学的な解釈といえる。服部はこれを踏襲しつつ、さらに後戸《うしろど》に関する信仰と結びつけて論じた。[7]小田も後戸との関連で論及し、また仏堂の下に遺骨が埋納された例をあげて、しんとく丸の干死《ひじに》と、死体および仏堂との関連を暗示しているが、これは少し飛躍があろう。[8]高取は「寺堂の後戸の縁の下は、一般に社殿のばあいと同じように特別の祈願のすじのあるものが参籠し、忌みごもりする聖域とみられてきた」とし、「その部分に潜んでいる霊力を特別に発揮させるための重要な手段ではなかったか」と推定した。[9]出雲大社の素鵞社本殿で、背面の縁下に祈願する風習をあげ、床下参籠を一般化して把握された点は卓見であったと思う。しかしながら、あまりにも事例が少ないので、この時点では氏の論も一つの仮定にとどまるし、「その部分に潜む霊力」にもなお距離がある。

筆者は、床下参籠を後戸の信仰[10]とは区別して扱い、以下に二、三の事例を紹介して、高取の論において残された空隙をいささかなりとも埋める努力をしてみたい。

ここでは神社の事例を軸として考察を進める。先の二つの物語で見たように仏堂においても床下参籠があったこと、また仏教と神社信仰が別個のものでないことはいうまでもないとしても、床下参籠などということは本質的に仏教の考え方ではないからである。むしろ床下参籠の宗教的意味合いは、民俗信仰の中核的な部分から発しているようである。

# 一　床下参籠

## (一)玉置神社の三狐神

奈良県十津川村、玉置山の項上近くにある玉置神社は、大峯と熊野を結ぶ修験の道筋にあり、熊野の奥院と称している。摂社に三柱神社があり、その本殿床下に小室がある。三柱神社というのは神仏分離後の呼称で、本来は三狐神（ミケツガミあるいはサンコシン）という稲荷社であった。観応元年（一三五〇）の『玉置山権現縁起』[11]に、

三狐神所謂天狐地狐人狐也(以下略)

とあり、以下難解な解説が続く。また、文明十八年（一四八六）の『大峯秘所記并縁起』[12]に、

稲荷ノ上宮金輪童子ハ大峯香精童子也
役行者勧請給フ私ニ云ク是本社以前事

と記されていて、三狐神が玉置の地主神とされるのも中世以前のことであり、古くから相当の信仰が寄せられていたことがわかる。

現在の社殿は、三間社流造で、背面に下屋が付き、図1のように、本殿床下の一部に部屋がある。ここへは背面の下屋から入る。床下の部屋は、本殿母屋部分床下の約四分の一を占め、内部の広さはおよそ二畳ほど、天井高は一メートルを少し越えるくらいの狭隘さで、大人なら中では坐るか寝ころぶ以外にない。その上、入口を閉じるとまっ暗になる。本殿床下の、残り四分の三は土間で、野狐《やこ》の空間といえる。山中に潜む神使の野狐が、毎日あらわれて、北側の穴から床下に入り、供物を食してゆく。供物台の直上の外陣床板の一部がはずれるようになっていて、供物を台の上に置くのである。床下への供物奉奠という点に注意しておいていただきたい。

宮司のお話によると、近年までこの床下の小部屋に狐憑きの病人を閉じ込めて、狐落しを行っていたという。

人間から放れた野狐は、部屋の穴から土間へ出て、さらに北側の穴から山へ帰るということなのであろうか。地元の村では、玉置山へ連れてゆくというのが、悪戯小僧への戒めであった由である。宝暦十三年（一七六三）に記された『玉置三所権現社両部習合之巻』(13)には三狐神について、

此ノ神ミ者守二五穀能ク実《ミノル》一又《マタ》百穀能播栄《ウヘサコウ》之故ヘニ謂《イウ》二宇賀《ガ》之美珠《ミタマト》(一)誠ニ諸人ニ垂《タレ》二哀憐一ヲ至テ二蒼生《ソウセイ》万物草木一ニ令

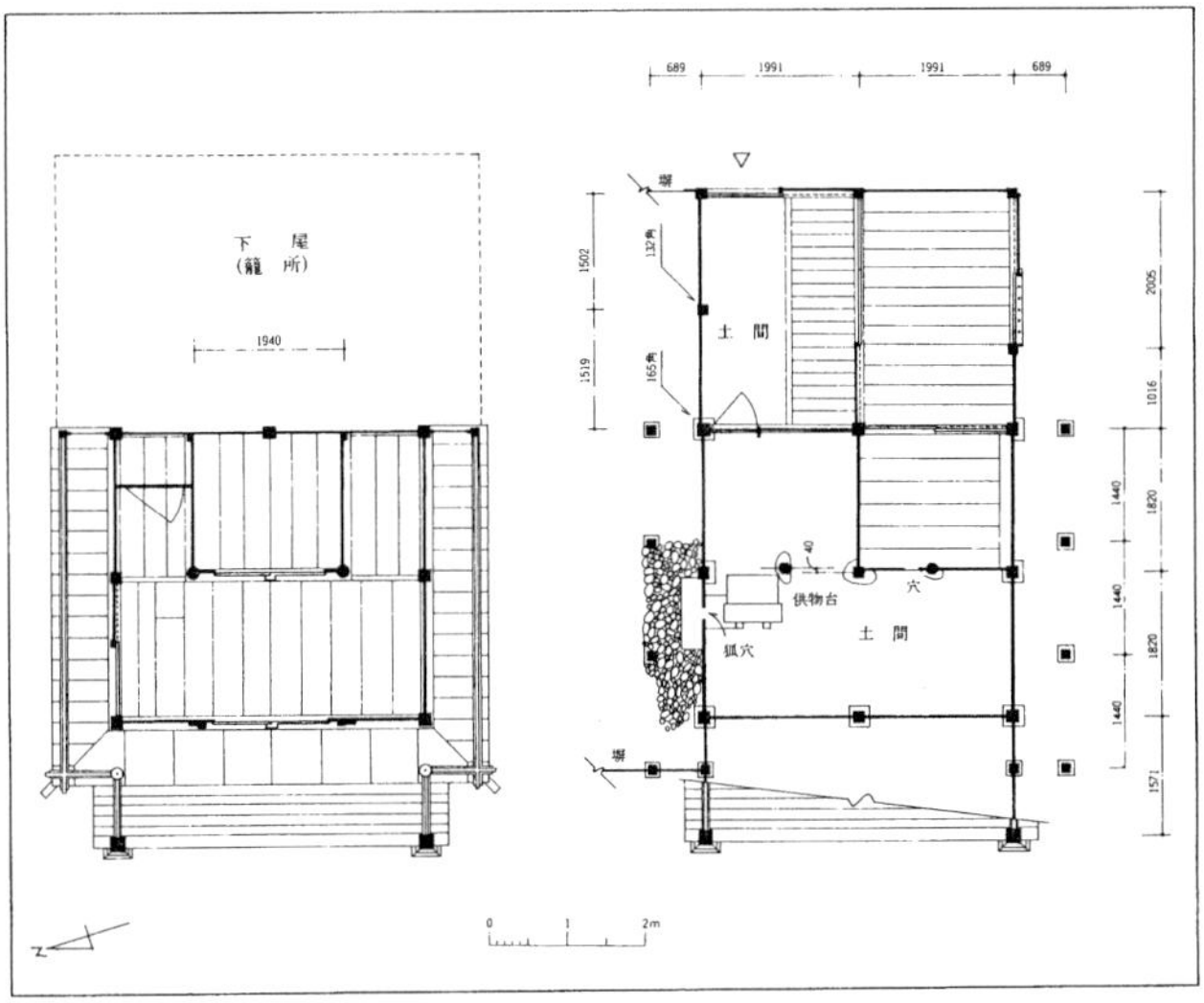

図1　玉置神社摂社三柱神社床上・床下平面図

図2　玉置神社摂社三柱神社外観
側面やや後方から見たところ。左側の二間が本殿。右半分の片流屋根の部分が、本殿背面にとりついた下屋。この構成は、天保十三年の絵図とほぼ同じである。通常の稲荷社では、本殿背面に狐穴を設けるが、ここでは背面が籠所となっているので、狐穴は、この反対側の側面縁下にある。

レ退ケ二百災《モノ》ヲ一為ニ二民家一遁レシメ二於百病ノ苦《ク》ヲ一又除キ一於狂病失気ノ之愁《ウレイ》ヲ一或令ルコトレ退ケ二盗難ヲ一専ラ祈誓シテ二比ノ神ニ一忽チ

有ニ利生一野狐者《コハ》三狐神之使者《シ》也

とあり、狂病失気の愁《ウレイ》を除く、と記されている。実態は明らかでないが、一種の野狐加持(14)が行われていたことは疑いない。

この建物は実に興味深い使用法とそれに相応した構成とを有している。しかし残念ながら建物自体は、そう古いものではない。玉置神社は江戸前期に衰微し、宝永元年（一七〇四）に再興された。(15)本殿や若宮社については、宝永元年の棟札が残されており、(16)現在見る社頭が、この頃に整備されたことは確かであるが、問題の三狐神に関しては確証はない。一応の目安としては、『玉置山境内諸所建物記禄』(ママ)(17)に、安永六年（一七七七）以降現代にいたる修理が記されており、これには新造と考えられる記事はないので、およそ十八世紀前期または中期の造立と考えられる。［補注1］しかし、のちの修理によって、かなりの部材が新しくなっている。床下の室の存在も当初からかどうかはわからない。本殿の全体の外形に関しては、天保十三年（一八四二）の絵図があり、(18)背面に下屋がつくこと、下屋の窓の位置なども、現在の形と同様である（図3）。しかし、組物が現在は大斗肘木であるのに対して絵図は三斗組に描いている。また、向拝の柱が現社殿は両端の二本だけであるが、絵図では四本描くなどの違いがある。結論的に、多くの部材が替えられ、天保の絵図とも若干様子が異なってい

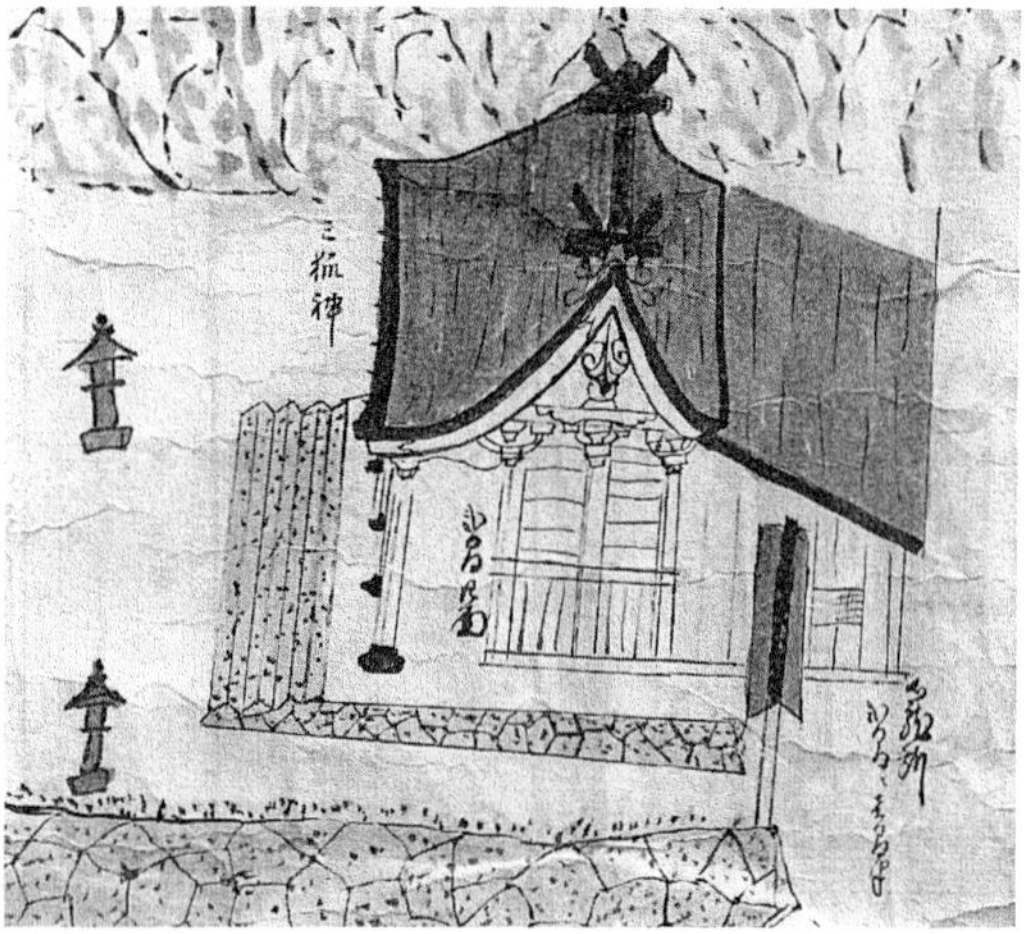

図3　聖護院宮御寺務所大峯玉置山堂社弁自坊絵図（部分）

るが、全体の構成は、少なくとも江戸後期以来あまり変化はないと思われる。

ところで、背面の下屋は絵図には「籠所」と書かれている。下屋は、本殿の本格的な構法に比べると、簡易な構造で、付属施設の観をまぬがれない。しかも、床はころばし根太で、高さでいえば、土間と大差がない。つまりこの下屋は、空間の意味としては、本殿背面縁下の籠所が発展したものと解釈できる。

（2）日吉大社の下殿

滋賀県大津市の坂本に鎮座する日吉大社は、延暦寺の守護神として栄え、幾度も山門強訴の神輿を都に送り出して猛威を振った社である。日吉大社は、西本宮・東本宮を中心とする多くの摂末社の集合体であるが、その中の上位七社本殿には、下殿《げでん》と呼ばれる床下の部屋が設けられている。現在の社殿は、およそ桃山期の再建で、建築的舗設としての下殿は、再建前の中世末には成立していたと考えられるが、それ以前の形は明らかでない。『平家物語』などに、下殿に参籠する、という記事が見えるので、床下使用が中世の早い時期に始まっていたことは確かである。詳細はすでに報告したので省略する。(19)

中世において、日吉大社の下殿を使用したのは、宮籠《みやごもり》と呼ばれる人びとであった。具体的にどういう人びとなのかというと『平家物語』や『日吉山王利生記』によれば、下級僧・乞食・非人・身体的障害者、そして巫覡《ふげき》である。こういう意味での宮籠の実態はあまり明らかでないが、中世の神社には一般に存在したものと思しく、管見の範囲ではほかに、春日大社(20)・八坂神社に宮籠と呼ばれる者がいた。八坂神社の宮籠は比較的実態がわかってきており、中世散所非人の存在形態の一つとされる。(21)それはともかく、彼らは祇園感神院の組織の最下端で種々の雑務に従いつつ、神子通夜所という建物に詰めて、神楽を奉納していた。この建物の名称、そして神楽を行っていたことから、祇園の宮籠というのは、常時参籠している下級の宗教者であったといえる。この場合の参籠はおそらく生活と同義で、すなわち、境内にたむろしていた下級宗教者が、神社の発展にともなって神社組織の末端に組み込まれていったのであろう。(22)

　このような目で日吉大社の宮籠に関する乏しい資料を見ると、宮籠の中に託宣者がいたことがわかる。たとえば『日吉社叡山行幸記元徳二年』に、

　神輿を八王子の神殿によせたてまつるところに、弥勒といふ宮籠、俄くるひ出て申様、我八王子権現なり。（中略）と託宣し侍りしを(23)

とある。後に「弥勒女」と出てくるので、この宮籠は女であった。また『平家物語』は異本が多いけれども、当該部分の記述が比較的詳しい南都本巻第一のいわゆる願立《がんだて》の説話に、次のような記述がある。

　出羽ノ羽黒ヨリ三善ト云ケル神子二人上テ同ク御社ニ籠タリケルカ俄ニ大庭ニ狂出テ一時ハカリ舞テ絶入シタリケリ宮籠モ参レル人モコハ何事ソヤト驚騒キテ奇特ノ思ヲナシタルニ彼童御子良有テヨミカエリテ申ケルハ……宮籠ニ交リテ宮仕スヘシト……宮籠モアヤシムル輩一人モナシ……トテ権現ハアカラセ給ケリ(24)

託宣の場所は、この本では日吉十禅師社であるが、諸本の中には八王子社とするものもある。右の記事から、宮籠と一般の参詣人が区別されているのがわかる。託宣を行ったのは、出羽の羽黒から来て社に籠っていた三善という童で、神子・童御子と記されているから、おそらく神懸《かみかが》りを業《なりわい》とし、日吉土着の宮籠ではないけれども類似の存在であろう。

　中世の名高い霊場には、貧しい階層の人びとも数多く参詣、参籠したはずで、それを受け入れ、導いたのは、宮籠に類する下級宗教者であった。

### (3)その他の事例

図４　北野社参詣曼荼羅（部分）

絹本着色。参詣曼荼羅の初期の作例とされる。名称は『北野藁草　図書』に北野曼荼羅とある。全体として絵の内容が十分に理解できているわけではないが、大変興味深い部分が多くあって、中世の天満宮の信仰に関する好史料である。

山王七社のうち、八王子と三宮を除く五社本殿には、下殿のほかにもう一つ特徴的な舗設がある。それは、本殿の外部、縁の下の外壁に沿って作られたもう一つの縁で、地面からの高さは六〇～七〇センチ、幅はおよそ四〇センチ前後である。使途不明であるが、下殿に準じて縁下を利用するためのものと思われる。そしてこれと同様の舗設が熊野にも見られるのである。速玉大社には古い建物は現存しないが、本宮は享和二年（一八〇二）、那智は嘉永六年（一八五三）の社殿を残していて、縁下に日吉大社と同様の舗設を備えている。特に本宮の諸社殿は、縁下の外壁に盲連子《めくられんじ》を付けている。詳細な調査はしていないが、たとえこれが形式だけのものとしても、日吉大社のように、かつて本殿床下が使用されていたことを推測させる。

ほかに筆者の知る範囲で、床下に室を備える建物としては、奈良の東大寺門前にある氷室《ひむろ》神社がある。現在は床上とはまた別の御神体を安置しており、調査は許されなかったので、使途は明らかでない。[25]

また、床下参籠を示す数少ない絵画史料の一つに北野社参詣曼荼羅がある。南門前の参道西側に「松童／八幡弥陀」と記された小社があり、その床下に女性がうずくまっている様子が描かれている。これは下級巫女、あるいは特別の願かけを行っている女性と見てよいだろう。社殿は入母屋造の平入で床下吹放しの形式に描かれている。建築学的には屋根形式が入母屋か切妻かは大きな問題で、北野社参詣曼荼羅のたくさんの摂末社が、ほとんど入母屋造風に描かれている点は信じ難い。それは、この種の絵画に通有の描き方である。同じ場所を描いた慕帰絵（巻第六第一段）の描写は精確で、忌明塔と小社二宇を描いており、忌明塔に近い方が北野社参詣曼荼羅の「松童／八幡」に相当すると考えられる。[26] 形式は通常の一間社流造で、この方が正しいであろう。床下吹放しの形式も珍しいものではないので、結局これはごく普通の社殿ということになる。

法然上人絵伝[27]第十五巻の二段には、慈鎮和尚が日吉社の聖真子（宇佐宮）拝殿にて、西方懺法を行った様子が描かれている。注目したいのは、本殿の正面縁下で、人が坐っているらしく、着物の裾が見えている。先に、日吉大社の七社現本殿について、縁の下にさらにもう一段低い壇状の縁があることを述べたけれども、この絵には描かれていない。

日吉大社のように、床下・縁下の本格的な施設を有する本殿はやはり数少なく、一般には床下に入る出入口があったとしても、床下は単なる物置として使用される例がほとんどである。しかし、北野社参詣曼荼羅や法然上人絵伝に描かれているのは、中世のごく日常的な光景ではなかっただろうか。

## 二　床下祭儀――伊勢神宮――

### (一)内宮正殿

日吉大社本殿の床下使用は古代にさかのぼる可能性が強いけれども、宮籠の社会的階層などを考えあわせると、はなはだ猥雑なもので、中世的変容を遂げたものに相違ない。そこには、なんらかの核となる古代の祭儀があったと推量されはするが、実態は杳《よう》として知れぬ。ここに、近代の国家神道が宣揚されるまで、古代からの床下祭儀を伝えていた社がある。伊勢神宮である。

皇大神宮、すなわち伊勢神宮内宮における正殿床下の祭儀に関しては、岡田精司が大略を紹介している。氏は、三節祭――九月の神嘗《かんなめ》祭および六月と十二月の月次《つきなみ》祭――における由貴大御饌《ゆきのおおみけ》が、正殿床下に供えられることに注目し、そのことを含めた総合的な考察から内宮の成立を論じた[28]。ここでは床下の祭そのものに焦点を絞って、もう少しその実態を明らかにしたい。

### (イ)近世の御饌供進

伊勢神宮における御饌《みけ》の供進は、毎日、朝夕行われる。これを日別朝夕大御饌《ひごとあさゆうおおみけ》といい、豊受大神宮、すなわち外宮の御饌殿《みけでん》において、内宮及び外宮正殿の神々に奉る。つまり、伊勢神宮においては、内宮外宮を問わず、正殿に直接に御饌を供進するのは特別な場合なのである。

では、その特別な場合というのは何時なのか。記述の詳細な近世の資料から順に見てゆくことにしよう。『伊勢参宮名所図会[29]』の内宮忌火屋殿の項に、

> 太神宮の御饌を調へ、年中に十三度此所にて備ふるなり。両宮の御供殿《みけでん》は外宮にあり。外宮は朝夕に備ふれども、内宮は朝夕なし。十三度の御饌とは、正月一日・七日・十五日・三月三日・五月五日・六月十六日・同十七日・九月九日・同十六日・同十七日・十二月十六日・同十七日・同十八日。(傍訓略)

とある。年に一三回、内宮忌火屋殿で神饌の調理が行われる。内宮では、通常は御饌を奉ることはなく、御饌を調えることもない。したがって、この一三回が内宮で御饌を供進する特別の場合なのである。では、これらがどのような祭なのか、御饌はどこに供進されるのかを『皇大神宮年中行事当時勤行次第私註[30]』によって確かめてゆこう。この書は、江戸中期の『元文年中行事』(『皇大神宮年中行事勤行次第』)に註を加えた形の儀式書で、以下、二字下げの漢文体は『元文年中行事』本文、三字下げ丸印で始まる片仮名交り文は註である。

正月元旦は、いわゆる歳旦祭である。

次三色物忌父等奉レ備二御饌ヲ於瑞垣御門之前一、一之方中、正殿御料、二之方東、左相殿御料、三之方西、右相殿御料、

神宮には、物忌《ものいみ》と称される童女を御饌調進等に奉仕させる制があり、役割によってさまざまの種類がある。三色物忌は、大物忌《おおものいみ》・宮守《みやもり》物忌・地祭《とこまつり》物忌をさし、大物忌は天照大神、宮守物忌は東相殿神（天手力男神）、地祭物忌は西相殿神（万幡豊秋津姫）に仕える。物忌は、外宮御饌殿において、神々に親しく御饌を進める役割をもち、物忌父《ものいみちち》はそれら物忌の仕事を介助する役目の男性とされる。以下に見る特別の祭儀でも、御饌を神前に供えるまでの準備万端は物忌父が行う。引用した文献では物忌の儀式は出てこないが、後述の荒木田弘孚の図では、御饌案の前に三色物忌がいる（図5）。これはおそらく、祭式の中心部の様子を描いたもので、物忌の童女による神秘の御饌供進が行われているのであろう。さて、先の祭旦祭では、瑞垣御門の前に御饌を備えている。

正月七日は、新菜《わかな》御饌供進。

三色物忌父奉レ備二御饌於正殿御床之下一

○大物忌父、宮守物忌父ハ御下ノ東ノ口ヨリ御饌ヲ捧テ入ル。地祭物忌父ハ西ノ口ヨリ入ル。子良母良ハ

正殿ノ西西宝殿ノ間ヲ経テ御階前西方ニ北上東面ニ着座。

御饌は正殿床下に供える。「御下の東ノ口」「西ノ口」は、正面縁下の東西にある出入口で、図5を参照されたい。子良《こら》は物忌の別称。母良《もら》は、中世以来、子良を補佐するために付けられた老女である。

正月十五日は粥御饌供進。

供進之次第、如二七日一、

三月三日は桃花御饌供進。

桃花御饌供進、同二正月七日一、

五月五日は菖蒲御饌供進。

御饌供進之次第、同二正月元日一

正月元日は瑞垣御門の外、七日は正殿床下であるから、正月十五日粥御饌と三月三日桃花御饌が、正殿床下に供えられたことになる。

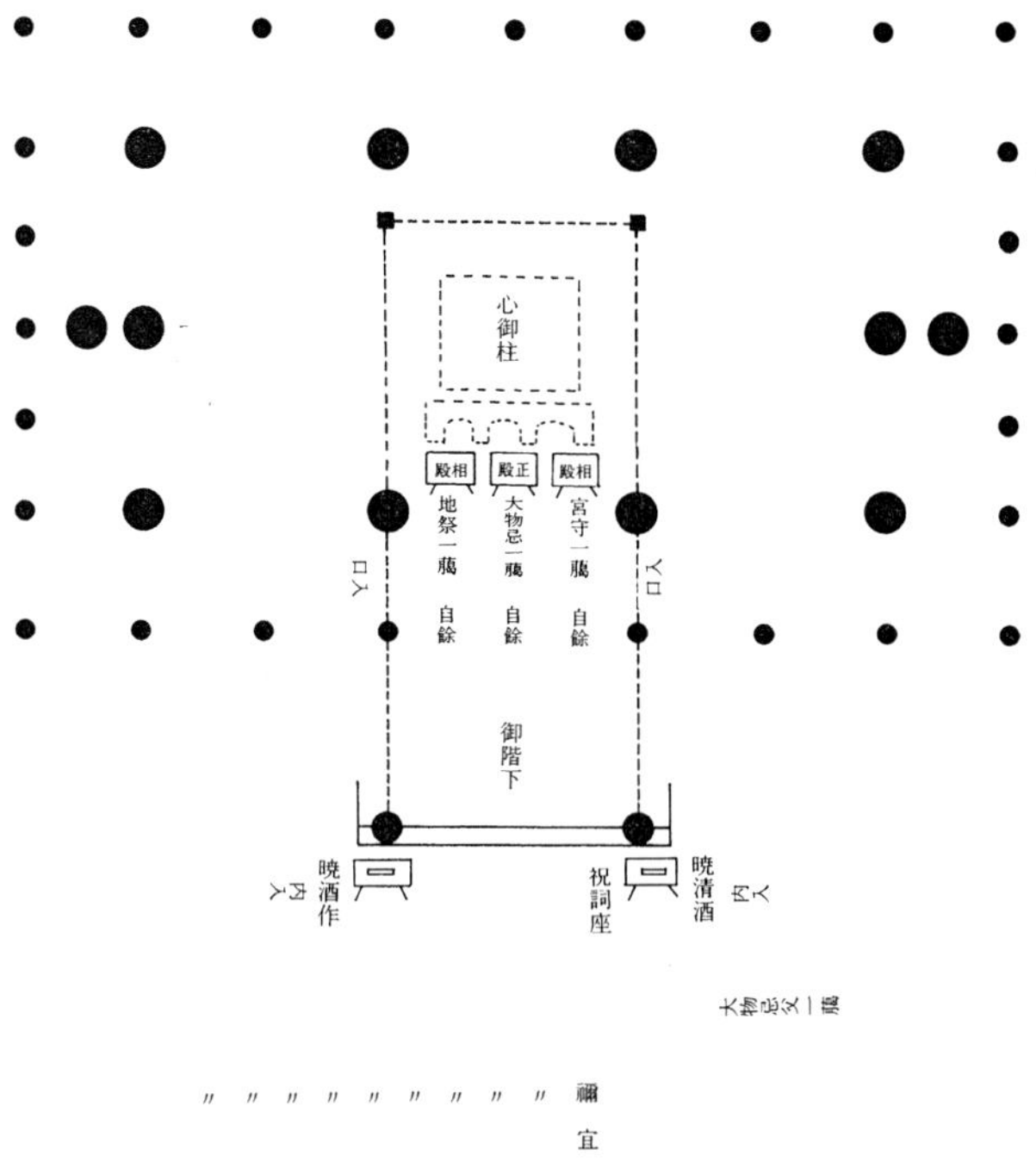


図5　皇大神宮六月十六日由貴大御饌における正殿床下祭儀の図
荒木田弘孚『皇大神宮従前祭庭之図草稿』(大神宮叢書『神宮年中行事大成・前編』所収、注30参照）の「六月十六日由貴御饌」のうち、「同内院御下ノ図」をもとにして作成した。同図は概念的な説明図なので、柱などの描き方が簡略である。よって、正殿の平面図を使用して床下の柱配置を整序した。太い柱で囲まれた三間に二間の部分が母屋で、両妻に棟持柱がある。その四周を縁が回っているので、縁束が建ち並ぶ。正面の縁から前方へ階《きざはし》が下り、先端両側に高欄の親柱がある。床下は中央部だけが囲われ、残りは吹き放しである。破線は目透《めすか》しの垣根状の竪板壁で、実感をよくあらわしている。階段の下では、傾斜に合わせて立面が三角形になる。心御柱は、古殿地に残されたものを見ると、同じような透間のあいた竪板で囲い、上に切妻の屋根をのせる。心御柱の前方三か所に灯火をともし、御饌・御酒などを奉る。行事は深更であるから、囲い板の透間から灯明の光が洩れ、床下の闇の中にこの一郭がほのかに浮び上がったことであろう。

六月十六日・十七日は三節祭の一つ、月次祭で、十六日の晩と十七日の暁に由貴大御饌を奉る。十六日は宵御饌供進。図5は、この時の図。

○元日ハ御饌ヲ高案ニ居ル。今日ハ御贄机ニ居ルナリ。卑キ四ツ足ニテ由貴御饌ノ外ニハ不レ用。机祭毎ニ新調ナリ。(中略)

○番物忌父ハ重々御門ヲ開キ、次ニ御下ヲ開キ三処ニ燈火ス。(中略)次ニ御下ニ入、一ノ方二ノ方ハ東ノ口ヨリ入ル。三ノ方ハ西ノ口ヨリ入ル。次御饌櫃ヲ御下ノ案上ニ置キ予メ供進ノ用ヲ調ヘ、(中略)

次三色物忌父於二正殿之下三所一立二燈油一、奉レ備二御饌一御酒供進、(中略)

○今夜ハ御下ニ燈火アリ。又御門モ暁マテ閉ザレバ御内ヲ護レト申也。番物忌父御内ニ暁マデ宿直ス。

図を見ていただけば、ほとんど説明を要さないであろう。注意しておきたいのは、まず床下への入口の位置で、正面縁下、階の両側から入る。これが日吉大社の下殿の入口と全く同じなのである。ただし、日吉大社では、向かって右側だけが入口になっている。次に、御饌供進の主役は物忌と推定されているが、その準備も、宵御饌から暁御饌までの内院の警護も、同一人ではないが、すべて物忌父が行うことである。これについては後に述べる。

宵御饌の後、滝祭、桜宮などでの祭が続き、翌十七日未明、暁御饌を奉る。

次暁御饌供進、忌火屋殿之前参列以下参進警嘩御贄調備等同二宵御饌一、

この日は月次祭の本行事が行われる。

九月九日は菊花御饌。

菊花御饌供進、同二正月七日一、

正殿床下である。

九月十六日・十七日は三節祭の一つ、神嘗祭で、やはり由貴大御饌がある。

宵御饌供進、次滝祭神態、次桜宮神態、次暁御饌供進、各同二六月十六日一、（当月暁御饌者用二新穀一）

六月の月次祭と全く同じ行事が行われるが、暁御饌には、この年収穫された新穀を供える。

十二月十六日・十七日は再び月次祭。

宵御饌供進、次滝祭神事、桜宮神態、次暁御饌供進、各如二六月一、

十二月十八日は、私御饌供進。

於二第四御門之下豊受宮拝所之西一、以二黒木一搔二御饌棚一、（中略）著二座御饌棚之前一、東上北面、其西三色物忌父、上レ北向レ東、次御饌御酒供進、

この場合は、正殿ではない。

以上より、近世における正殿床下への御饌供進は、正月七日新菜御饌、十五日粥御饌、三月三日桃花御饌、六月月次祭の由貴大御饌、九月九日菊花御饌、神嘗祭の由貴大御饌、十二月月次祭の由貴大御饌であったことがわかる。これらはどれほど古くまでさかのぼるであろうか。

（ロ）中世および古代の御饌供進

次に室町時代に増補されているが、基本的には鎌倉初期建久三年（一一九二）の行事書である『皇太神宮年中行事』[31]によって検討する。

正月七日―御饌ハ御殿下ニ供進。

同月十五日―暁。粥ノ御饌供進事。物忌父等子自二北御門一参入供進。

北門から内院に参入するのは、七日と同じ。その先も、おそらく七日と同じであろう。なお由貴大御饌の場合は、南の瑞垣御門から参入する。

三月三日―其勤如二若菜御饌ノ時一。

若菜御饌は、正月七日である。

六月十六日―物忌父等御殿下ニ燈火三ケ所、次供二御饌一之後、
同月十七日―御饌三方御殿下ニ奉二昇居一。
九月九日―件御節供菊花御饌供進次第如二三月三日桃花御饌之勤一。
同月十六日―同夜、由貴御饌、（中略）其勤如二六月御祭時一。但暁御饌ハ新米也。仍神嘗祭也。
十二月十六日―由貴御饌供進次第神事、直会饗膳等諸事如二六月勤一。仍不レ記。

祭儀の細かい手順までは検討していないが、およそ近世におけると大差はなかろうと思う。五月五日の節供の御饌が、元日と同じく瑞垣御門前であることも同様である。よって、以下では五月五日の条は省く。正月十五日の粥御饌については次第の記述がない。他はすべて正殿床下へ御饌を供進している。

さらに時代をさかのぼって、延暦二十三年（八〇四）の『皇太神宮儀式帳』[32]を見てみよう。


正月例。

七日、新菜御羹作奉、大神宮幷荒祭宮供奉。

十五日、御粥作奉、大神宮幷荒祭宮供奉。

三月例。

三日節、新草餅作奉弖、大神宮幷荒祭宮供奉。

六月例。

此以二同十六日夜一、湯貴御饌祭供奉。（中略）同日夜半仁、人別令二備満持一弖、朝大御饌夕大御饌、禰宜、大内人四人、幷物忌五人、及物忌父五人、合十四人、常参二入内院一供奉。（中略）以二十七日平旦一、朝御饌毛如二上件一引率具備供奉。

九月例。九日菊花御饌は見えない。

以二十六日一（中略）亥時始至二于丑時一朝御饌夕御饌二度供奉畢。

十二月例。

祭時供奉神酒造奉、（中略）如二六月祭行事一同。

正殿床下に奉るという記述はないが、これらの祭に際しては、外宮御饌殿ではなく、内宮で御饌を奉っていることはわかる。しかし、六月例の引用部分の少し前に「御贄机」の上に贄《にえ》を置くという部分がある。御贄机は、先に引いた『皇大神宮年中行事当時勤行次第私註』にも出ている。近世においては、それは低い四足のもので、祭ごとに新調し、由貴御饌のほかには用いないものであった。また『神宮雑例集』巻第二の「第八天平賀《ノヒラガ》事」に収められた保安二年（一一二一）前後の記事・文書に、十二月の祭と関連する御饌調備の机が、天平賀の付近にあったと解される記事がある。天平賀は、心御柱《しんのみはしら》と関係する土器で、心御柱のごく近くにある。したがって、このことから、少なくとも三節祭の由貴大御饌は床下であったろうと思われ、ひいては上記の祭の御饌も床下ではなかったかと推量される。

### (2)外宮正殿

外宮はどうであろうか。

両宮の祭儀はほとんど同じであるから、ここでも内宮正殿に御饌を奉る特定の祭を問題にすればよい。異なるのは、外宮には御饌殿が存在することである。延暦二十三年（八〇四）の『止由気宮儀式帳』(33)には次のように記されている。

正月例。

以二七日一、新蔬菜羹作奉、二所太神宮供奉。御饌殿。

以二十五日一御粥作奉、二所太神宮供奉。御饌殿。

三月例。

三日節、新草餅作奉弖、二所大神供奉。御饌殿。

この三回は内宮とは異なり、御饌殿において御饌を奉る。近世の行事書でも、この三回に関しては正殿への御饌供進のことはない。残るのは、三節祭の由貴大御饌である。外宮の三節祭は、内宮より一日早く行われる。

六月例。

以二十五日一（中略）更内院乃御門爾持参入弖（中略）始二亥時一至二于丑時一、朝乃大御饌夕乃大御饌二度間置弖供奉。此号二由貴一。

九月神嘗祭の記事もほぼ同文。十二月月次祭の条また「十二月祭供奉行事、同レ与二六月祭行事一」とある。したがって三節祭由貴大御饌は、御饌殿ではなくて、内院、つまり正殿などを囲む瑞垣内で奉られた。ここで儀式帳に次ぐ古い記録がないのが残念であるが、近世の『外宮子良館祭奠式』[34]六月例十五日、由貴神事の条に以下のように記されている。

大物忌ノ父一臈二臈到リ二心ノ御柱ノ前ニ一三臈到リ二東ノ棟持ノ柱ノ下ニ一有二行事一、此ノ神態件々秘奥ノ之矩式、物忌ノ父等手ヲ授ケ口カラ伝テ更ニ不レ漏二泄セ他ニ一、故ニ不レ記サ焉、

それは、心御柱を中心とする正殿床下の行事であり、物忌父らが成文化することなく伝えてきた秘事であった。

### （3）荒祭宮および滝祭神

このように、外宮にも正殿床下の祭儀があったのだが、これは内宮外宮の正殿に限られるものかというと、そ

うではない。内宮の第一別宮の荒祭宮《あらまつりのみや》では、正殿と同じ日に床下の御饌供進が行われていた。近世の『荒祭宮年中神事下行雑事』(35)によると、正月七日新菜御饌は、

備ル所ハ御床ノ下中程御饌案也、

とあり、正月十五日・三月三日はそれぞれ「七日ノ如シ」「正月七日乃如シ」とある。六月十六日の宵御饌は、

次爾御贄等奉備、御床下、左ノ如シ、

とあって「御下図《ミシタノ》」が描かれている。配膳を示した図である。同十七日は「暁ノ御饌者同前ナレドモ」、九月九日は「行事ノ次第三月三日桃花ノ御饌奉レ仕ニ同シ」、九月十六日は「宵御饌奉仕次第六月十六日ノ如シ」、十七日は「暁御饌奉仕次第六月十七日暁ノ如シ」、十二月十六・十七日も六月十六・十七日と同じと記されている。したがって、三節祭の次第と正月七日に準じる次第と若干の違いはあるとしても、御饌はすべて荒祭宮本殿の床下に供えられている。荒祭宮の祭式が内宮正殿に準じていることは、『皇太神宮儀式帳』の時代でも変わりない。正月七日・十五日、三月三日の御饌供進に関しては先に引用した文に荒祭宮のことも見えている。六月月次祭の由貴大御饌については、儀式帳に、(36)

又荒祭宮、幷滝祭、合二所御饌波、其当宮物忌、内人等、此大神宮之如二御饌一、同日夜、具令二備持一、此禰宜、内人四人引率参入、祭供奉拝奉。行事大神宮同。

とあり、九月神嘗祭の由貴大御饌についても、

以二同夜一、荒祭滝祭行事。
右祭、大神宮御饌祭同。

とある。十二月の場合は、記述が極端に簡単であるが、全体として「如二六月祭行事一同」なのであろう。荒祭宮のみならず、滝祭でも内宮正殿と同じ祭儀が行われたようである。したがって、上述のような床下祭儀が、伊

勢の神宮において一般的なものであった可能性も出てきたわけである。ただし、荒祭宮の場合は正殿床下の祭儀と考えてよいが、滝祭の宮には、実は正殿は存在しない。

儀式帳に、

滝祭神社在二大神宮西川辺一。無二御殿一。

と記す通り、川の水神を祀った社で、せいぜい祭場を区画する垣とその入口、石畳がある程度であったろう。

## (4)ヒモロギと稲倉

筆者には、ここに神社本殿成立前後の非常に興味深い現象があらわれているように思われる。内宮正殿床下および荒祭宮正殿床下の祭儀と、滝祭における建築的舗設を欠いた祭場での祭儀が「同」じだと考えられていたとするなら、一体どちらが古態なのであろうか。このこと自体に関しては、神殿を設けておきながらその床下で祭儀を行う方が不自然であろう。つまり、ある種の床下祭儀は、露天の祭場で行うのが本儀であり、神殿の成立後もそのまま続けられてきたのではないか。祭場の信仰標的はさまざまなものが考えられるし、また何もなくてもよかろうが、この考え方は、心御柱が伊勢神宮の最初期のヒモロギであり、のちにその上に正殿が建てられたとする説[37]とも合致する。

しかし、ことはそれほど単純ではない。岡田精司は神宮祭祀の本質について、「稲倉とヒモロギの結合が、神宮祭祀の中心になっているものである[38]」としており、もう一つ稲倉の問題が残っている。神宮正殿が、古代の高床倉庫を基本とした建築形式であるのは異論のないところである。氏は、古代の高床倉庫の床下が出挙稲の収納や兵士の集合に利用された例があるという推定[39]を踏まえて、稲魂を収める倉庫形式の社殿の〈倉下〉つまり床下が祭場としての機能をもち、そこにヒモロギを立てたと考察した。このことを反映した祭儀は見出されないであろうか。『止由気宮儀式帳』の神嘗祭すなわち九月例十六日の条に次のような記述がある。

次二箇神郡国国処処神戸所進懸税稲乎、千税余八百税爾懸奉。其奉時、禰宜太玉串捧持弖、懸税先立参入。次大内人、大物忌父等抜穂稲八荷持立、次小内人等、幷戸人夫等、懸税稲乎百八十荷持参入弖、抜穂稲乎波内院持参入弖、正殿乃下奉置、懸税稲乎波玉垣爾懸奉。

これは懸税《かけぢから》神事で、神郡から奉られた稲が、玉垣にかけ並べられる。そのうちの一部が抜穂として「正殿乃下」に置かれるのである。神事化してはいるが、懸税は税を意味し、儀式帳の頃には、まだかなりの内実を伴っていたであろう。これはすなわち古代倉庫、その〈倉下〉での種籾の出納に関するなんらかの儀式の名残りではなかろうか[40]。だとすれば、神宮の神明造が倉を原形とするということは、単に形の問題としてだけでなく、神社建築の成立にかかわる内的かつ具体的な問題としてとらえ直されることになる。

このように岡田の「稲倉とヒモロギの結合」という言葉は意味深長である。二つの要素は自ずと別物であるにもかかわらず、どちらもが床下祭儀を説明し得る。その「結合」とはどういうことなのであろうか。本当に結合しているのか、あるいはどちらかが中心になっているのか、また重層しているのか。この点については、儀式帳の時代、神宮の祭儀はすでに複雑な形成過程を終えて、斉一化されていることを考慮する必要がある。神宮の神殿がすべて神明造に準じた形であることからもわかるように、皇大神宮、止由気大神宮、諸別宮、摂末社の一社々が、祭儀と建築との双方において、成立、継続、他社の模倣を経て、一つの統一的な型を造り出しているのである。したがって、床下祭祀・床下祭儀の型は似ているが、それぞれ異なる初源があると考えた方が自然であろう。私見によれば、外宮は、食物神としての祭神の性格から、稲倉の祭儀が根底にあり、内宮は、鎮座の伝承から察せられるように、正殿成立以前のヒモロギ祭祀を基本としているように思われる[補注2]。

## 三　物忌・物忌父と宮籠

再び中世的世界にもどりたい。

伊勢神宮の床下祭儀で中核的役割を果たしたのは、物忌及び物忌父と呼ばれる職掌であった。先述のように、物忌父は、物忌と称される童女を補佐する役目であるとされる。物忌は、中古以来、子良《こら》または子良子《こらのこ》とも呼ばれ、『神道名目類聚抄』(41)は、これを、

伊勢神宮につかふる女官なり、神楽又御饌調進の事にあづかる。或云、子良子は鈿女命より始ると云り。

と説明している。物忌は神楽に関係していたらしい。伊勢神楽は、近世には主に御師の私宅で参拝者の求めに応じて行われた。最高級の大大神楽ともなると、演者・演目の数とともにかかる費用も莫大であったといわれる。『伊勢参宮名所図会』(42)には、神楽の華麗な様子が描かれているが、その絵からもわかるように、中心は湯立神楽であった。神宮の重職たる物忌が、このような神楽にどう関与していたかは明らかでないが、享保十七年（一七三二）の『毎事問』(43)の記事が若干の参考になる。即ち中巻の「内宮子良館ノ事」に次のような記述がある。

又問、内宮子良ノ館ニハ遠国ヨリ諸御師へ頼ミ来ル大神楽ヲ執行シ、館中ニ小竹ヲ建環《タテメグ》ラシ御師ノ私亭ニテ執行スル事ヲ許《ユル》サズ、外宮ニ此ノ事無キハ何ゾヤ、答、是レ上巻ノ神楽ノ条ニ於テ云ル如ク乱世ノ比ニ神楽ヲ奏スルト云テ参宿料ノ助《タスケ》ニ為《シ》タルガ、後ニ御師家ニシテ大々神楽ト云行事ヲ初メタル時、俄ニ此レヲ離《ハナ》レバ活計《ヨワタリ》ニ害アル故ニ其ノ儘ニテ分ヲ立タルナルベシ、外宮ハ神楽役人ト云モノヲ賤《イヤ》シムヨリ出テ物忌等ノ彼ノ徒ト同業ナルヲ嫌テ此レヲ為《セ》ズ、只当分ノ軽キ庭神楽ニ似タル事ヲ執リ行フノミナルベシ、元来何レノ社ニテモ神楽男《カグラヲ》ト云フ者ハ下等ノ役ナリ、内宮物忌モ何ゾ之レヲ快《ココロヨ》シト思ベキヤ、只已《ヤ》ムコトヲ得ザルノ旧蹤《キウシヤウ》ニ随フノミナルベシ、

子良館は、子良が忌籠っていた建物で、両宮にあった。この記事から、戦国時代以来、内宮では子良館で神楽を行っていたことがわかる。外宮では御師宅で行うが、子良館でも「庭神楽」程度は行っていた。しかし、同書上巻「神楽ノ事」に、外宮子良館から三十年ばかり前に「御神楽所」の額を撤去したが、その裏書に「慶長九甲辰六月吉日外宮御神楽殿」と記されていたとある。戦国時代以前は両宮の子良館で神楽を行っていたのである。特に近世の外宮では、御師宅が中心となり、山田の町内に世襲の神楽職が形成されたが、筆者は、元来、伊勢神楽は御師宅ではなく、子良館もしくは神域内で発祥し、当初は物忌および物忌父、また母良《もら》などが行っていたのではないかと思う。前引の文に「何レノ社ニテモ神楽男《カグラヲ》ト云フ者ハ下等ノ役ナリ」とあるが、それは古代末から中世にかけて神楽や託宣を行う下級宗教者が増えたからであろう。

さて、物忌および物忌父は下級の宗教者ではないが、禰宜などの祭員とは異なる特殊な職掌であった。彼らは御饌供進、内院の門扉の開閉、警護、清掃、燈明の準備など、神に近接する役柄を担っていた。このなかで清掃以外はすべて前掲の史料に出ている。内院の清掃については『皇太神宮年中行事』(44)四月十一日の条に、

今日御内掃除。御殿之下ハ子良母良、大床下ハ物忌、白石ハ刀禰祝沙汰。散銭ハ刀禰祝給。

とある。母良《もら》は物忌父と同じく、子良の補佐役とされる老女である。寺院との大雑把な比較において、禰宜以上を正員の僧侶とすれば、物忌父はちょうど堂童子(45)に相当するといえるだろう。また、物忌・物忌父らが常に子良館で忌籠りの生活を送っており、神楽や託宣による宗教活動をも行っていたとするなら、本質的には日吉大社や八坂神社の宮籠とも一類のものとして理解される。このことは、逆に、きわめて中世的色彩の強い日吉大社の床下祭場がもつであろう古代的性格を暗示している。

ここでは中世以降の神社本殿における床下使用の事例を紹介し、その宗教的な源の一つを伊勢神宮に見られる古代祭儀に求めた。中世への発展のしかたは各神社によってまちまちであるが、根源の方も一つではないことを

最後に強調しておきたい。九世紀の伊勢神宮における御饌供進の儀式にして、すでにいくつかの形態と淵源とをもつものであった。

(1) 新潮日本古典集成『説経集』(新潮社、昭和五十二年)による。
(2) この考証については、次注諸氏の論考を参照されたい。ただし、服部氏は、「後ろ堂」を別棟と解釈しておられるが、引声堂の後戸、つまり背面と解するのが妥当である。
(3) 岩崎武夫「『しんとく丸』と母子神信仰の世界」(『さんせう大夫考』所収、平凡社、昭和四十八年)、同「天王寺西門考」(『続さんせう大夫考』所収、平凡社、昭和五十三年)、服部幸雄「宿神論(中)——芸能神信仰の根源にあるもの——」(『文学』昭和五十年一月号、岩波書店)、高取正男「民俗と芸能——芸能未発の部分——」(芸能史研究会編『日本芸能史、第一巻、原始・古代』所収、法政大学出版局、昭和五十六年)、同「後戸の護法神」(『民間信仰史の研究』所収、法蔵館、昭和五十七年)、小田雄三「後戸考——中世寺院における空間と人間——(上)」(『紀要A〈人文科学・社会科学〉』二九、名古屋大学教養部、昭和六十年)。
(4) 『室町時代物語大成・第二』(角川書店、昭和四十九年)による。
(5) 一遍聖絵(歓喜光寺・清浄光寺蔵)、正安元年(一二九九)成立。『日本絵巻大成別巻』(中央公論社、昭和五十三年)等。
(6) 岩崎武夫「『しんとく丸』と母子神信仰の世界」(前掲注3参照)。
(7) 前掲注(3)参照。
(8) 前掲注(3)参照。氏のあげられたのは、いずれも御影堂にしてかつ私堂に近い性格をもつ。ここで問題とすべきは、衆庶が群参し、乞食が物乞いをしているような宗教建築ではなかろうか。廟堂関係の問題と、しんとく丸が干死の覚悟で縁下に籠ったこととは、自ずと別の心情に基づくと思う。
(9) 前掲注(3)「民俗と芸能——芸能未発の部分——」一二五〜一三〇頁。
(10) 拙稿「後戸の信仰」参照——本章収録。
(11) 五来重編『修験道史料集II』(山岳宗教史研究叢書一八、名著出版、昭和五十九年)。
(12) 前掲注(11)に同じ。

(13) 玉置神社蔵（十津川村歴史民俗資料館寄託、一巻）。
(14) 野狐による苦難を除く法。『野狐加持秘法』（『伏見稲荷大社由緒記集成　信仰著作篇』、伏見稲荷大社、昭和三十二年）参照。
(15) 『玉置山権現縁起』（前掲注11）の奥書に「元和元年迠相続此時ゟ断絶／後宝永元年甲申九月権現社造営之時」とある。
(16) 玉置神社蔵（十津川村歴史民俗資料館寄託）。
(17) 玉置神社蔵。表紙には「安永四午年」とある。安永四年は未年である。また、本文は、安永六年から始まる。
(18) 玉置神社蔵（十津川村歴史民俗資料館寄託）。裏に「天保十三年／寅□月十五日／聖護院宮御寺務所大峯玉置山堂社并自坊絵図／高牟婁院附第／本願院（印）／玉置左内（印）／玉置織之進（印）」とある（□部分は破損）。
(19) 拙稿「日吉七社本殿の構成―床下祭場をめぐって―」―本書第一章収録。
(20) 『中臣祐重記』（『増補続史料大成47　春日社記録一』、臨川書店再刊、昭和五十四年）の養和二年（一一八二）正月二十四日の条に「宮籠男字中三、貞末」とある。文脈から、若宮拝殿に関係のある人物らしい。
(21) 丹生谷哲一『検非違使』（平凡社選書、平凡社、昭和六十一年）第Ⅳ章。
(22) 拙稿「八坂社の夏堂及び神子通夜所」―本書第二章収録。
(23) 『日吉社叡山行幸記元徳二年』（『室町ごころ―中世文学資料集―』、角川書店、昭和五十三年）。
(24) 『南都本／南都異本平家物語』（汲古書院、昭和四十六年）。
(25) 『奈良市史・建築編』（吉川弘文館、昭和五十一年）に床下平面図が載せられている。
(26) 墓帰絵は観応二年（一三五一）の作。忌明塔は文永四年（一二六七）の造立と考えられる石造五輪塔で、蓮弁台座付の石鳥居と一具。明治三年に東向観音寺に移され、現在は鳥居のみ旧位置に残っている。
(27) 法然上人絵伝（知恩院蔵）は十四世紀初頭の成立。
(28) 岡田精司『古代王権の祭祀と神話』（塙書房、昭和四十五年）第Ⅱ部第五「古代王権と太陽神―天照大神の成立―」。
(29) 『伊勢参宮名所図会』寛政九年（一七九七）出板。引用文は『伊勢参宮名所図会』（大日本名所図会第一輯第四編、日本名所図会刊行会、大正八年）による。
(30) 『皇大神宮年中行事当時勤行次第私註』（大神宮叢書『神宮年中行事大成・前篇』所収、神宮司庁、昭和十三年）。

荒木田弘孚、明治二十四年の著。明治維新以後の種々の改正にともない、旧儀が不明に帰するのを恐れて著わしたもの（同書解題による）。

(31)『皇太神宮年中行事』（『神道大系　神宮編二』、神道大系編纂会、昭和五十五年）。

(32)『皇太神宮儀式帳』（『神道大系　神宮編一』、神道大系編纂会、昭和五十四年）。

(33)『止由気宮儀式帳』（前掲注32に同じ）。

(34)『外宮子良館祭奠式』（大神宮叢書『神宮年中行事大成・後編』、神宮司庁、昭和十四年）。外宮権禰宜兼大物忌父、黒瀬益弘の編。貞享四年（一六八七）成稿（同書解題による）。

(35)『荒祭宮年中神事下行雑事』（前掲注34に同じ）。万延元年（一八六〇）、荒祭宮内人荒木田舎善の記。

(36)前掲注(32)に同じ。

(37)林野全孝「内宮『心の御柱』の性格について」（『建築史研究』二〇、昭和三十年）。

(38)前掲注(28)に同じ。

(39)薗田香融「倉下考―古代倉庫の構造と機能―」（『史泉』六、昭和三十二年）、直木孝次郎「倉下の語義」（『奈良時代史の諸問題』所収、塙書房、昭和四十三年）。

(40)薗田香融氏は前掲注(39)の論文で、〈倉下〉と出挙制および出挙制をもとにした徴兵制を結びつけて論じられた。論旨はきわめて魅力に富み、神宮の懸税神事の解釈として援用したい部分が多い。しかし、現実的な倉庫管理の問題や、出挙制をはじめとする政治問題に関連して、〈倉下〉の意味に対する反論が出されており、聞くべき点がある。この問題は、象徴的な神事の解釈ではすまないので後考を期したい。薗田氏への反論については、村尾次郎「古代倉院の構造と管理―倉下とは何か―」（『日本上古史研究』二―九、昭和三十三年）、田名網宏「出挙制の起源」（『日本歴史』一四六、昭和三十五年）、宮原武夫「倉下と出挙―薗田香融氏の『倉下考』について―」（『日本上古史研究』五―七、昭和三十六年）参照。

(41)佐伯有義校訂『神道名目類聚抄』（大岡山書店、昭和九年）。原本は元禄十五年（一七〇二）出板。

(42)前掲注(29)に同じ。

(43)『毎事問』（大神宮叢書『神宮随筆大成・前編』、神宮司庁、昭和十五年）。外宮多賀宮玉串内人、喜早清在編。享保十七年（一七三二）六月成稿（同書解題による）。

(44)前掲注(31)に同じ。

(45) 堂童子については、中野千鶴「護法童子と堂童子」(『佛教史学研究』二七―一、佛教史学会、昭和五十九年)参照。

【補注I(一八〇頁)】

『玉置山境内諸所建物記録』の三狐神に関する記述は以下の通り。

(イ)一　三狐神鳥居　皆造致之
　安永八亥冬　大工上葛川村／□蔵
(ロ)天明五年巳年より／
　一　三狐神拝殿　　大工　同人
(ハ)寛政之酉年
　一　三狐神御鳥居　　(下略)
(ニ)明治十三年三月十七日
　一　三柱神鳥居　　(下略)
(ホ)一　三柱神社御屋根箱棟朽損替ル
　明治四年九月一日大工山手村喜平(下略)
(ヘ)一　三柱神　前柱替　明治十三年十一月大工大野村／中前与平治
(ト)明治十九年
　一　三柱神御鳥居建進
(チ)明治廿一年九月
　一　三柱神御屋根替
(リ)明治二十四年十月
　一　三柱神社御簾新調
(ヌ)明治二十七年四月廿日正遷宮施行ス
　同廿六年八月着手
一　三柱神社殿改造　社務掛笹内朝光(下略)

(ル)明治廿九年十月成効十月三十日遷宮式執行ス

一　三柱神殿屋根改造　社務係玉置永光

明治廿七年新造之処銅瓦粗悪ノ物ニテ（下略）

まず(イ)によって、安永八年（一七七九）に三狐神の鳥居が改造されているから、この時本殿も存在していただろうことがわかる。(ロ)により、天明五年（一七八五）以後に拝殿が造られたらしいが、天保十三年（一八三三）の絵図には拝殿は描かれていない。短期間に消滅したか、計画倒れに終わったかであろう。(ヘ)により、明治十三年（一八八〇）には、本殿の前柱つまり向拝の柱が改造されている。そして(ヌ)によって、明治二十六年（一八九三）から同二十七年まで、本殿を大改造している。筆者はこの文章の執筆当時はこれを修理と捉えていたが、現在は、これは新築であって今の本殿はこの時のものと考えている。また明治二十一年の絵図には、本殿背面に附属する下屋は描かれていない。従って、明治に入ってから建て直された本殿には、江戸時代にあった背面の籠所は付けられていなかったが、その後もとの形、つまり天保の絵図に描かれているような形に復したのであろうと推定する。

【補注2（一九五頁）】

伊勢神宮正殿と心御柱との関係について筆者の考え方はその後展開し、心御柱は正殿の定期造替のための定位点、つまり目印の杭のようなものが神聖視されたものと現在は考えている（本書第二章「神のやしろの曙」参照）。

# 図像解釈の位相——北野社参詣曼荼羅をめぐって——

## 社寺参詣曼荼羅への注目

国文学者徳田和夫の著書『絵語りと物語り』(1)が、平凡社イメージリーディング叢書の一冊として発刊された。絵画史料を素材とする日本中世文化への新たな理解が展開しつつある今日、全編国文学ならではの発想と考証に導かれた本書はひときわ異彩を放っている。

好著の常として、読後にこれは当然だったと感じることがよくある。考えてみれば、本書が中心的素材として扱った社寺参詣曼荼羅は、注目され始めた当初から絵解《えと》き・唱導《しょうどう》と深い関係にあると推測されていたから、絵解き・唱導の行為に必然的に付随してくる説話や伝承の分析は、その理解にとって不可欠であった。そういう意味で本書は当然の一書だと思うが、圧倒的な文学資料による考証をみると、筆者など畑違いの者はいささかの眩《くる》暈《めき》を覚えるし、画中の人物像やその物語りが明らかにされてゆく過程は、快い興奮を呼び起こしさえする。

さて、絵画史料の読解を基本に据えた研究は、数からいうと歴史学系の論著がよく目につくが、関心の持たれ方は、日本中世にかかわるあらゆる分野に及ぶであろう。筆者も日本建築史という建築学系の分野に身を置きつつ、近年の社寺参詣曼荼羅をはじめとする資料と研究成果の充実には目をみはる思いである。そこで、同じ分野の研究者同士の間には暗黙の共通理解もあるだろうが、異なる分野の者が同じような題材を扱う状況では、あえていうほどのこともないと思われるような基本的な事柄を含めた相互批判がことに重要であろう。

ここでは本書中の一章「床下神の物語」に対する疑問を投げかけてみようと思う。これによって、問題の図像について他の意見が出る可能性があるし、また方法論等につき、個人的資質あるいは学問分野における相違や限界、有効性が垣間見られるであろう。たとえば、建築学的には寺社の伽藍配置・社殿配置は主要関心事のひとつであるが、本書三七頁の、

寺社の伽藍配置はもともと伝統的な定型構造であり、堂、塔、祠などの位置も教理体系のうちに決定されているのが通常である。

という記述に出会うと、建築学徒が不勉強にしてその「教理体系」を知らないのでない限り、「伽藍配置」という簡単な言葉の概念においてなにか齟齬があるとしか思えない。

氏は「床下神の物語」において、筆者の以前にものした「床下参籠・床下祭儀」[2]なる拙稿を相応に評価し、批判した。筆者としては「床下神の物語」が単行論文[3]として発表された当初からなにかの機会があればと願っていたが、ちょうど著書としてまとめられたことでもあり、この折りに御恩返しもかねて、思うことどもを列挙してみるつもりである。以下の乱筆を御容赦願うとともにさらなる議論を期待したい。

## 床下の女

本書は二部からなる。第一部「社寺参詣曼荼羅を読む」は社寺参詣曼荼羅に描かれた説話を解析することに主眼を置き、第二部「物語の変奏」は図像を起点として、中世の文学芸能的世界の多様なあり方を描出しようとし

ている。

「床下神の物語」は第二部の最初におかれている。北野社参詣曼荼羅（図1）中の一場面を取りあげて、それをめぐる説話ならびに信仰のひろがりを描き出そうとしたものである。その場面とは、北野社境内の一小社の本

図1　北野社参詣曼荼羅（『北野藁草　図書』では北野曼荼羅と称している）

殿床下に一人の女性がうずくまっている情景である（一八三頁の図3参照）。北野社参詣曼荼羅に関する詳細は氏の著書および大阪市立博物館編『社寺参詣曼荼羅』(4)に譲るとして、この参詣曼荼羅は室町期の制作にかかり、参詣曼荼羅と総称される絵画群中にあってごく初期の作例に属する点、中世北野社の全景を摂末社にいたるまで社名入りで描く唯一の資料である点、北野天満宮の中世的信仰をよく描出している点などにおいて、無二の重要性をもっている。北野社参詣曼荼羅は、数々の神秘と謎に満ちており、将来一つ一つ解決してゆきたいものだが、問題の図もそのひとつである。

筆者は「床下参籠・床下祭儀」においてこの女性がうずくまっている小社の情景に触れるところがあった。文中あまり深い考えもなくこの社を西宮殿と判断したのだったが、徳田氏は中世の神拝次第の順から、これは西宮殿ではなく松童八幡《しょうどうはちまん》であると断定された。この点に関しては、従うべき見解であると考えている。しかしながら、この考証以後の氏の図像の読み込みに関しては、異を唱えたい部分が多い。まず拙稿における筆者の基本的な考えを簡単に述べてから、「床下神の物語」批判へと歩を進めたい。

拙稿「床下参籠・床下祭儀」は、これ以前に山王七社における本殿床下使用を取りあげたことがあり(5)、それがどれほど日吉社独自のことであるのかという点について、数年来集めた史料を綴ったものである。目的のひとつは床下使用の年代の溯源で、奈良時代の伊勢神宮に及ぶ。中世以降の各所の床下使用に関しては、いまだ収集事例が少ないためもあろうが、教義や儀式を媒介とする横の関係は見出し難く、それぞれの場で変化発展したようである。しかし、逆に意識的な教義や儀式に拘束されないゆえに各所の独自性が生じるのであって、床下使用自体は古代以来の一般的な信仰風俗なのではないかと筆者は考えている。つまり北野社参詣曼荼羅中の問題の図は、中世に社殿床下に籠《こも》ることが、我々が現在手にしている史料以上に一般的であったことを示す貴重な史料と思われる。氏は、重層するイメージの解読という考え方と巧みな言辞によりつつ、主眼としてはこの図を特定の伝承と結びつけて解釈するのであるが、その場合、筆者にとってはこの図の史料価値は激減する。この風景は特殊なものあるいは非現実なものとなってしまうからである。そのことに対する反論も含めて、以下順次、氏の論考を読み進んでみよう。

## 床下神か床下参籠か

第一節〈北野社境内の異景〉は北野社参詣曼荼羅の概要説明を行い、問題の部分の社名が、当時の神拝次第の順から、松童八幡であることを論証している。その末尾で、この図が、

当時、おこなわれていた参詣風俗を絵画化したものであろうか。それとも別系の、たとえば伝承や物語レベルから絵画化された図像なのであろうか。(一四七頁)

という問題提起がなされており、そのいずれであるのかの決定がここでのひとつの目的であると考えられる。

なお、瑣末なことだが松童八幡の隣の西宮殿につき、次のような記述がある。

「神変霊応記」によれば「夷　西宮ノ南宮ニテ御座。／三郎殿　夷ノ御子、虚空石神ト申也。御本地　不動、毘沙門」とあり、夷神は西宮に祀られており、その本地仏の不動明王もやはり西宮三郎殿の毘沙門天といっしょに祀られていた。(一四六頁)

他の具体的な史料を参照されているかも知れないが、そうでなければ御神体と本地仏が一緒に祀られていたという断定的記述は疑問である。引用の古記録や、問題の図の書込みにしても中世では神名に続けて本地仏名を記すのは通例であるが、社殿内の祭祀状況は多くの場合不明とせねばならない。神体だけの場合、仏体だけの場合、両方ある場合、どちらともいえないものがある場合、本地仏は外部に懸仏《かけぼとけ》を掛けてあらわす場合などが考えられる。それは神道的な神秘に属することで、具体的な図が描かれることもほとんどなく、神仏分離によって不明

に帰した。

第二節〈松童と松王〉は、前節で問題の社殿が松童八幡であると決定されたのを受けて、松童神の性格を明らかにしようとする。まず『神記』中の「神変霊応記」や『八幡愚童訓』『梁塵秘抄』によって、松童神は八幡神の眷属神《けんぞくしん》であること、たたりやすい小神であること、八幡神の御先神《みさきがみ》であることが述べられる。次いで、その根幹となる論証史料が掲げられる。それは『石清水八幡宮末社記』と『宮寺縁事抄』の松童神に関する記述で、それらには石清水八幡宮では松童神は高良社の板敷の下におわす神であると記されている。

　松童。不動。高良社ノ板敷下仁令レ坐シメ給フ（『石清水八幡宮末社記』）

　松童不動

　呪咀神也、又高良分身也、見二于貞観三年行教夢記一、以二高良板敷下御坐一、無二別社一、依二悪神一不レ可レ放レ目故也（『宮寺縁事抄』）

ここで氏は、

　（松童神の）隠れいるところは板敷きの下であり、すなわち床下か縁の下というのである。（一五〇頁）

という点を強調する。続いて松童神の性格が記述される。論旨は多岐にわたり拡散する傾向があって筋道を追いにくいが順次見てゆくことにする。

こうした松童神の姿態と神威機能には、たとえば、座敷や土蔵の奥深くに潜んでその家を護るという座敷ワラシのような、民間信仰レベルの神々のそれとあいかよう面もある。さらに想起するのは、つねに主神仏の背後にいて、その霊威をいやます役目をはたすという後戸《うしろど》の神である。芸能民たちに信仰されたこの神は、本堂や金堂、あるいは常行堂《じょうぎょうどう》の背面に祭祀された魔多羅《まだら》神であり、護法童子《ごほうどうじ》や護法神でもあり、また宿神《しゅくしん》と呼ばれる障礙神であった。宿神はまた境の神としても信仰されるようになり、いわゆる道祖神へと展開する。これとよく似て、松童神は八幡神の身近にいてそれを斎《いつ》き、それを動かす神であり、ときには畏怖すべき荒ぶる神ともなるのであった。

あらためて「北野社参詣曼荼羅」に目を転じると、その社はまさしく右近の馬場から北野社へと向かう道すがらに位置している。それは俗界と聖界のはざまに祀られた境の神そのものであり、異界への入口を司る道祖神の性格が歴然としていよう。（一五〇～一五一頁）

この文章は、第一に「座敷ワラシのような、民間信仰レベルの神々のそれとあいかよう面もある」とし、次に「さらに想起するのは（中略）後戸の神である」また「これとよく似て、松童神は」というふうに続くので、疑問がないわけではないが反論はしにくい論法になっている。ただ、後戸《うしろど》の神に関していうと、この言葉を現在（平成二年）の意味で使う場合、小田雄三「中世の猿楽について——国家と芸能の一考察——」(6)、同「後戸考」(7)、山岸常人「『中世仏堂』における後戸」(8)、拙稿「後戸の信仰」(9)などが参照されなければならないと考える。また氏が用いた服部幸雄「後戸の神」(10)「宿神論」(11)は前掲各論によりいくつかの修正を必要としつつもなお光芒を失なわぬが、これに即して宿神と松童神の相似をいうのであれば、服部の「宿神」や「後戸の神」の概念の根幹をなす芸能の民との関係が指摘されねばならないであろう。

氏は「宿神はまた境の神としても信仰されるようになり、いわゆる道祖神へと展開」し、北野社の松童社は「境の神そのものであり、異界への入口を司る道祖神の性格が歴然としている」と述べる。その論拠は、松童社の場所であって、右近の馬場から北野社へ向かう道すがらに位置するからであるらしい。しかし神域の結界は鳥居・門・川などおよび祓戸神や結界に入る儀式が行われる場所が第一義であろう。松童社の近くの忌明《いみあ》け塔は、喪《も》が明けた時に参る風習があって、確かに一種の祓《はらい》の場であったが、松童社そのものは明らかでない。それでも松童社の位置を境界と見るなら隣りの西宮殿はどうだろうか。さらに順次参道沿い、廻廊外の摂社はどうか。

次いで話は物語にかたちを変えた民間伝承の世界に入り、幸若舞曲《こうわか》「築島《つきしま》」の松王をめぐる物語的世界観が考察される。氏の理解の基本には、同工異曲の人柱《ひとばしら》伝説が日本各地にあり、主人公の名を松王とするものが多いこと、柳田国男がこの物語の生成と流布には八幡信仰とそれを唱導する巫者が関与しているとしたこと、柳田はまた石清水からの勧請を考えるよりも、こうした名前を名のる神が別に早くから各所にあったともしていること、などがある。これらを踏まえて氏は次のようにこの節を結ぶ。

北野社のかつての聖域にはこのように呼ばれる童児神が祀られており、後世、別系の八幡側の伝えと習合したといえよう。いずれにしろ、『北野宮寺縁起取要』に「松童八幡」と記されるとおり、鎌倉末期にはすでに八幡神と結合していたのである。そして北野社に松童八幡と称する社ができあがったときには、同時にそれは高良八幡の眷族神であり、床下に潜む神という伝承が付加したと思われる。

ひるがえって、当該の図像に立ちもどれば、松童八幡社の床下に人物を潜ませたのは、松童神そのものの縁起物語を描いたからであり、人物はすなわち松童神であると考えられるのである。その人物が女人の姿であるのは、松童が稚児ないし若宮とされた時代の遺風と見れば解決がつく。（一五四～一五五頁）

前段は、北野に松童社が鎮座した事情の推定的記述で、歴史史料の欠落した状況ではこのように考えざるを得ないかも知れぬ。しかし後段はどうであろうか。「松童八幡社の床下に人物を潜ませたのは、松童神そのものの縁起物語を描いたからであり」という縁起物語は、直接的には松童神が高良社《こうら》の板敷の下におわす神であるという前掲『宮寺縁事抄』などの記事を指し、間接的には松童神が床下に居て床上の顕在神をささえ助けることが、人柱となって築島の礎となった松王の物語と構造的に似ていることを指すのであろう。文学的発想の問題としては後者が重要であろうが、図像解釈の問題としては、前者を考えねばならない。

さて、前掲の『石清水八幡宮末社記』および『宮寺縁事抄』の記事によれば、石清水では松童神は悪神であって高良神が目をはなすわけにいかないので、高良社の社殿の板敷の下におわしたのであった。社殿の主祭神である高良神によって統御される眷属神であるところに、松童神が板敷下におわす意味がある。しかし、北野では松童神そのものが祀られたのである。したがってよほど特殊な祀り方をしない限り、松童神は本殿内に祀られているはずである。つまり、この社殿が高良社であれば、その床下の人物は松童神と見なされる局面もあろうが、社殿の祭神は松童神そのものなので、床下の人物が松童神である可能性は小さい。また、それが女人の姿に描かれていることの説明も文末の一文ではいささか理解しかねる。しかもこの女人は、写実的に窮屈な姿態に描かれている。もしこれが床下の神を床下に描いたのなら非常に直接的な表現法といえるが、それならば、見えるはずもない天満天神の神影を本殿内に大きく描いたように、なぜ床下に誇らしげな童子神を描かなかったのだろうか。結局、筆者はこの女人は松童神ではなく、図像は松童神の縁起譚とは無関係であると思う。

第三節〈潜在から顕現へ〉、第四節〈床下にひそむ者たち〉は「松童八幡の縁起、およびその信仰伝承と同パターン」の物語群を集めたものである。きわめて文学的な世界で立ち入る余地もあまりなく、北野社参詣曼荼羅との関係も稀薄なので、以下の一点だけを述べておきたい。

第三節の冒頭で、氏は拙稿「床下参籠・床下祭儀」を批判されたあと、

> (問題の図は) 床下鎮座の縁起説と現実の信仰風俗が一致したものとも推断でき、また格別に意義ある図像ということができる。
>
> つまり、図像を松童神の縁起説を直接描いたものと推断することから、さらに敷衍《ふえん》させて、それを祭祀する遊行巫女(歩き巫女)の姿ととらえることも可能なのである。宗教儀礼において、祭神と祭司者が一致していたり、同体化したりする例が多々あるからである。(一五五～一五六頁)

これにより、氏がこの図を現実の信仰風俗を描いたものというとらえ方も否定してはいないことがわかる。だが

よく読むと、この部分は全体として、先に問題とした、何故童子神であるはずの松童神が女人の姿に描かれているのか、という矛盾を説明しようとした文章と思われる。その方法は、いくつものイメージを重ねることで、現実の信仰風俗――遊行巫女の参籠――祭神と祭祀者の一致同体化――床下の女性は松童神という連環になっている。しかし中世的な常識の範囲で絵画はひとつの意味と目的を基本的にもつであろうと思われる。重層する意味がある場合にしても、参詣曼荼羅のごく一部、数センチ四方の小部分に松童神を描くのに、このような屈折した表現法・思考法がとられるだろうか。氏の解釈はやはり深読みにすぎると思われる。方法論的に、図像を解釈者のヴィジョンにそって読解するために、いくつものイメージを動員することは避けねばならないと考える。

## 中世の参詣風俗

建築物に即して床下使用を把握しようとする場合、建築的な使用痕跡に頼らざるを得ず、非常に大きな制約がある。文献史料においても、今のところごく少数しかその例をあげ得ず、とても一般的とはいえない。民俗としての残存例もあるかも知れぬが、私の知るのは一、二例で、おそらくこのような淫祀《いんし》に近い風習は近世近代に滅びているであろう。そして絵画史料にも決定的なものはない。徳田も論及した法然上人絵伝巻十五の日吉聖真子社の本殿縁下に何者かがたむろしている様子は（図2）[12]、他の史料から本殿床下が下殿（したどの・げでん）として建築的に使用されていたことがわかっているからこそ意味ありげに見えるのである。下殿は床下であって見えるはずもなく、この絵は縁下までしか描かないから、たとえば一遍聖絵巻四に描くところの京は因幡堂の縁下に乞食達が眠っている様子（図3）とどう違うのか、と問われると実のところ答えに窮する。

そこで、北野社参詣曼荼羅の問題の図は大変重要な意義をもつと思われるのである。先入観なしに見れば、これは本殿床下に窮屈な姿勢で女性がうずくまっている図である。このような小社の床下はごく狭く、雨宿りにも

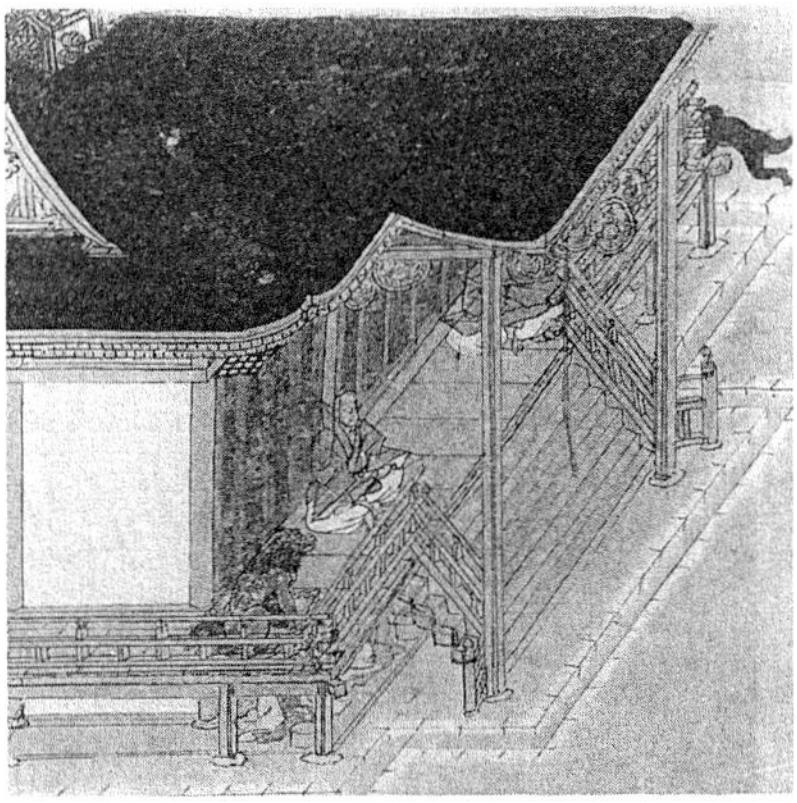

図2　法然上人絵伝巻十五第二段

鎌倉末成立。建物は、日吉社の聖真子社（現宇佐宮）本殿。この右方に拝殿が描かれていて、そこでは西方懺法が行われている。このような晴れの法要の時も、本殿縁下の住人たちが忌避されることはなかった。

睡眠にも適さない。したがってこの図は、他の意味がないとすれば、信仰にかかわる祈願あるいは参籠風景を描いたものと考えることができるのである。

社殿は、屋根が入母屋造に描かれている点を除き、床下吹放し、土台建てのごく普通の社殿である。屋根形態については、観応二年（一三五一）の制作になる慕帰絵詞巻六第一段の北野社頭風景に描かれた松童社、西宮社の形態、すなわち一間社流造（図4）が精確であろう。北野社参詣曼荼羅の松童社が、あまり一般的ではない入母屋造に描かれているのは、同様のことが他の絵画史料においても往々にして見られ、ひとつの手法であったと考えられる。したがって、そのこと自体は問題の絵の荒唐無稽さを示すものではない。結局、絵師は、通常のありふれた一間社流造の社殿を描いたことになる。そこにこのような祈願のしかた、参籠のしかたがあったと理解し得ることの意味は、中世の参籠風俗を考える上できわめて大きかろう。この図を、特定の説話と関連づけて解釈した場合、図は半ば絵空事となり、筆者がこの図に見出している重要性は消え去る。高良社の板敷の下におわすという松童神、その松童神の社殿の床下に女性がうずくまっている情景を、現代の我々の常識から異様な情景だと感じた時、そこに松童神の伝承を介在させたくなるのは筆者も同感である。しかし、前述のような理由で、松童神伝承とこの女性とは基

図３　一遍聖絵巻四

正安元年（1299）成立。一遍が京都の因幡堂を訪れた時の情景。乞食たちが縁の下で眠っている。

図４　慕帰絵詞巻六第一段

参道は右から左へと向かう。鳥居を入ると参道沿いに小さな鳥居があってそのうしろに石造五輪塔すなわち忌明け塔があり、続いて小社二宇、松童社と西宮社が並ぶ。忌明け塔の鳥居は実際は石造で、現存する。石塔は明治になって東向観音寺に移築された。

本的には無関係であると筆者は考える。この図は、中世の一風景を描いたにすぎないところにこそ重要な価値があるのである。

なお直接的な史料を提示できない現状では、いずれにせよ話は蓋然性の範囲にとどまる。とはいえ、徳田の見方は説話伝承との関連の発見という点において、総じて非常な説得力をもち、ほとんどの場合はほぼ決定的な読解に到達していると思われる。しかしながら、北野社参詣曼荼羅の問題の部分に関しては、たまたま筆者も以前に考えたことがあり、この図に対する考え方あるいは姿勢に関する問題提起もかねて、異論の存在する余地を示してみたかったのである。

（1）　徳田和男『絵語りと物語り』（イメージリーディング叢書、平凡社、平成二年）。

（2）　本書第三章第二項。初出は『月刊百科』三〇三（平凡社、昭和六十三年）。徳田氏の批判によって、誤りと判明した点は訂正して本書に収録した。

(3) 徳田和男「床下神の物語り」(『国語国文論集』一七、学習院女子短期大学、昭和六十三年)。
(4) 大阪市立博物館編『社寺参詣曼荼羅』(平凡社、昭和六十二年)。
(5) 拙稿「日吉七社本殿の構成―床下祭場をめぐって―」―本書第一章収録。
(6) 小田雄三「中世の猿楽について―国家と芸能の一考察―」(『年報中世史研究』一〇、中世史研究会、昭和六十年)。
(7) 小田雄三「後戸考―中世寺院における空間と人間―(上)(下)」(『紀要A〈人文科学・社会科学〉』二九・三〇、名古屋大学教養部、昭和六十年・六十一年)。
(8) 山岸常人「『中世仏堂』における後戸」(『佛教芸術』一六七、昭和六十一年)。のち同氏『中世寺院社会と仏堂』(塙書房、平成二年)所収。
(9) 拙稿「後戸の信仰」―本章収録。
(10) 服部幸雄「後戸の神―芸能神信仰に関する一考察―」(『文学』昭和四十八年七月号、岩波書店)。
(11) 服部幸雄「宿神論―芸能神信仰の根源にあるもの―(上)(中)(下)」(『文学』昭和四十九年十月号、昭和五十年一月号・二月号、岩波書店)。
(12) 前掲注(5)拙稿参照。

【付記】

北野社参詣曼荼羅は、西山克「夢見られた空間」(『聖地の想像力』、法蔵館、平成十年)において、より広い視野から検討されている。筆者と徳田氏との間の問題に関しては、西山氏は次のように記している。

「北野曼荼羅」で若い娘が潜んでいる小社を、黒田氏は当初、西宮殿と誤解しており、徳田氏はそれを松童八幡と糺したうえで、以上のような松童神をめぐる秘説を紹介したのである。「北野曼荼羅」に描かれた一図像を蠱惑的な八幡神話のなかに投げ入れようとする徳田氏の推論は、鮮やかな床下神のイメージと相まって、新鮮な印象を私に与えた。しかし、あたっているかどうか。

現実の床下参籠を描いたとされる黒田氏の再論の方が、私には自然な解釈のように思える。一応、私の解釈に軍配をあげたうえで、氏はさらに次のように続ける。

正直に言えば、床下の娘にのみ拘泥する両氏の解釈に、私は抜きがたい違和感を感じ続けてきた。ひとつの絵画資料を解読しようとするものにとって、とりあえず重要なのは全体であって、部分ではないのだから。床下参籠・床下祭儀の実態と意味を明らかにした両氏の研究はきわめて貴重なものではあるが、ことを「北野曼荼羅」の娘に限れば、そもそも扱い方が間違っている。「北野曼荼羅」と呼ばれる絵画の全体――絵画のコンテクスト――になんら言及することなく、自分流儀にこの娘だけを呼び出すのは、呼ばれた娘にとっても迷惑なことだろう。

まことに氏の言われるように、この絵画が一枚の絵としてどのような目的で制作されたのかを知ることは重要である。しかし、全体がわからなければ部分を理解できないのか、というとそうでもないだろう。例を中世の文学作品にとれば、『平家物語』や『太平記』はそれとして全体の筋をもっているが、本筋とは関係のない寺社の縁起やさまざまの説話をも含んでいる。それは参詣曼荼羅も同じで、全体としてひとつの寺社の紹介をするなかに、各堂舎あるいは場の由来や説話が描き込まれていると考えられるのである。氏の北野社参詣曼荼羅の読解が当っているかどうかは、これから検証していかなければならない問題だが、氏の仕事は極めて優れた最初の全体的解釈であり、敬意を表する。

# 第四章　寺院建築とその信仰

# 堂蔵の存在様態

## 序

中世の仏堂には、内部に収納空間が造られる場合がある。仏堂内の収納空間について、従来たとえば修理工事報告書などで個別の建物について論及されることはあっても、その出現の時期やどの程度の数の仏堂に存在するのかなど、全体を見渡した考究は行われていない。ここでは、その全体像を把握する基礎的な考察を行いたい。本稿では、堂内の収納空間に注目して現存遺構を通覧し、年代や様態を明らかにする。

堂内収納空間の設置は、宗派と特段の関係があるとはいえないが、禅宗仏殿は形式も行儀も中国風の独特のものであるから考慮の外に置く。実質的には、旧仏教系と浄土教系のものが中心となる。規模の上では五間堂以上を対象とする。理由は、三間堂では使い勝手の上から本格的な収納空間は基本的に造らないと思われ、また五間堂以上は地方有力寺院の本堂にほぼ対応するのに対して、三間堂以下には惣堂や村堂の類が混じり、社会条件を同日には論じられないからである。三間堂に関しては、必要に応じて論及する。上記の範囲で現存遺構の整理を試みると、いわゆる密教本堂(1)が大多数となり、結果的に中世における密教本堂の発展を跡づけることになる。

## 一　名称

仏堂内の収納空間としては次のような場合がある。

①明らかに物を収納し、保管・管理することを目的として作られたもの
②収納以外の用途にも使用可能な物入れ風のもの
③局や脇陣などの用途をもつ区画もしくは室が、収納の場に転用されたもの
④屋根裏や仏壇下など、本来は積極的な用途をもたない場所を物入れとしているもの

ここで取りあげるのは①と②で、特に①にはなんらかの名称を与える必要があるだろう。

堂内収納空間の呼び方として、永久寺真言堂では『内山之記』(2)に「真言堂東庫」「真言堂庫」、醍醐寺聖教中の永久寺真言堂指図(3)に「灌頂道具蔵」「一切経蔵」、羽賀寺では『羽賀寺年中行事』(4)に「本堂蔵」、観心寺金堂では観心寺伽藍寺役僧坊法式控(5)に「本堂御蔵」「本堂之寳蔵」、『檜尾揩蔵記』の観心寺金堂指図(6)に「蔵」、金剛輪寺本堂では金剛輪寺本堂指図(7)に「宝蔵」などとある。何々堂（之）蔵（庫）と呼ばれたり、内容物によって何々蔵と名づけられていたといえよう。これらのことを踏まえ、仏堂にある蔵全般の名称として、本稿では「堂蔵《どうぐら》」なる名称を使用したい。これは、実際に当麻寺本堂の墨書にある名辞である。本堂の左右両端柱間一間通りには、低いつし二階(8)があり、向かって右側のつし二階に上がると、一番後方の織殿の間に向かう壁面の戸に次のような墨書がある。

戊戌ノ年上也／二月十八日形見／堂蔵

壁面の構えは、戸以外の板壁に縦桟を打ち、戸は重い引き戸で落とし猿によって施錠するという他の事例にも共通する堂内収納空間の特徴を備える。ただし、現状では収納空間そのものはなくなっている。墨書の意味や年代

はよくわからない。

堂内収納空間ではあるが、堂蔵といえるほどの構えがないものは、物入れと呼ぶ。つまり扉構え、壁面の構造が特に頑丈に造られているものを堂蔵とし、そうでないものを物入れとする。しかし、堂蔵と物入れとを機能的に画然と区別することはむつかしい。また、堂の背面は改造される場合が非常に多い。一定の形式をもつ仏事の場となる内陣や礼堂はそれほど改造する必要がないのに対して、堂の背面は日常的な使い勝手の変化をよく反映する部分であり、姑息な改造が加えられる頻度も極めて高く、堂背面に部屋があるとしても、当初の目的をはっきりさせることは困難である。表1では堂の背面側に閉鎖的な部屋がある場合を物入れに準じて扱った。

次に、当麻寺もそうだが、堂蔵がつし二階に設けられる例がある。おそらくそれを示す言葉として、永久寺真言堂に関して『内山之

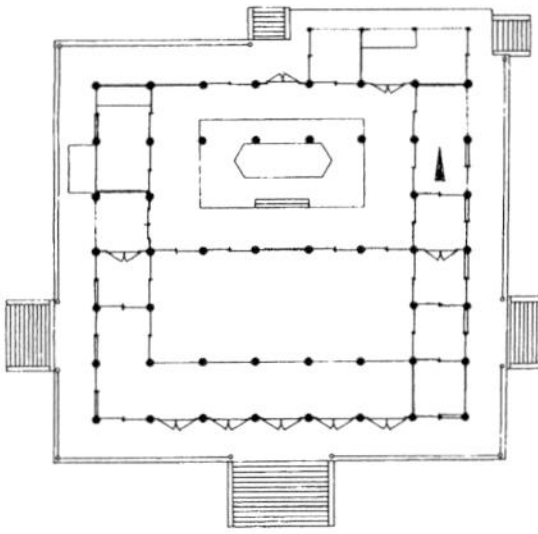

図1　当麻寺本堂。向かって右後方隅二階蔵入口の構え。下の平面図に写真位置を示す。

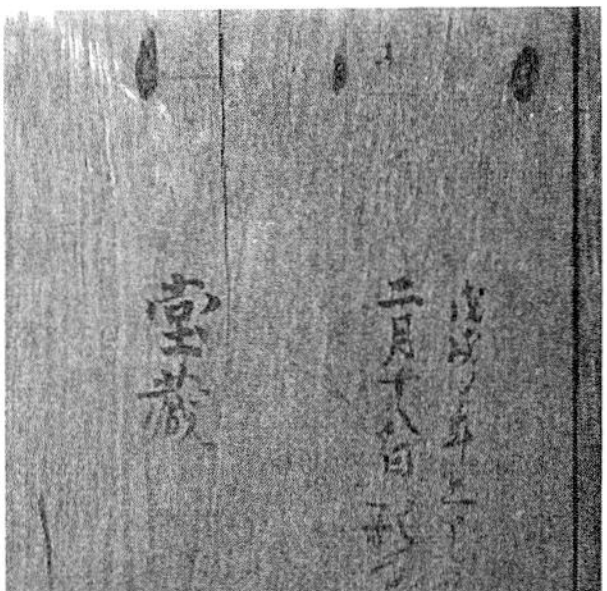


図2　右後方隅の二階蔵入口の戸の墨書(本文参照)

表1　密教本堂を中心とする堂蔵の設置状況

| | | 名　称 | 所　在 | 年　代 | 規　模 | 堂蔵の有無・備考 |
|---|---|---|---|---|---|---|
| 平安 | 1 | 当麻寺本堂 | 奈　良 | 永暦2年(1161) | 7×6 | ○長享頃設営 |
| 鎌倉 | 2 | 長寿寺本堂 | 滋　賀 | 鎌倉前期 | 5×5 | ◎中古・現在無 |
| | 3 | 大報恩寺本堂 | 京　都 | 安貞元年(1227) | 5×6 | × |
| | 4 | 円光寺本堂 | 滋　賀 | 康元2年(1257) | 5×5 | × |
| | 5 | 明通寺本堂 | 福　井 | 正嘉2年(1258) | 5×6 | △ |
| | 6 | 長弓寺本堂 | 奈　良 | 弘安2年(1279) | 5×6 | × |
| | 7 | 霊山寺本堂 | 奈　良 | 弘安6年(1283) | 5×6 | △ |
| | 8 | 太山寺本堂 | 兵　庫 | 弘安8年(1285) | 7×6 | ◎○中古・現在無 |
| | 9 | 大善寺本堂 | 山　梨 | 弘安9年(1286) | 5×5 | × |
| | 10 | 松生院本堂 | 和歌山 | 永仁3年(1295) | 5×5 | ×焼失 |
| | 11 | 妙楽寺本堂 | 福　井 | 永仁4年(1296) | 5×5 | × |
| | 12 | 鑁阿寺本堂 | 栃　木 | 正安元年(1299) | 5×5 | × |
| | 13 | 本山寺本堂 | 香　川 | 正安2年(1300) | 5×5 | × |
| | 14 | 太山寺本堂 | 愛　媛 | 嘉元3年(1305) | 7×9 | ◎ |
| | 15 | 室生寺本堂 | 奈　良 | 延慶元年(1308) | 5×5 | × |
| | 16 | 長保寺本堂 | 和歌山 | 延慶4年(1311) | 5×5 | × |
| | 17 | 愛宕念仏寺本堂 | 京　都 | 文保2年(1318) | 5×5 | |
| | 18 | 明王院本堂 | 広　島 | 元応3年(1321) | 5×5 | × |
| | 19 | 浄土寺本堂 | 広　島 | 嘉暦2年(1327) | 5×5 | × |
| | 20 | 大福光寺本堂 | 京　都 | 嘉暦2年(1327) | 5×5 | |
| | 21 | 南明寺本堂 | 奈　良 | 鎌倉後期 | 5×4 | × |
| | 22 | 大蔵寺本堂 | 奈　良 | 鎌倉後期 | 5×5 | |
| | 23 | 長福寺本堂 | 奈　良 | 鎌倉後期 | 5×3 | |
| | 24 | 孝恩寺本堂 | 大　阪 | 鎌倉後期 | 5×5 | |
| | 25 | 国分寺本堂 | 香　川 | 鎌倉後期 | 5×5 | |
| | 26 | 石手寺本堂 | 愛　媛 | 鎌倉後期 | 5×5 | |
| 室町前期 | 27 | 松尾寺本堂 | 奈　良 | 建武4年(1337) | 5×5 | × |
| | 28 | 金剛寺不動堂 | 東　京 | 康永元年(1342) | 5×5 | × |
| | 29 | 浄土寺阿弥陀堂 | 広　島 | 康永4年(1345) | 5×4 | × |
| | 30 | 薬王寺観音堂 | 和歌山 | 貞和3年(1347) | 5×5 | × |
| | 31 | 延暦寺釈迦堂 | 滋　賀 | 貞和3年(1347)頃 | 7×7 | × |
| | 32 | 峰定寺本堂 | 京　都 | 貞和6年(1350)頃 | 5×5 | |
| | 33 | 本山寺本堂 | 岡　山 | 観応元年(1350) | 5×5 | [補注] |
| | 34 | 観心寺金堂 | 大　阪 | 正平頃 | 7×7 | ◎江戸初改造 |
| | 35 | 道成寺本堂 | 和歌山 | 正平頃 | 7×5 | ◎ |

| | | | | | | |
|---|---|---|---|---|---|---|
| 室町前期 | 36 | 石津寺本堂 | 滋賀 | 延文4年(1359) | 5×4 | × |
| | 37 | 常楽寺本堂 | 滋賀 | 延文5年(1360)勧進 | 7×6 | ◎米蔵 |
| | 38 | 六波羅蜜寺本堂 | 京都 | 貞治2年(1363)勧進 | 7×6 | × |
| | 39 | 善水寺本堂 | 滋賀 | 貞治5年(1366)勧進 | 7×5 | ◎米蔵 |
| | 40 | 興隆寺本堂 | 愛媛 | 文中4年(1375) | 5×6 | × |
| | 41 | 西国寺本堂 | 広島 | 至徳3年(1386) | 5×5 | × |
| | 42 | 温泉寺本堂 | 兵庫 | 至徳4年(1387)頃 | 5×5 | × |
| | 43 | 富貴寺本堂 | 奈良 | 至徳5年(1388) | 5×4 | × |
| | 44 | 勝常寺薬師堂 | 福島 | 室町前期 | 5×5 | |
| | 45 | 中山寺本堂 | 福井 | 室町前期 | 5×5 | × |
| | 46 | 滝山寺本堂 | 愛知 | 室町前期 | 5×5 | |
| | 47 | 西明寺本堂 | 滋賀 | 室町前期 | 7×7 | ○ |
| | 48 | 金剛輪寺本堂 | 滋賀 | 室町前期 | 7×7 | ◎ |
| | 49 | 桑実寺本堂 | 滋賀 | 室町前期 | 5×6 | × |
| | 50 | 鞆淵神社大日堂 | 和歌山 | 室町前期 | 5×5 | |
| | 51 | 利生護国寺本堂 | 和歌山 | 室町前期 | 5×4 | × |
| | 52 | 観音寺金堂 | 香川 | 室町前期 | 5×5 | △復元 |
| 室町中期 | 53 | 鶴林寺本堂 | 兵庫 | 応永4年(1397) | 7×6 | ◎○ |
| | 54 | 朝光寺本堂 | 兵庫 | 応永20年(1413) | 7×7 | × |
| | 55 | 清水寺本堂 | 島根 | 明徳4年(1393) | 7×7 | |
| | 56 | 円教寺大講堂 | 兵庫 | 永享12年(1440) | 7×6 | × |
| | 57 | 瑞花院本堂 | 奈良 | 嘉吉3年(1443) | 5×5 | ◎○ |
| | 58 | 羽賀寺本堂 | 福井 | 文安4年(1447) | 5×6 | ◎物入れ風 |
| | 59 | 法界寺本堂 | 京都 | 康正2年(1456) | 5×4 | × |
| | 60 | 蓮華峰寺本堂 | 新潟 | 長禄3年(1459)以前 | 5×5 | × |
| | 61 | 新長谷寺本堂 | 岐阜 | 長禄4年(1460) | 5×5 | ◎物入れ風 |
| | 62 | 立石寺中堂 | 山形 | 室町中期 | 5×5 | △ |
| | 63 | 国分寺本堂 | 岐阜 | 室町中期 | 5×4 | × |
| | 64 | 高田寺本堂 | 愛知 | 室町中期 | 5×5 | △ |
| | 65 | 浄厳院本堂 | 滋賀 | 室町中期 | 7×6 | ◎米蔵　復元 |
| | 66 | 大国寺本堂 | 兵庫 | 室町中期 | 5×4 | × |
| | 67 | 竜福寺本堂 | 山口 | 室町中期 | 5×5 | × |
| | 68 | 善光寺本堂 | 大分 | 室町中期 | 5×7 | |
| 室町後期 | 69 | 円成寺本堂 | 奈良 | 文明4年(1472) | 5×4 | ◎米蔵・経蔵 |
| | 70 | 不動院本堂 | 奈良 | 文明15年(1483) | 5×4 | ◎米蔵 |
| | 71 | 浄土寺本堂 | 愛媛 | 文明16年(1484) | 5×5 | × |
| | 72 | 本蓮寺本堂 | 岡山 | 明応元年(1492) | 5×5 | △ |
| | 73 | 旧堂山寺本堂 | 福島 | 明応7年(1498) | 5×4 | |
| | 74 | 石峰寺薬師堂 | 兵庫 | 明応頃 | 5×5 | × |

| | | | | | | |
|---|---|---|---|---|---|---|
| 室町後期 | 75 | 若松寺観音堂 | 山形 | 永正6年(1509) | 5×5 | × |
| | 76 | 真光寺本堂 | 岡山 | 永正13年(1516) | 5×5 | × |
| | 77 | 浄土寺薬師堂 | 兵庫 | 永正14年(1517) | 5×5 | × |
| | 78 | 東光寺本堂 | 兵庫 | 永正14年(1517) | 5×5 | × |
| | 79 | 長命寺本堂 | 滋賀 | 大永2年(1522) | 7×6 | |
| | 80 | 薬王院本堂 | 茨城 | 享禄2年(1529) | 7×5 | × |
| | 81 | 地蔵院本堂 | 栃木 | 天文11年(1542) | 5×4 | × |
| | 82 | 青蓮寺阿弥陀堂 | 熊本 | 天文11年(1542) | 5×5 | |
| | 83 | 本興寺本堂 | 静岡 | 天文21年(1552) | 5×5 | |
| | 84 | 神宮寺本堂 | 福井 | 天文22年(1553) | 5×6 | × |
| | 85 | 大恩寺念仏堂 | 愛知 | 天文22年(1553) | 5×5 | × |
| | 86 | 国分寺金堂 | 高知 | 永禄元年(1558) | 5×5 | |
| | 87 | 雲峰寺本堂 | 山梨 | 室町後期 | 5×5 | |
| | 88 | 法華経寺法華堂 | 千葉 | 室町後期 | 5×4 | |
| | 89 | 竹林寺本堂 | 高知 | 室町後期 | 5×5 | |
| | 中世密教本堂以外 | | | | | |
| | 90 | 浄土寺浄土堂 | 兵庫 | 建久3年(1192) | 3×3 | ◎ |
| | 91 | 西郷寺本堂 | 広島 | 文和3年(1354) | 7×8 | ◎ |

記[9]』に「天井之蔵」、東大寺二月堂について『二月堂修中練行衆日記[10]』永禄十二年（一五六九）の条に「二階倉」とある。寛文再建の現二月堂にはこの備えはないが、中世ではおそらく南側の局上方のどこかに蔵が存在した。つし二階に造られた堂蔵の名称はこれに拠りつつ、文字を統一して二階蔵と呼ぶことにしたい。

## 二　遺構における堂蔵

表1は現存密教本堂をほぼ年代順に並べた一覧表である。堂の選択については、五間堂以上の密教本堂を整理した関口欣也の表[11]を基礎としたので、最近の国指定物件などは含まれていない。逆に、本稿の目的から当麻寺本堂、観音寺本堂、密教本堂ではない浄土寺（兵庫）浄土堂、西郷寺本堂を掲出している。これらは、堂蔵もしくはそれに類する室をもつからである。順序は、文化庁編『国宝・重要文化財建造物目録』（平成二年）所載の建立年代順とし、時代区分も同書にならった[12]。建立年代には大規模改造の問題があり、表では現状に近い形態の成立時期を採用したもの（1当麻寺本堂・47西明寺本堂）と、

図3　堂蔵をもつ堂の略平面図

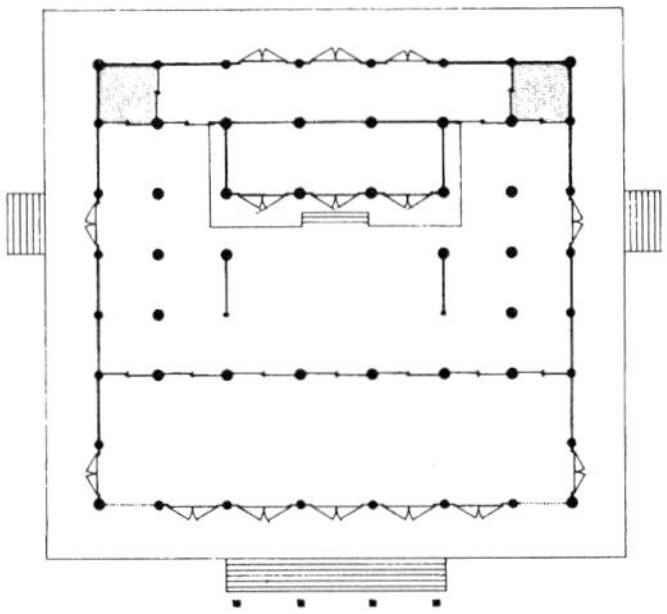

34　観心寺金堂

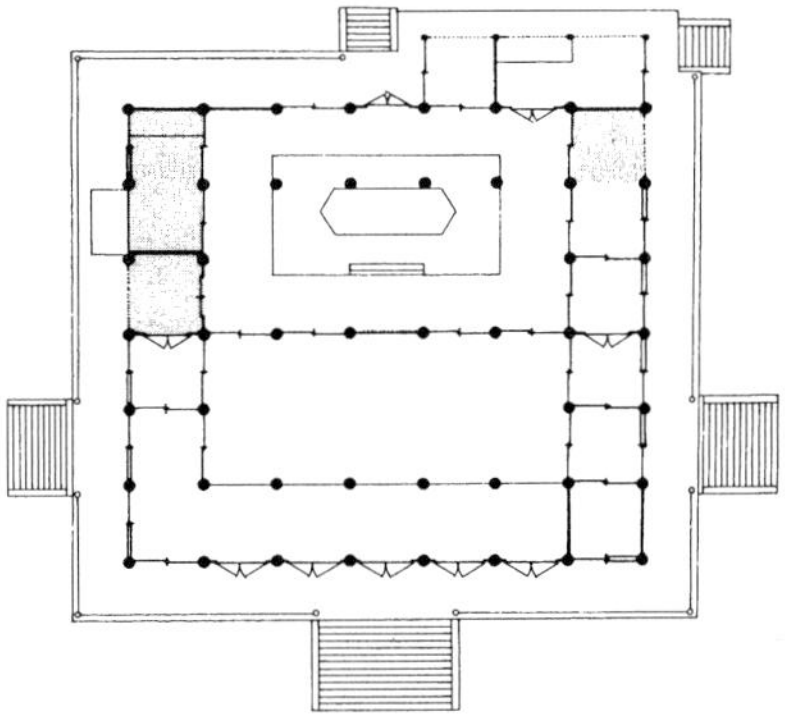

1　当麻寺本堂

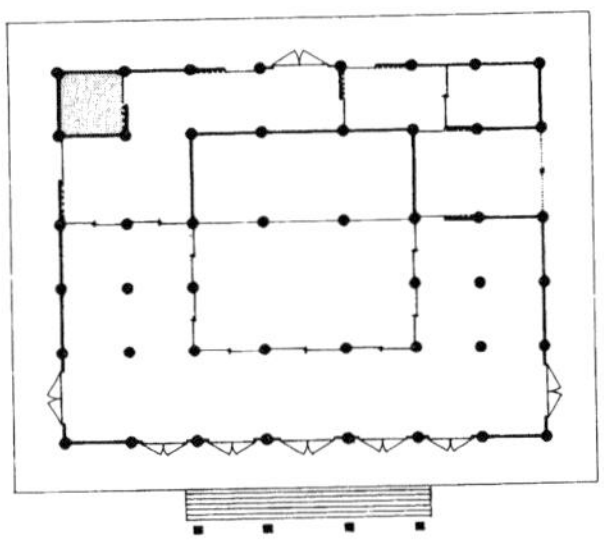

35　道成寺本堂

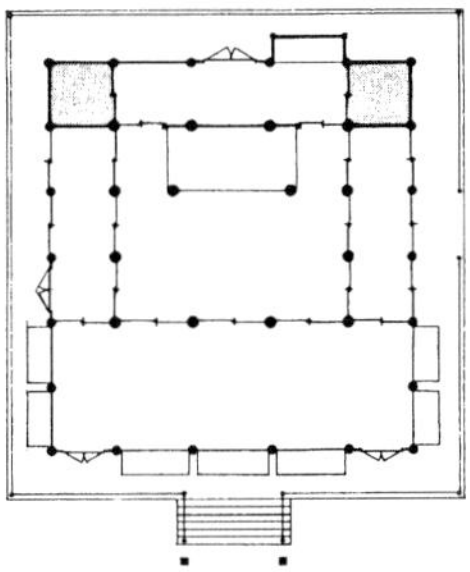

7　霊山寺本堂

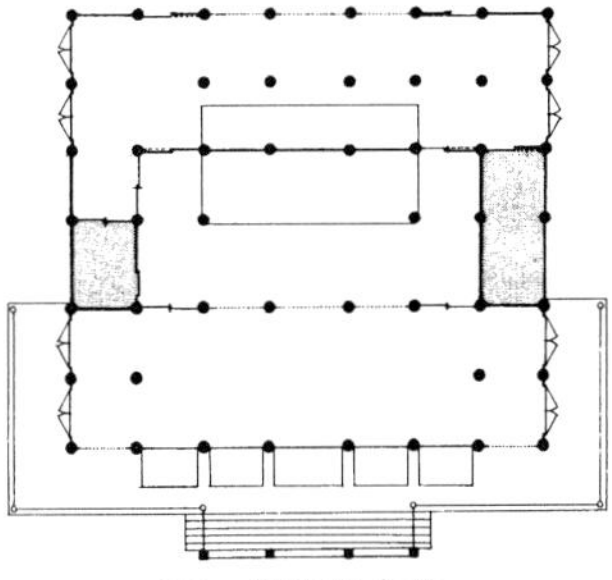

37　常楽寺本堂

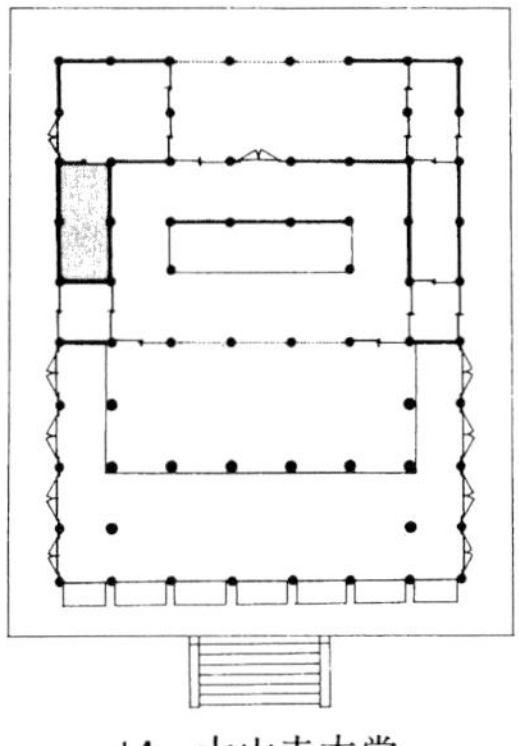

14　太山寺本堂

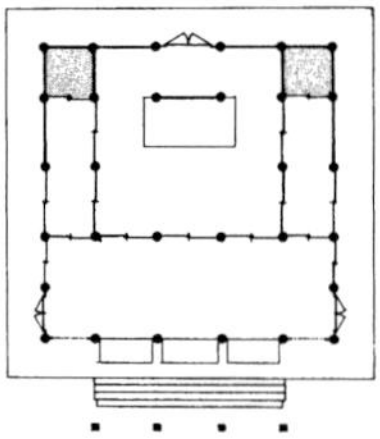

52　観音寺金堂

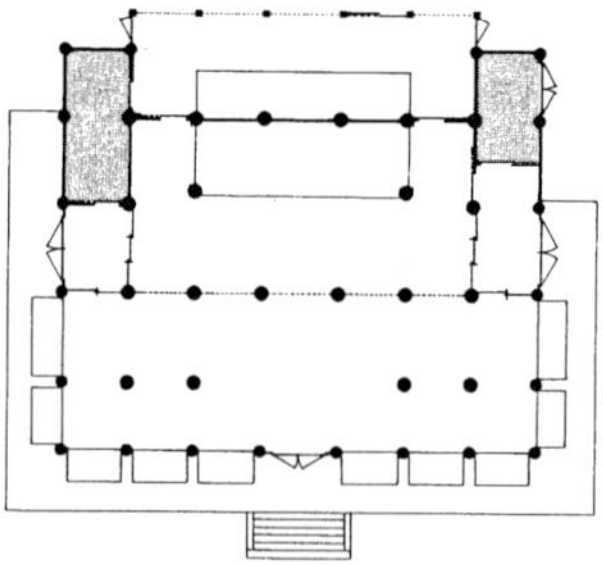

39　善水寺本堂

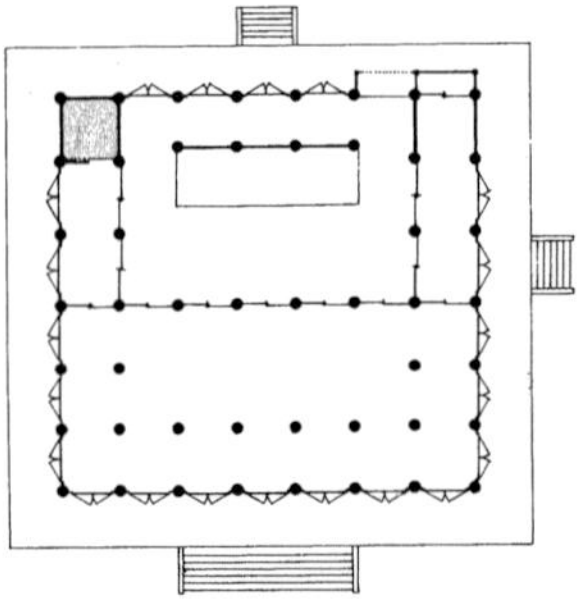

53　鶴林寺本堂

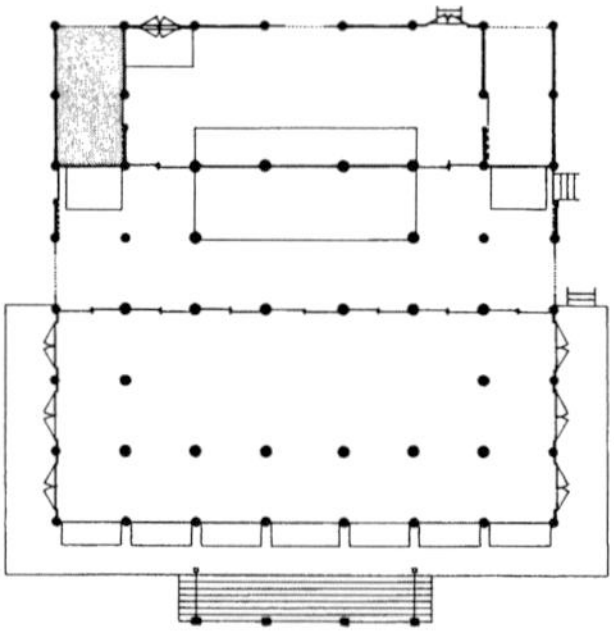

47　西明寺本堂

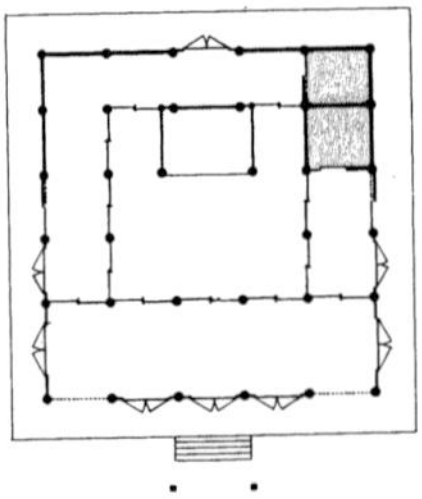

57　瑞花院本堂

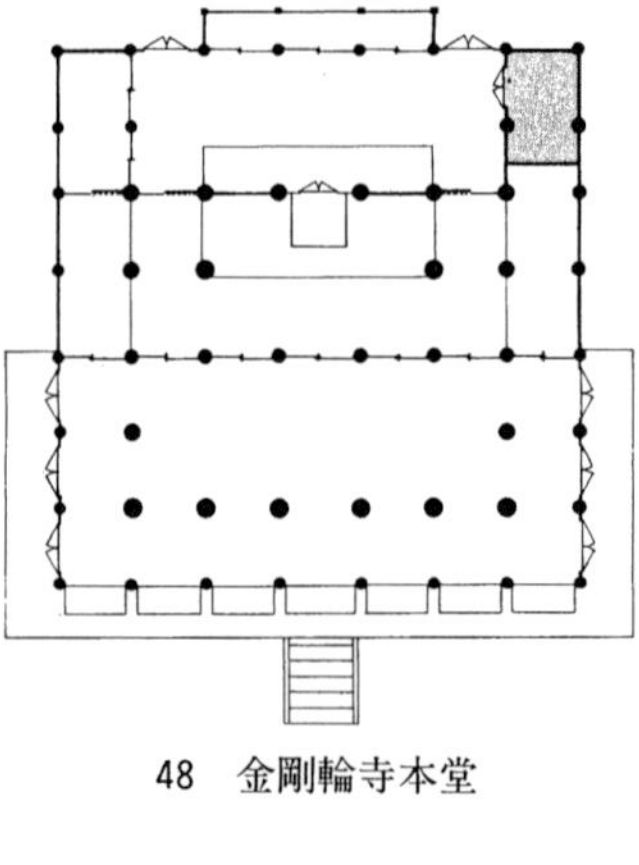

48　金剛輪寺本堂

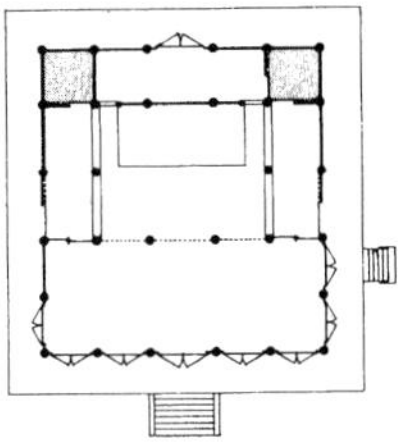

64　高田寺本堂

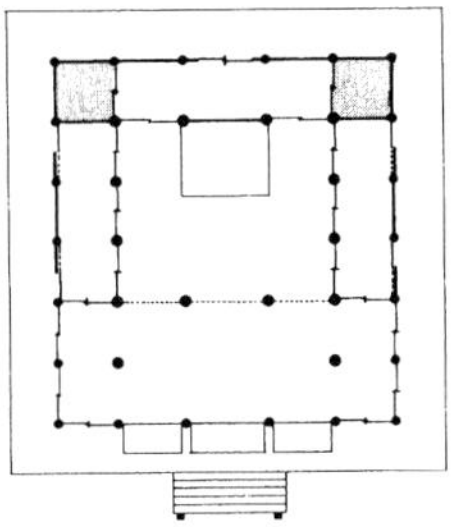

58　羽賀寺本堂

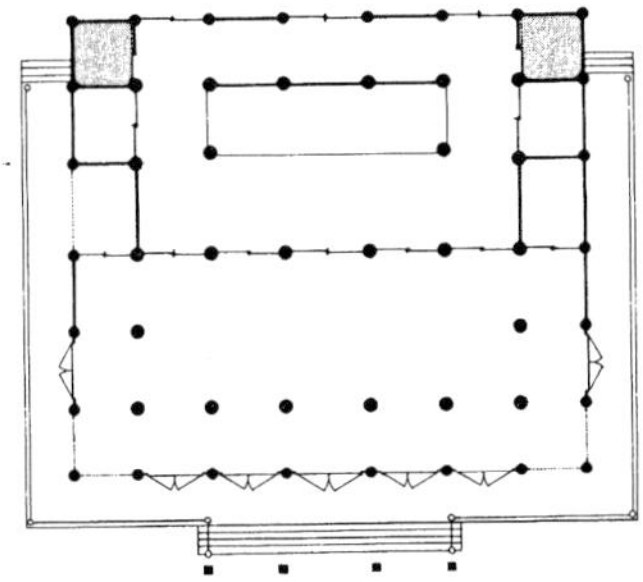

65　浄厳院本堂

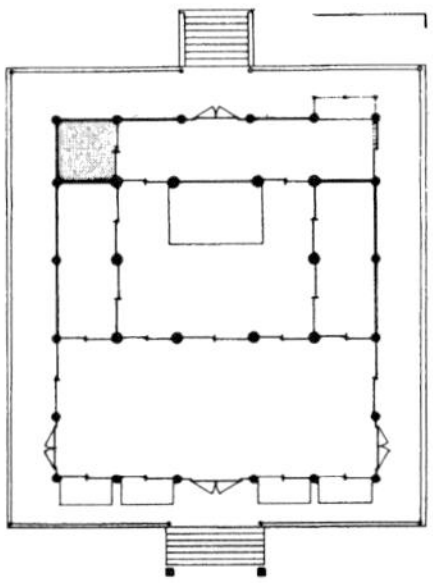

61　新長谷寺本堂

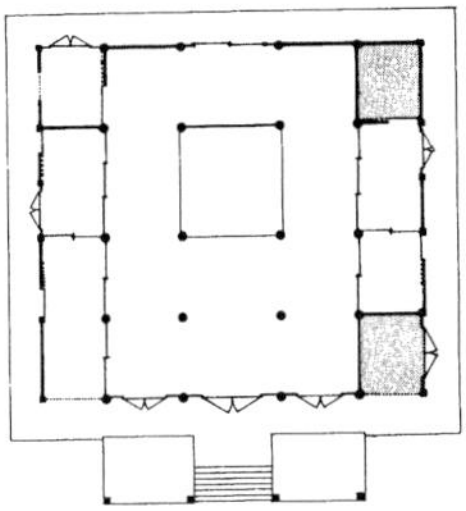

69　円成寺本堂

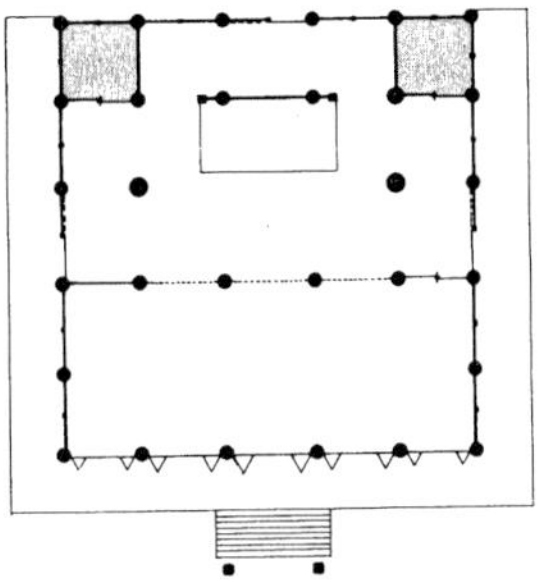

62　立石寺中堂

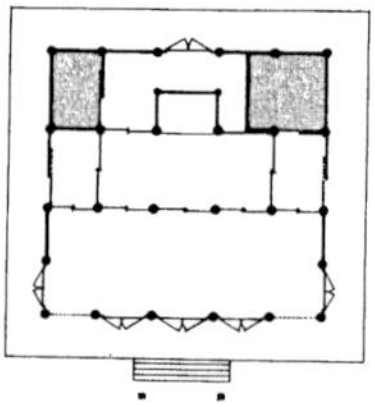

70　不動院本堂

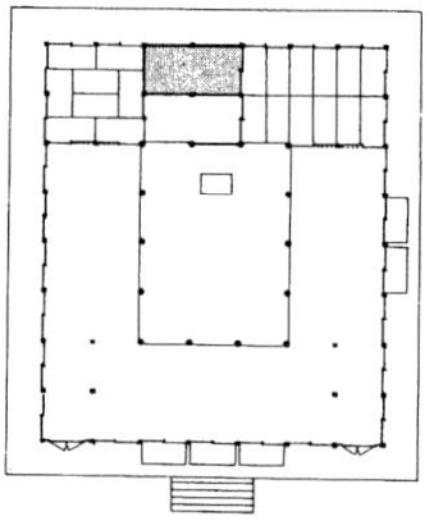

91　西郷寺本堂

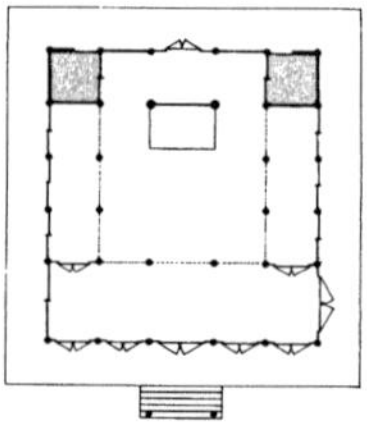

72　本蓮寺本堂

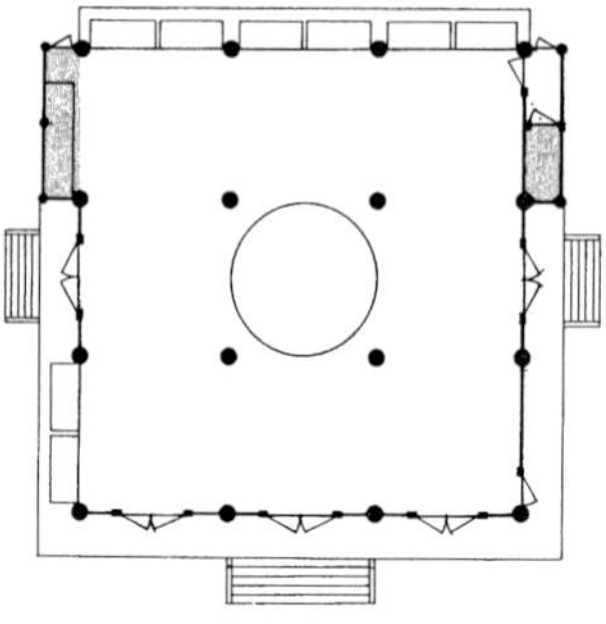

90　浄土寺浄土堂




当初形式が大きく変えられている場合には復原形態の年代としたもの（52観音寺本堂・65浄厳院本堂）がある。報告書などで、異なる年代を推定しているものもあるが、以上の点については個別に言及する。表は、密教本堂以外の堂蔵をもたない大規模堂宇は含まない。堂蔵の有無や改造による設置または撤去などに関して、修理工事報告書に類する密度の高い知見が得られたものには印を付した。◎印は一階に堂蔵があるもの、○は二階蔵、△印は物入れ風の部屋があるもの、×印はそれらがないものである。無印は、断定しにくい事例であるが各種の資料(13)でみると、堂蔵・物入れともに無いと判断され、×印に準じる。以下の個別の説明は堂蔵または物入れの存する遺構について行う。平面の記述に際しては、統一的に堂の正面側を前方、背面側を後方、堂正面に向かって右手を右方、左手を左方と表記する。図1の平面図では、堂蔵または物入れの所在する部分を網掛けで示した。番号は表1の番号と対応する。

(1)当麻寺本堂（表・図—1）

本堂は、当麻曼荼羅安置のため、奈良時代あるいは平安時代初頭に前身建物二棟分の材を用いて建立され、のちに孫庇が付加されて密教本堂の平面に近づき、永暦二年（一一六二）の改修で完成された形をもった。

堂蔵は、つし二階に造られた二階蔵で、現状では用をなさぬ部分が多いが、戸の構えから一つは左後方の一間×三間、もう一つは右後方隅の方一間であった。

右二階蔵の戸は前方のつし二階に開き、三〇センチ程の高さの蹴込みの上に敷居を置く片引き戸とし、袖壁外部に縦桟を打っている。前述のように、この戸に「堂蔵」の墨書がある。戸は重い引き戸で落とし猿によって施錠する。現状は、この壁面の後方になる一階の織殿の間の天井を高めて十一面観音を祀ったため、収納空間そのものはなくなっている。

左堂蔵は全体としては内陣と同じ奥行きだが、前方一間と後方二間にわかれていて、出入り口もそれぞれにある。結局ふたつの堂蔵だったのだろう。前方のものは内陣側に、後方のものは堂外側面後方の柱間に、それぞれ片引き戸を開き、袖壁に縦桟を打つ。これらはある時期、参詣者の宿泊に供されたかも知れぬが、その構えは基本的には堂蔵であったと考えられる。

つし二階は、室町後期には両側面入側全体に設けられていた。とくに北（右）入側つし二階前方から第二・第三の間からは西国三十三所巡礼札、笹塔婆、納骨五輪塔などが発見され、参詣者の宿泊に供されたと推定されている。つし二階が造られた年代は不詳であるが、修理工事報告書では[14]、およそ三種類のつしの痕跡が確認され、室町以前、すでにつしが設けられていたとしている。年代につき、岡田英男はさらに考証をすすめ、鎌倉時代頃まず内陣南脇即ち左堂蔵の部分につしができ、ついで康永四年（一三四五）頃内陣両脇に改めてつしが造られ、さらに長享（一四八七〜八九）頃に堂の入側全体に及んだとしている[15]。現在の堂蔵の時期は長享頃である。鎌倉時代のつしの用途は、宿泊所よりは堂蔵のほうが可能性は高かろうと思うが推定の域を出ない。

(2)長寿寺本堂（表—2・図省略）

鎌倉初期の五間堂。現状では堂蔵はなく、かつ創建時もなかったと思われるが、内陣の右壁面二間に縦桟が打たれている。また両側面の後ろから二間目に外部へ張り出した部分のあった痕跡が認められる。近隣の常楽寺・善水寺には立派な堂蔵があることからして、壁面に打たれた縦桟は中世のある時期にこの辺りに堂蔵の存したことを物語るものではないかと考える。

(3)明通寺本堂（表—5・図省略）

正嘉二年（一二五八）建立の七間堂。右後方隅の方一間が三方壁で、左側柱間のみ格子戸引違いの室となる[16]。この室は堂蔵とはいえず、物入れとしても弱い建具であるが、転用可能な室として一応あげておく。

(4)霊山寺本堂（表・図—7）

弘安六年（一二八三）上棟の五間堂。後方両端の方一間は三方壁で、後陣側にのみ引違い戸を開く。

(5)太山寺本堂（兵庫）（表—8・図省略）

弘安八年（一二八五）上棟の七間堂。御住職によれば、左後方隅の方一間と右後方隅の一間×二間に堂蔵があった。修理前、左のものは二階蔵で、鬼会の衣装や棟札等を納めていた。右は、一・二階とも蔵で、一階には提灯や仏具、二階には経の版木を収納していたという。修理工事に際し、後補と見なされたためすべて取り除かれた。修理工事報告書[17]は、享保の大修理時に造られたものとしているが、中世にかかる可能性もあるという。[18]

(6)太山寺本堂（愛媛）（表・図―14）

嘉元三年（一三〇五）建立の七間堂。内陣は土間で、奥行き四間の礼堂、奥行き二間の後戸をもつ。内陣左側の後方寄り一間×二間の部分は、修理前は外部に面した窓もあったが、後方の柱間が引違い板戸である以外は三方とも壁に復原された。[19]閉鎖的な部屋である以外に判断材料はないが、物入れまたは堂蔵であったと考える。

(7)観心寺金堂（表・図―34）

室町前期の建立になる方七間堂。近世の『檜尾措蔵記』所収指図[20]では後方両端の方一間が蔵となっているが、修理工事によって建立後の堂の改変状況が明らかになった。修理工事報告書[21]によると、この部分が蔵の構えをもったのは、寛永十年（一六三三）頃と考えられる。後方両端の方一間はもとからそれぞれ一室で、堂内側の柱間装置は二方向とも引違い板戸に復原された。中世の状態は決定的な証拠を欠くが、すでに堂蔵として使用されていた室を近世にいたって整備したものではなかろうか。

(8)道成寺本堂（表・図―35）

墨書により、正平頃すなわち十四世紀中頃の建立になると考えられる七間堂。天授・享禄・明暦・文化に大きな改造を受けて現在にいたった。正平建立当初の平面は図の通りで、左後方隅の方一間に堂蔵があったと推定され、修理工事によって復原されると聞く。堂蔵は、文化の大改造で後方一間通りが大幅に拡張されるまで存したようである。[22]［補注］

(9)常楽寺本堂（表・図―37）

延文五年（一三六〇）以後まもなく建立された七間堂。修理工事報告書[23]によると内陣の両脇が堂蔵になっている。右のは一間×二間で、内部壁面には密に縦桟が打たれている。左は方一間で位置は礼堂寄りとなり、礼堂側の壁面内部に縦桟が打たれる。左堂蔵の内陣側壁面には、つし二階の高さに出入り口があり、あるいは二階蔵もあったかと思われるが、実見していない。右堂蔵は、縦桟に康正二年（一四五六）の年紀をもつ米の出納覚えの墨書があり、中世から米蔵であったことがはっきりしている。[補注]

⑽善水寺本堂（表・図―39）

貞治五年（一三六六）の建立になる七間堂。後戸は背面に半間張り出した下屋をもつ変則的な形だが、これも当初からと考えられる。(24) 堂蔵は左右にあり、右は脇陣の後方一間×一間半、左も位置は同じで一間×二間である。両方とも正面側に入口があり、入口の脇壁及び上方の壁面外側に縦桟を打つ。内部を観察すると、柱の割れ目や板壁の矧目に米蔵特有の穀象虫の巣が残っている。明治の取り替え材にはないので、ここが米蔵として使用されたのは近世以前のことである。堂蔵の構え自体は、右堂蔵前方壁面の外面の引き戸右側の脇壁及び縦桟に永正七年（一五一〇）をはじめとする参拝者の落書きがあり、右堂蔵に関しては中世以来のものと判断できる。前述の常楽寺はごく近隣であるから、善水寺堂蔵の米蔵としての使用も中世にさかのぼる可能性がある。

⑾西明寺本堂（表・図―47）

修理工事報告書(25)によると鎌倉前期に方五間堂として建立され、室町前期または中期に方七間堂に拡張されたのが現在の姿である。ここでは、室町前期と考えておく。(26) 堂蔵が造られたのは七間堂拡張時で、左後方隅の一間×二間にあり、二階蔵である。一階は宿泊室風の部屋になっている。二階蔵入口は引き戸で脇壁には縦桟を打ち、内部にも縦桟を打っていた痕跡が残る。

⑿金剛輪寺本堂（表・図―48）

須弥壇に弘安十一年（一二八八）の銘をもつ。七間堂。従来これが建立年代とされているが、最近は様式技法から前述西明寺本堂の七間堂拡張と同時期、即ち南北朝期と考えられている。[27]修理工事報告書[28]は須弥壇及び在銘金具について、両方とも建立当初のものとするが、須弥壇内部の当初部材に大鋸が使用されているので、須弥壇の造立年代も弘安十一年より降る可能性があるとしている。[29]堂蔵は一階で、右後方隅の一間×一間半である。西明寺堂蔵との大きな相違点は、二階蔵ではないことと立派な扉構えをもつことである。金剛輪寺堂蔵の扉構えは両開きの板戸で、明らかに西明寺のそれよりも格が高く、前述のように文政五年の図では堂蔵は「寳蔵」と呼ばれていた。内部の壁面には縦桟を打つ。

⒀観音寺金堂（表・図—52）

現在は正面三間の堂だが、修理工事によって、室町前期の建立当初は方五間であったことが判明した。復原平面図では、後方両端の方一間が三方壁、正面側のみ引違い格子戸の室となり、修理工事報告書[30]は、脇仏壇かあるいは物入れなどになっていたと考察している。

⒁鶴林寺本堂（表・図—53）

応永四年（一三九七）建立の七間堂。左後方隅の方一間を堂蔵とする。ここは上下二室にわけられていて、ともに蔵である。[31]壁の内側には縦桟を打ち、前方には片引き戸の入口を開き、袖壁外部にも縦桟を打つ。これと対称の位置、右後方隅の方一間にも同様の構えがあったと考えられる。[32]

⒂瑞花院本堂（表・図—57）

棟木銘により嘉吉三年（一四四三）の建立になる五間堂である。寛文五年（一六六五）以降浄土宗となり、堂の平面もそれに対応したが、以前は真言宗に属し、密教本堂の形態をとっていた。修理工事報告書[33]では、当初の復原図が作成されている。それによると、右後方隅の方一間とその前方の方一間がそれぞれ一室となり、前方の室にはさらにつし二階が設けられていた。報告書はこれらの室の用途には言及していない。後方の室は、明かり取りがあったとされる。前方室上部のつしは天井高からして収納以外の用途には使えまいし、前方室自体もその閉鎖的な構造から、つしと一体的に運用される堂蔵であったと思われる。これらが撤去されたのは安政年間の修理ではないかとされている。

⒃羽賀寺本堂（表・図―58）

文安四年（一四四七）の建立になる五間堂。建立後の修理と改変は三〇回に及ぶというが、それにもかかわらず、堂蔵が建立当初から存在したと知られることは貴重である。修理工事報告書[34]によれば、後方両端の部分は、修理工事以前は前方の脇陣から使用する仏壇であったが、両方とも方一間の物置に復原された。壁や建具は柱に残る痕跡から推定可能で、かつ当初からここが物置であったと考えられるのは、その部分の堂内側の柱の表面がまったく荒削りのままであったことによる。室内側を荒仕上げで放置する理由は、人目にふれない収納空間であったためと考えられる。ここに仏壇が作られたのは、須弥壇束の墨書から、文政八年（一八二五）と知られる。

⒄新長谷寺本堂（表・図―61）

長禄四年（一四六〇）建立の五間堂。修理工事報告書[35]は左後方隅の方一間を後戸から使用する物置としている。

⒅立石寺中堂（表・図―62）

室町中期の方五間堂。修理工事報告書[36]は寺伝にいう正平十一年（一三五六）建立を有力視するが、定かではない。修理工事にいたるまでの内部の改変は著しかったが、だいたい当初平面が判明し、後方左右両端の方一間は、三方が壁で正面のみ板戸引違いに復原された。このように二室ある場合は、一室が番僧部屋のような居室であったとしても、他方は物入れとなる可能性が高いであろう。

⒆高田寺本堂（表・図―64）

室町中期の方五間堂。修理工事報告書[37]は、様式手法から鎌倉末ないし室町前期の建立とする。左後方隅の方一間は三方壁で、前方のみ袖壁付きの片引き戸とする。

⒇浄厳院本堂（表・図―65）

この堂は、近江八幡市多賀町から天正五年（一五七七）に現地に移建された。浄厳院は浄土宗に属し、堂も浄土宗風の平面に改築されているが、もとは天台宗興隆寺の弥勒堂であった。修理工事に際して綿密な痕跡調査が行われた結果、創建時の平面が判明し、創建堂は形式手法からみて、室町中期建立になる正面七間の密教本堂であることが明らかになった。(38) 復原図によると後方左右の一間が仕切られる形となり、特に右後方の室の内部に面した柱の表面に穀象虫の巣くった跡がみられ、ここは米蔵であったと考えられる。(39) それは移建される前の痕跡であるから、やはり中世のことであった。

㉑円成寺本堂（表・図―69）

文明四年（一四七二）上棟、永正八年（一五一一）堂供養の五間堂。平面は阿弥陀堂建築の発達したものといえよう。

堂蔵は二箇所にある。ひとつは右前方隅の方一間、もうひとつは右後方隅の方一間である。右前方のものは、高麗版大蔵経を納めるため永正十一年（一五一四）に改造された経蔵であり、右後方のものは米蔵と呼ばれる。米蔵は建立時から堂蔵であったと考えられ、前方に片引き戸を開き、袖壁外部を縦桟で固める。壁は、米蔵内部では土壁の間柱を壁真より堂内側へずらして室内へ出し、縦桟と同じ効果をもたせている。壁の上方は間柱を出した土壁、下方は腰框より下に横板壁を張る。(40)

㉒不動院本堂（表・図―70）

文明十五年（一四八三）建立の五間堂。後方両端に堂蔵をもつ。右方は一間半×一間で、堂内側壁面の外側に縦桟を打つ。左方は方一間で、前方壁面の外側に縦桟を打つ。修理工事報告書によると、(41) 両方とも穀象虫の虫食い痕があり、米蔵であったことは確かであるが、その時期については決め手がない。十八世紀後半の修理で左の蔵が撤去された状態で修理工事を迎えたので、少なくとも江戸中期以前のことではある。

(23)本蓮寺本堂（表・図―72）

明応元年（一四九二）建立の五間堂。後方両端の方一間を仕切って部屋とし、背面側を片引き戸、内陣側を引違い戸とする。[42] 用途等は不詳。

(24)浄土寺浄土堂（表・図―90）

阿弥陀堂形式の三間堂。年代は建久三年（一一九二）説と建久五年（一一九四）説がある。[43] 近年、本尊阿弥陀如来像胎内に、建久六年（一一九五）の銘があることが確認され、浄土寺縁起（神戸大学本）の建久五年上棟、建久八年供養という記述の信憑性が高まったといえる。[44]

浄土堂は、修理工事によって、可能な限り鎌倉創建期の姿で復原された。そこには堂蔵とみられる施設がある。それは右後方のいわば縁の延長上にある部屋で、堂の内外いずれからにせよ、部屋の後方の土間を通って入るという極めて例外的な構成になっている。そして方三間の仏堂本来の空間には割り込まず、その外側に付設された部屋としての構えである。外部に面して、軒桁下の高い位置に連子窓を有するが、復原された扉構えは頑丈で、しかも修理前には米蔵として使用された時代のあったことが明らかであった。[45] これらのことから、この部屋は当初から居室であるよりは堂蔵であったと考える方が妥当であろう。また、左後方隅には閼伽棚様のものが復原されており、その上方にも物入れがある。堂蔵、堂内の閼伽棚、物入れとも、当時の仏堂としてはかなりの先進性を有すると考えられる。

(25)西郷寺本堂（表・図―91）

時宗本堂。修理工事報告書[46]によれば、文和二年（一三五三）の棟札写しがあり、応永頃（一三九四～一四二七）

に完成したとされる。後方の二間通りは、前後方向の仕切りで三つに区切られ、その中の中央部分がさらに前後二室に仕切られる。中央部分の後方の室は、三方が壁で、他の室より一段低い天井が張られた形に復原され、物入れであったと考えられる。

## 結

遺構の分布が西日本に多いのは仕方がないとしても、地方有力寺院の動静に関しては、時代の実情を反映したものとみなすことが可能であろう。

鎌倉時代における堂蔵の有無について確実な判断を下すのは難しいが、概して堂蔵をもつ仏堂は非常に少ないと言いうるだろう。堂蔵があった可能性の高いのは、浄土寺浄土堂・太山寺本堂（愛媛）・当麻寺本堂である。室町前期には、二六棟中の七棟に堂蔵ないし物入れが出現し、特に七間堂八棟中六棟に存在する。室町前期は大規模堂宇における堂蔵の設置という点に特色がある。中期では、一四棟中七棟に存在し、特に五間堂の例が増える。後期では、十五世紀末までは引き続き堂蔵をもつ堂が建てられるが、十六世紀の遺構にはみられなくなる。鎌倉以前の堂で中古に堂蔵をもった堂はおそらく室町前期以後の設営になるので、上記の数は最低限の数である。

堂蔵は、鎌倉時代以前にも散発的に造られはしたが、本格的な出現は室町前期の七間堂においてである。室町中期には五間堂にも普及し始めたが、室町後期には衰微した。仏堂形式は元来保守的で強い規範性をもち、かつ密教本堂形式は旧仏教系本堂の主流をなすことを考えると、室町前期の七間堂および中期の五間堂と七間堂における堂蔵の存在率は、高いと評価すべきである。仏堂研究の上では、平安後期の密教本堂形式の成立以後、折衷様の形成などの主として様式的な発展を除き、仏堂の機能と形態における発展は明らかでなく、むしろ平面におけるの発展はなかったかのような理解が一般的であろう。しかし、上述のように評価するならば、堂蔵をもつ仏堂は、この時期の新しい発展形式のひとつとして位置づけるべきものと考えられるのである。

さて、収納の場は、元来は別棟の蔵に求められるのが普通である。一寺の中心であり、かつ聖なる場である本堂に、いわば世俗的な収納機能が持ち込まれる現象は、法会・儀式からは説明がつかない。堂蔵の成立また衰微に対して歴史的な意味のある解釈を与えるためには、堂蔵の機能とはなにか、またその設置を要求し、許容した時代背景とはいかなるものであったかを明らかにしなければならない。つまり、中世寺院社会における仏堂の意味、寺院の運営、その組織・管理といった面からの考察を要しよう。そうして始めて、形態と機能の両面から堂蔵をもつ仏堂を、社会の動きに対応した積極的な意味をもつ新しい型として措定できることになる。この周辺の問題について、近年の歴史学を中心とする中世寺院史の研究は、中世には、仏堂の観念、寺院内の財物の所有観念、寺院組織といった面に、古代や近世とは異なる事象が生じていたことを明らかにしている。堂蔵の機能と意味については、それら歴史学の成果を援用しつつ、次項で考える。

（1）密教本堂なる呼称の不適切なことは、すでに山岸常人の指摘があってから少しく時の経過をみたが、いまだ一般の理解を得るにはいたらない。筆者自身もこの呼称について考察した結果、山岸の提唱する中世仏堂という言葉はあまりに一般的過ぎて誤解を招きやすく、中世仏堂という語を使うにせよ、礼堂付中世仏堂というふうに限定してはどうかと述べたことがある。そのような立場上、呼称に関する議論の必要性を痛感してはいるが、ことは密教本堂を単に呼び変えればすむ問題ではおそらくなく、中世の仏堂全体について整理しなければならないであろう。それはそれで多くの紙幅を要し、本稿での議論とはまた別の問題となるので、ここでは従来の用法に従って密教本堂と表記したい。山岸常人「密教本堂の成立」（『全集日本の古寺　第五巻・石山寺と近江の古寺』、集英社、昭和六十年）、拙稿「〈書評〉山岸常人著『中世寺院社会と仏堂』」（『建築史学』一六、平成三年――本書に一部を収録）参照。

（2）『内山之記』（『公刊美術史料　寺院編・下巻』、中央公論美術出版、昭和五十一年）は永治元年（一一四一）から嘉元三年（一三〇五）にいたる記録類の集録。

(3) 藤井恵介・山岸常人「内山永久寺伽藍図及び真言堂指図等について」(『建築史学』一四、平成二年)所収図版。寛文六年(一六六六)作成。建物自体は十二世紀の創建になるもので、修理を経ているとしても中世のかたちをつたえている。
(4)「羽賀寺文書」二四(『小浜市史・社寺文書編』、小浜市役所、昭和五十一年)。解説によると、天文年中(一五三二〜一五五六)から元禄三年(一六九〇)まで書き継がれているが、主要部の筆跡による最終年次は永禄元年(一五五八)である。
(5)『大日本古文書』家わけ六・観心寺文書五五六。
(6)『国宝観心寺金堂・重要文化財同建掛塔修理工事報告書』(観心寺、昭和五十九年)所収図版。観心寺蔵『檜尾捨蔵記』は、叙に享保十八年(一七三三)の年紀がある。
(7)『重要文化財金剛輪寺二天門修理工事報告書(附国宝同本堂)』(滋賀県教育委員会、平成元年)所収図版。図は文政五年(一八二二)の作成で、天保二〜三年(一八三一〜二)の書き入れがある。
(8)『国宝当麻寺本堂修理工事報告書』(奈良県教育委員会、昭和三十五年)の用語。
(9) 前掲注(2)に同じ。
(10)『東大寺二月堂修二会の研究』(中央公論美術出版、昭和五十四年)所収。
(11)『日本建築史基礎資料集成七・仏堂Ⅳ』(中央公論美術出版、昭和五十年、同五十八年再版)。
(12) 鎌倉前期＝一一八五〜一二七四、鎌倉後期＝一二七五〜一三三二、室町前期＝一三三三〜一三九二、室町中期＝一三九三〜一四六六、室町後期＝一四六七〜一五七二。
(13) 文化庁『重要文化財12・建造物Ⅰ』(毎日新聞社、昭和四十八年)。文化庁『解説版 新指定重要文化財11・建造物Ⅰ』(毎日新聞社、昭和五十六年)、その他美術全集など。
(14) 前掲注(8)『国宝当麻寺本堂修理工事報告書』。
(15)『大和古寺大観 第二巻・当麻寺』(岩波書店、昭和五十三年)、本堂解説。
(16)『国宝明通寺本堂三重塔修理工事報告書』(同修理委員会、昭和三十二年)。
(17)『国宝太山寺本堂修理工事報告書』(国宝太山寺本堂修理委員会、平成二年)。
(18) 修理工事に携った細見啓三氏の御教示による。
(19)『重要文化財太山寺本堂修理工事報告書』(愛媛県教育委員会、昭和三十一年)。

(20) 前掲注(6)参照。
(21) 前掲注(6)『国宝観心寺金堂・重要文化財同建掛塔修理工事報告書』。
(22) 鳴海祥博氏（和歌山県文化財センター）の御教示による。
(23) 『国宝常楽寺本堂及塔婆維持修理工事報告書』（滋賀県国宝修理常楽寺境内出張所、昭和十六年）。
(24) 『国宝善水寺本堂修理工事報告書』（滋賀県教育委員会、昭和五十一年）。
(25) 『国宝西明寺本堂他一棟修理工事報告書』（滋賀県教育委員会、昭和五十七年）。
(26) 鈴木嘉吉編『国宝大事典五　建造物』（講談社、昭和六十年）の西明寺本堂の項による。
(27) 同右の金剛輪寺本堂の項による。
(28) 前掲注(7)『重要文化財金剛輪寺二天門修理工事報告書（附国宝同本堂）』。
(29) 村松貞次郎『大工道具の歴史』（岩波書店、昭和四十八年）は日本における大鋸の登場を十四世紀末から十五世紀初頭とし、『建築大辞典』（彰国社、昭和五十一年）は十四世紀頃としている。しかし、元興寺極楽坊は寛元二年（一二四四）の大改造で現在の形となり、小屋組の架構もその時のものと考えられているが、土居桁の一本の引き割り面に荒い鋸目が残り、木材の縦引き製材を行っていることがわかったという（『元興寺極楽坊本堂、禅室及び東門修理工事報告書』、奈良県教育委員会、昭和三十二年）。
(30) 『重要文化財観音寺金堂修理工事報告書』（同修理委員会、昭和三十七年）。
(31) 『国宝鶴林寺本堂修理工事報告書』（鶴林寺本堂修理委員会、昭和四十四年）。
(32) 前掲注(11)『日本建築史基礎資料集成七・仏堂Ⅳ』の鶴林寺本堂解説（関口欣也）によると、右隅方一間は、前方柱間に左堂蔵と同様の痕跡、後方柱間には板壁の痕跡があり、後方の閼伽棚は後補と考えられる。
(33) 『重要文化財瑞花院本堂修理工事報告書』（奈良県教育委員会、昭和四十九年）。
(34) 『重要文化財羽賀寺本堂修理工事報告書』（重要文化財羽賀寺本堂修理委員会、昭和四十一年）。
(35) 『重要文化財新長谷寺本堂修理工事報告書』（重要文化財新長谷寺本堂修理委員会、昭和二十八年）。
(36) 『重要文化財立石寺中堂修理工事報告書』（同修理委員会、昭和三十七年）。
(37) 『重要文化財高田寺本堂修理工事報告書』（重要文化財高田寺本堂修理委員会、昭和二十九年）。
(38) 『重要文化財浄厳院本堂（阿弥陀堂）修理工事報告書』（滋賀県教育委員会、昭和四十二年）。
(39) 村田信夫氏（滋賀県文化財保護課）の御教示による。

(40) 『重要文化財円成寺本堂及楼門修理工事報告書』(奈良県教育委員会、昭和三十六年)、『奈良六大寺大観 第四巻』(岩波書店、昭和五十二年)。
(41) 『重要文化財不動院本堂修理工事報告書』(奈良県教育委員会、昭和四十二年)。
(42) 『重要文化財本蓮寺本堂修理工事報告書』(重要文化財本蓮寺本堂修理委員会、昭和三十三年)。
(43) 多くの建築史学者は建久三年をとり、野地脩左・山本栄吾は建久五年をとる。この問題を含めて、浄土寺基本史料を詳しく検討した田中淡は「同年(建久三年)九月二十七日には浄土堂、薬師堂の主格的堂宇の建設計画は実施の段階まで具体化していたと考えられ、さらに建久五年十月十二日には浄土堂鉦鼓がつくられ、このときまでには浄土堂は完成していたと考えられる」と記述する(田中淡「播磨浄土寺資料の再検討」、『仏教芸術』九三、昭和四十八年)。
(44) 水野敬三郎・副島弘道「浄土寺浄土堂阿弥陀如来像の銘記について」(兵庫県史編集専門委員会『兵庫県の歴史』二五、兵庫県、平成元年)。
(45) 修理を担当された野地脩左氏の御教示による。壁板の合わせ目や柱に穀象虫の巣くった跡がみられたという。
(46) 『重要文化財西郷寺本堂および山門修理工事報告書』(同修理委員会、昭和四十年)。

【補注(二二四・二三三・二三四頁)】

本論は平成四年に発表したもので、その後ここで取りあげた仏堂について得られた知見を記しておく。

本山寺本堂(表33)は、平成十一年に訪れた際、後方左隅の飛貫に縦桟のえつり穴があるのを見いだした。その彫り方はやや杜撰なもので、少なくとも当初の計画ではないようであるが、後方左隅の方一間が堂蔵であったことは確かである。二階蔵もあったと推定される。従って、堂蔵をもつ仏堂の数や割合に変化が生じるが、論旨に影響はないので本文の訂正はしていない。

道成寺本堂(表・図35)の修理工事は平成二年に完了し、堂蔵も復元された。ただし、その形態が完全に判明したわけではないので、扉構えその他において他の現存遺構を参照している。

常楽寺本堂(表・図37)の堂蔵は、平成十年に実見の機会があった。左の堂蔵は、一・二階とも堂蔵として造られていたが、二階の床板は取り払われていた。右の堂蔵も内部に二階床のあった痕跡があるが、使い勝手はよくわからない。

# 堂蔵の史的意義

## 序

堂蔵の設置は、建築史的または歴史的にどのような意義をもつのか。前項では現存遺構の整理を行った。ここでは堂蔵をめぐる社会状況を考えたい。前半では、堂蔵発生の前段階的状況、堂蔵及びそこで保管される物の管理と所属、その象徴的あるいは宗教的な意味、そして若干の社会的な意義を考察する。後半では、堂蔵以外に視野を広げ、中世の寺院組織と資財の管理や所属とを、できる限り建築との対応においてとらえ、堂蔵の発生という現象の位相を描き出すことを試みる。

なお、本研究は中世の主に本堂に設けられた堂蔵という建築的な施設を主題とする。一方では、山岸常人によって、建築的施設よりはむしろ仏堂になにかを保管する行為そのものの考察が、主として文書保管の分析を通じて行われつつある。既発表のものについては、関係部分で注記することとしたい。

## 一　堂蔵と寺院社会

### (1) 堂蔵以前

財物は一般に独立の蔵で保管されるが、平安中期以後、堂内で修理料等が保管される事例が見出される。長保五年（一〇〇三）の八幡大菩薩宇佐宮司解案（『平安遺文』四五九九）に次のような記述がある。

御願三昧僧等密告僊、於御堂後門庇内苅積修理料萱中、聞男女懐抱之気云々

弥勒寺四王堂の「後門庇内」に修理料の萱を積んでいたことがわかる。また『藤原実重作善日誌』[1]寛喜三年（一二三一）の条に、次のような記述がある。

牛一匹堂の後戸の料に番匠にとらす六月十六日

（中略）

十月卅日堂の牛一疋後戸にいる銭二百番匠にとらす軒　切り板敷かんな料

意味は取りにくいが、「後戸の料」は、仏堂の修理料らしい。後戸での資財の保管をもっと明瞭に示すのは、文永五年（一二六八）の駿河実相寺衆徒愁状（『鎌倉遺文』一〇二九八）の中の一条である。

一、号為令修造堂舎、被抑留御祈禱用途間、色々料田、一一不欠、欲被注定事、

右、仏物私用之過者、婆羅夷罪之基也、而外号為堂舎、内被召鎌倉之条、不法至、申而有余、早任寺務之先例、納置堂舎之後戸、院主寺僧相共談議、可納下之旨、欲被裁定矣

表向きは堂舎修造のためと号し、仏物を私用しているが、先例の如く堂舎の後戸に納置し、院主寺僧が相共に談議して使用すべきだとする。後戸は寺財管理のいわば堂蔵として機能していた。この史料は、仏堂内で保管される資財の性格や管理のあり方を示す重要な記事である。

確実な堂蔵の早い例は、嘉禎二年（一二三四）建立の三条白河房熾盛光堂で、背面の両隅を部屋とし、一方を承仕部屋、もう一方を宝蔵としていた。(2) また『金沢文庫資料全書　第九巻・寺院指図篇』(3)所収No.63伝法灌頂図は、宝治元年（一二四七）の式の図とされ、寺院名は不明だが、描かれた堂は礼堂付きの五間堂で背面一間を仕切り、さらに後方右隅の方一間を仕切って「庫」とする。これも十三世紀中期以前の堂蔵をもつ堂である。また、前項で考察したように、浄土寺浄土堂が鎌倉初期に堂蔵を設置している。現存遺構で堂蔵設置が本格化するのは室町前期であるが、それは地方寺院の状況を反映したもので、中央ではもう少し早かったという想定が可能である。

即ち、仏堂内における資財の保管は、平安中期にさかのぼり、堂蔵が無い場合も堂内での資財保管はありえた。堂蔵は、鎌倉時代からその存在を確認できる。

堂蔵の機能に関しては、道具蔵または物入れ、米や寄進状等の財を保管する蔵、また保管機能だけの場合と金融機能をもつ場合という区分も重要だが、史料的制約が大きく、今のところ区別しないで論を進める。

### (2)堂蔵の管理者

常楽寺本堂の堂蔵は米蔵であった。修理工事報告書(4)は「北方のものはもと米蔵と称し、後陣へ出入口を設け、内部の板壁には穀類出入の覚え書らしき墨書数多あり、康正二年の年号も記されて、相当古くから米蔵として使用されてゐたものと認められるが、当初からの計画だつたか何うかは疑問である」（一四頁）と述べている。墨書の一例は次の如くである。

三百五十一文ニテケヤキ買代　道囯屋敷
立置　康正二年丙子七月十日年行事
乗明

円光

この上部には、

　モミ／六石／米／十石／モミ／五石五斗二月十七日又一
　石五斗二月廿一日

という小さい文字もある。米蔵の管理には年行事が関与しているらしい。米蔵の事例は、善水寺本堂・浄厳院本堂（復元）・円成寺本堂・不動院本堂がある。

　羽賀寺の堂蔵について、十六世紀の状況を記す『羽賀寺年中行事』[5]七月の項に次のような記述がある。

　一晦日に、本堂蔵之絵仏其外諸道具毎年撰ミ、当年行事へ
　　渡へし

堂蔵の中身は絵仏や諸道具で、年行事によって管理されていた。同書を見ると、年行事には上年行事と下年行事があり、七月は交替の時期であって、八月朔日には新年行事の祝言米下行があり、八月中に先年行事は決算を行うこと等が定められている。七月晦日の前掲条は、堂蔵管理の引渡しであった。

　寛文九年（一六六九）の観心寺伽藍寺役僧坊法式控[6]（「観心寺文書」五五六）には次のような記事がある。

　一御朱印廿五石、本堂御蔵へ納置、本尊之□(仏)供燈明并御影

図2　右の堂蔵内部縦桟に記された墨書(本文参照)

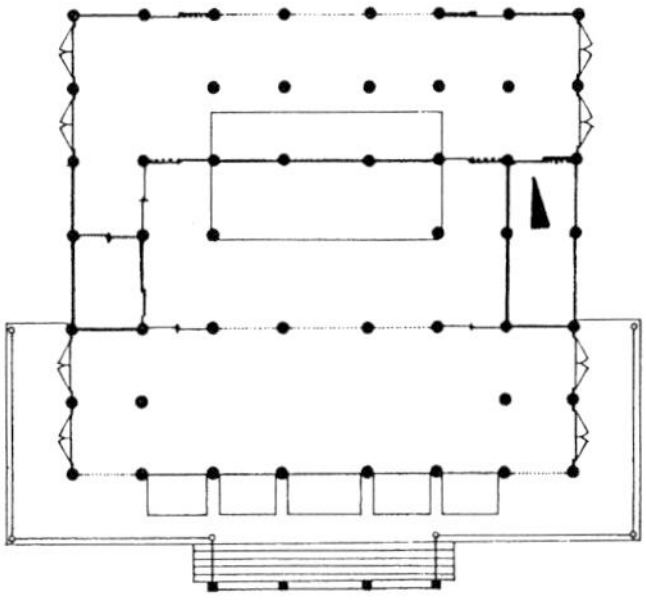

図1　常楽寺本堂。向かって右の堂蔵の内部。後戸への出口を見たところ。左の平面図に写真位置を示す。

供料□(両カ)承仕□給分寺中役者路米、同人足下用、修理大工何角入用ニ仕、不足之時、山林売償申候、燈明之事、夜燈九燈常燈一燈御座□(候)（中略）

一本堂之宝蔵、蔵奉行と申、年中両人ニ鎰預ケ置、宝物出シ候時者、両年預両蔵奉行四人立合、出シ申候事

先の条の「本堂御蔵」、後の条の「本堂之宝蔵」は、いずれも観心寺金堂の堂蔵を指すであろう。一方の御蔵には御朱印廿五石が納められており、本尊仏供燈明以下、承仕、寺中役者、同人足、修理大工などにかかる費用を出し、不足の時は山林を売って対処する。蔵に米そのものがあったのか、出納文書を管理していたのかは定かでない。もう一方は宝蔵で、二人の蔵奉行が鎰を預かり、宝物を出す時には、両年預・両蔵奉行の四人が立合うという厳重な管理方式をとっていた。これは近世の状態であるが、年預を中心とする管理機構は中世に成立していたであろう。前項でみたように金堂の堂蔵が本格的な構えになったのは江戸初期と考えられるが、中世から同じ部分が堂蔵として使用されていた可能性が高い。

金剛峰寺・東寺・金剛寺では、重要文書を御影堂に納めるという共通性がある。高野山文書は多くが御影堂に伝来し、三沙汰人と呼ばれる年預・行事・預が納置、管理したとされ、その時期は平治元年（一一五九）から近世初頭まで確認されている。(7) 東寺の御影堂では、三上人という聖が文書を管理していた。(8)

これらの例では、年預・年行事が仏堂内の物の管理に関与している。一般に、年預・年行事は、輪番制で寺院運営を行う寺家の責任者である。古代以来の別当・三綱を中心とする寺務機関が存在する寺院でも、中世になると寺僧集会を基盤とするいわゆる惣寺の組織が形成され、実権を握るようになる。その代表者が年預である。(9) 中世後半には地方寺院にも惣寺的な共同運営組織と年預制がかなり普遍的に存在したと考えられる。上の事例は数少ないが、堂蔵の管理と物の所属は、惣寺的な寺家共同体にかかるものであったことを示している。

(3)仏堂に属する物の宗教的観念――本堂寄進状――

寺家共同体による資財の保有が、宗教的にどのように観念されていたかについては、笠松宏至の優れた考察がある。寄進状の中には、本尊への寄進であることを明記した例がある。「観心寺文書」に多い「本尊寄進状」が作成された経緯は、氏によると、「永享三年（一四三一）二月、閼伽井坊以下同寺の『満山衆徒』らは衆議の結果、これまで諸院諸坊が或は『先師相伝』として、或は『買得質物』として各自知行してきた向山一帯を、凡て『本尊観音の領』に返し、『寺家』の管領下におくことをきめた」からで、これまで資財管理を行ってきた院・坊・個人に対する「寺家」こそが、「本尊」の具体像であるという。[10]このような本尊への寄進とほぼ同じ意味をもつと思われるものに、本堂への寄進がある。

『内山永久寺置文』[11]には、弘安八年（一二八五）に山僧の連署で決めた「条々」に違反した場合は領地を没収して本堂に寄進するという条がある。

山僧房領資財等不可附属他所門弟事、

若違此制被譲与他人者、没収彼遺領可寄進本堂云々、

弘安八年八月日山僧連署、

御證判、依乞与判、前大僧正御在判

山僧が管轄する所領や資財を他所の門弟に譲ることを禁じ、違反した時はそれらを没収して、本堂に寄進することを山僧達の連署によって決めている。

「金剛寺文書」[12]では、御影堂への寄進状がある。「金剛寺文書」一三〇号（建武元年＝一三三四）、一三一号（建武二年＝一三三五）は宝物の寄進で、後者には、

已上三種物、永奉寄進天野金剛寺御影堂、他人更不可私用者也

と私用を禁じた文言があり、寺院の共同管理にかかるものであると考えてよいだろう。

「明通寺文書」(13)にも、寺への寄進文書がある。宛先は、本尊・明通寺・棡寺・御寺の他に、金堂あるいは本堂とするもの（一一二号・大永五年＝一五二五、一三四号・天文十八年＝一五四九、一一八号・享禄四年＝一五三一）がある。堂への寄進ということでは、法華堂への寄進もある（一〇一号・明応九年＝一五〇〇）。

ところで、永享九年（一四三七）の南條盛成寄進状(14)（「観心寺文書」三二七）は、

くわん心寺ほんたうきしんしたてまつるとうゆ田こふか《（小深）》……

と始まり、

右、ゑたい御ほんそんゑきしんしたてまつる状如件

と結ばれる。いわゆる本尊寄進状なのだが、書き出しの記述から、それは本堂への寄進でもあることがうかがわれる。本尊寄進状と、ここに掲げたいわば本堂寄進状が、畢竟おなじ意図をもつことを示すであろう。

堂への寄進という文面の背景には、現実的にせよ理念的にせよ、財の蓄積と管理に仏堂がなんらかのかたちで関係すると意識されていたとはいえまいか。そのことに関連すると思われるのは、元興寺極楽坊・当麻寺本堂で堂の柱に寄進状を彫り込む行為(15)、また若狭の諸寺において、如法経料寄進札を本堂の内部に打ちつけるという行為である(16)。柱に寄進状を彫り込むのはいささか過激であるが、柱を削らない限り私に横領することはできまい。これらは文言の上では本尊寄進状ではないが、本尊または本堂への寄進が、文字通りに具現化したものにほかならないと理解できる。

寺院の重要文書が仏堂内で保管されることについては、山岸常人が事例の収集と解釈を行っている(17)。詳細はそれに譲るとして、氏の結論は、「安定的・恒久的に文書群を保持するための手段として、本尊や祖師に近い所」におき「仏物としての帰属を具体的に示すのが、文書を仏堂に納置する行為だったのであろう」という。仏物な

る概念は古代以来のものだが、中世においては、実質は笠松のいうような寺家に属するものと解釈してよいだろう。

本堂寄進状は、院坊や個人ではなく、寺院共同体への寄進であり、本尊寄進状と異ならない。本尊なり本堂なりに寄進されたものは、おそらくなんらかの形で披露された後、[18]どこかで管理されなければならない。上記の事例は、管理も本堂で行われるのが望ましいと考えられたことを示す。堂蔵のない仏堂も数多いから、本尊や本堂への寄進物が必ずしも仏堂で保管されるわけではない。しかしその逆、即ち本堂で保管されるものは、本尊・本堂、その実体としての寺家に帰属したであろう。寄進者にとっても寺家にとっても、本尊や本堂は寄進物の帰属対象として象徴的な意味をもっていた。

### (4)中世寺院の経営と堂蔵および浄土寺浄土堂

次に資財蓄積の中世的なあり方について考えたい。

幕府や有力な大檀那によって特に保護された寺院を除き、一般に室町時代の寺院は、寺領荘園があったとしても、なお経営が苦しく、堂舎の修理費用を捻出するために、貴賤上下の施入による財源確保が行われる場合が多かった。全体的状況を記述するのは難しいが、若狭の如法経会はその好例で、勧進や施入の範囲、階層、そして仏事興行の消長が明らかになっている。明通寺・羽賀寺・妙楽寺・飯盛寺に残る如法経料足施入札の分析[19]によると、これらの寺院は地域社会の幅広い階層から米銭施入、田畑寄進、勧進奉加を募って堂塔修造等の財源を集積した。施入札は本堂に掲げられた。札は十三世紀末に出現し、十五世紀前半が量的な頂点で、近世に入ると消滅する。これは、前項で描出した堂蔵設置事例の消長、即ち本格的な出現は室町前期で、中期に最盛期をむかえ、後期には衰微するという流れとほとんど平行する現象である。このことは、若狭におけるような社会情勢と堂蔵の設置が無縁でないことを示唆するであろう。

中世の勧進の嚆矢は、東大寺再建の勧進である。その拠点ともいうべき浄土寺浄土堂に堂蔵がある。浄土寺は、重源譲状・重源下文案・浄土寺縁起（浄土寺蔵）等によれば、如阿弥陀仏と観阿弥陀仏を預所とし、三十口の浄侶によって運営された。[20] 経営は浄土寺自体の問題で、鹿野原を開拓した。寺僧は、田畑を開墾し、本寺の干渉を退ける努力をしなければならなかった。承久三年（一二二一）には、重源の忌日と月忌の僧供料のために寺内の荒野を賜って開発することを言上した勧進上人観阿言上状案が出されている。[21] 文保三年（一三一九）の御月忌修理田の斗代が定められた年行事文了等連署定文[22]では、年行事・惣行事の存在が確認できる。

浄土寺は、いわゆる念仏別所[23]の阿弥陀堂で、小規模な共同運営体制をとったと思われる。前後する時期に浄土信仰の霊場として興隆した元興寺極楽坊や当麻寺本堂も同じような状況だったであろう。極楽坊や当麻寺での貴賤上下を対象とした仏事興行による堂の運営[24]は、若狭の事例に近い。これら三寺における寺財の集積が全体としてどのように行われたかは定かでないが、一応、地方寺院においては中世後期に一般化する事態が、これらにおいては中世前期に訪れていたと解釈できよう。

極楽坊や当麻寺本堂では、寄進状を柱に彫り込んだが、文書の管理と集積の方法としては一般化しなかった。浄土寺浄土堂の堂蔵は画期的な事例であり、建築的にも阿弥陀信仰の表現においても、革命的な手法を用いたこの堂にして始めて可能なことだったといえよう。

## 二　蔵と寺内組織

中世寺院にはどのような蔵が存在し、どのような機能を果たしていたのか、その中での堂蔵の位置はどのようなものであったか。

まず堂蔵をもつ堂が存在する寺院を取りあげたいが、現存遺構に即して中世の状況を詳細に知りうる例はなく、ここでは神仏分離で廃寺となった内山永久寺を取りあげる。次に、組織と経営は中世的なものになっているのに、伽藍や堂舎が古代のままの寺院では、どのような対応がなされたかをみる。これによって、中世の仏堂における堂蔵の設置が、どの程度の必然性と先進性をもつかが理解できるであろう。法隆寺と東大寺法華堂・同二月堂を取りあげる。

⑴永久寺

『内山永久寺置文』(25)によると、鎌倉時代には大喜院・知恵光院等の院家があり、基本階層としては学衆と禅衆の別が存し、寺務統轄の年預の制があり、およそ中世的な体制で運営されていた(26)。また、『内山寺記』(27)末尾に、

応永廿六年五月十一日以惣寺雙紙写之訖、
本日記者、惣寺江可有之、上乗院

とあるので、少なくとも中世後期には惣寺の概念も成立していたと思われる。

『内山之記』(28)に出る永久寺の蔵には、次のようなものがある（傍線筆者、以下同）。

①○建久記、真言堂東庫掃治之時、被求出起請文云々
②○一、真言堂天井之蔵御札文云、
　奉施入　永久寺三宝
③写本真言堂庫之唐横在之云々
④一、修正荘厳并大僧供等事、付真言堂、（中略）
　神供散米大庫ヨリ在之云々、神供師ハ新三昧所役也云々

⑤修二月荘厳并大僧供事（中略）

一、壇餅等事

餅米寺庫□□無之、私替之（中略）

一、酒事

衆分許也、人別八合、吉祥堂勧進沙汰也、近年寺庫（中略）

一、神供、正同、紙ハ牛王紙之内、散米寺庫沙汰也、神供師修正同人

一、風誦物、舎利講庫ヨリ下行、近年寺庫沙汰之　風誦文、勧進沙汰、寺庫（中略）

一、菓子等仏供舎利講庫ヨリ承仕ニ下行、承仕沙汰ニテ供之

とある。

また『内山寺記』雑用帳ニ付之には、

⑥於仏供灯明者自寺庫進之

永久寺真言堂の具体的な姿は、近年、醍醐寺聖教から寛文六年（一六六六）の伝法灌頂道場指図が発見され、それは概ね中世の状態と考えられる。(29) 堂は方七間で南面し、正面二間通りを礼堂、後方一間通りを後戸とし、背面両端に堂蔵、即ち右に一切経蔵、左に灌頂道具蔵をもつ。従って、①の真言堂東庫は後方右隅の一切経蔵であり、そこに建久八年（一一九七）の衆議起請文があった。②の天井之蔵は、位置はわからないが、要するに二階蔵で、「奉施入　永久寺三宝」と始まる永治元年（一一四一）の仏聖灯油田等の寄進状があった。③の「写本」は、その前の記事つまり文永七年（一二七〇）の「鎮守造営日記」をさす。鎮守社造営は、諸坊の出資および金物と朱等は勧進によって行われている。この「日記」が唐櫃に納められ堂内のどこかの蔵にあった。

以上①②③の文書類はいずれも惣寺関係文書といえ、その点に堂内で保管される要因があったと思われる。

『内山之記』の成立年代は明らかでないが、『校刊美術史料』解題によると所出年紀は永治元年（一一四一）から嘉元三年（一三〇五）であり、底本の成簣堂文庫蔵本は室町初期の筆とされる。よって室町初期には、真言堂に堂蔵が存在したといえる。

④の大庫は場所も性格もわからない。これは修正会の記事であり、次の⑤は修二会の記事で、両者似通った性格のものだが、⑤の同じく神供の散米の条には寺庫とあるから、大庫は寺庫と同じである可能性が高い。⑤には寺庫と舎利講庫が出ている。

⑥は応永二十六年（一四一九）に寺宝の両界曼荼羅を始めとする什器類が盗難にあった際、それらを寺に戻すための修法の料を寺庫から出したという内容である。従って、これは寺院全体にかかわる公的な出費であり、それを担った寺庫は惣寺にかかる蔵であっただろう。下行の状況について「近年寺庫」と記すのは、即物的な蔵であるよりは、機構あるいは財源を指すのであろう。

舎利講庫は、舎利講の運営財源を管理する蔵または機構であろう。舎利は本堂と多宝塔にあった。[30]舎利講は、日並・月並あるいは年中行事として行われる例があり、「永久寺年中行事」[31]では少なくとも九月に招提寺念仏奉唱を行っている。舎利講という特定の法会のための蔵は、寺院全体にかかる場合もあろうし、それを行う集団または階層に属する場合もあろう。

以上のように整理すると、財源または機構としては寺庫と舎利講庫があり、その他に院房や山僧の私的な蔵があったと考えられる。前節の(3)で述べた永久寺での本堂への寄進は、寺庫への寄進と解釈できる。史料の性格によるのであろうが、物としての蔵は真言堂の堂蔵が明らかであるに過ぎない。寄進状や記録類は、堂蔵で保管された形跡がうかがわれるが、実際に米や金品を保管し、寺庫の裏付けをなす蔵があったはずである。時代は下るが、十八世紀の史料では、寺地に「惣蔵」なる一郭があり、[32]その名称から寺院の公的な蔵と思われる。

真言堂の堂蔵は、経蔵と道具蔵および二階蔵（天井之蔵）で、そこには惣寺関係文書とみられる寄進状等があったから、寺院の公的な蔵であった。真言堂は、本堂に匹敵する重要堂宇で、灌頂の機能をもち、創建時には本堂より先に建てられている。

⑵法隆寺

法隆寺も中世においては、院房の成立、学侶と堂衆の二大階層、別当の存在、惣寺組織と年預制による運営という中世的体制をとっていた。年預は、法隆寺では年会と呼ばれる。しかし、容器としての伽藍は古代以来のままであった。蔵について、『嘉元記』(33)は延慶三年（一三一〇）三月十三日の条に惣社造営に際し「寺中公私之蔵々或人々ヲ勧テ」と記していて、「蔵」が財源、機構をも意味することがわかる。具体的には、南北朝時代の法隆寺の経済基盤と運営体制に関する林屋辰三郎の考察があり、(34)いくつかの蔵は金融機関として機能し、なかには惣寺管理下のものがあったという。文安二年（一四四五）当時、綱封蔵は銭を貸付けていたし、また廊蔵及び高蔵と呼ばれるものがあり、廊蔵は、嘉暦四年（一三二九）講堂前石登橋造立、康永三年（一三四四）西寺鐘楼経蔵瓦棟修理、文和四年（一三五五）講堂前燈盧地盤石切居、延文元年（一三五六）夏中講堂正面一間闌格子造立、延文二年（一三五七）中門北浦第二重瓦葺を廊蔵の沙汰で行っている。氏は、これらはおそらく金融機関としての土蔵であり、惣寺の沙汰に代わって諸堂維持のために出資したと解している。また氏は、すでに鎌倉時代に極楽憑子という頼母子があり、室町時代の規式を掲げて親方は法隆寺自体であったとしている。規式によると極楽憑子は綱封倉を納所とした。

その他、『嘉元記』によると、「上堂米蔵」（元亨四年［一三二四］四月九日条）、「天童米之蔵」（暦応二年［一三三九］三月二十六日条）、「東室庫」（文和三年［一三五四］二月一日条）、「御舎利蔵」（文和五年［一三五六］二月十五条等）の存在が知られる。

「上堂米蔵」は講堂背後の上堂の米蔵という意味であろうか。「天童米之蔵」はわからない。

「東室庫」は、「文和三年甲午二月一日東室庫円城院坊始立之同日棟上在之奈良ヨリ旧坊ヲ買取テ立之惣寺之沙汰也」とあり、棟上げがあったようだから東室とは別棟だったのだろうか。延文二年（一三五七）三月十六日の条には「東室四室蔵西面」とあり、「四室」は部屋の順であるらしく、東室内部の蔵と考えられる。修理工事によって判明した間取りの変遷によると、永和三年（一三七七）には前（聖霊院側）から九間目に「秘密経蔵」、慶長七年（一六〇二）には一間目に聖霊院側から使用のもう一つの「秘密経蔵」、六間目に「三之室」（道具置所）、九間目に拡張された「七之室」（秘密経蔵）があった。(35) 九間目の秘密経蔵は『古今一陽集』(36)によると、貞治の頃（一三六二～六八）に造られた、野沢両流の秘籍を納めた秘庫である。

「御舎利蔵」は、文和四年（一三五五）から同五年の舎利堂什物の新調に関する記事から、舎利堂関係の蔵で、北室（院）が管轄したようである。

以上『嘉元記』にみられるだけでも、数多くの蔵があった。廊蔵は、西院伽藍の維持修理に出資する蔵であった。名称から、西院回廊の一郭にあったのではないかと思われる。東院伽藍でこれに対応するのは、御舎利蔵であろう。惣寺と堂家はこれらとはまた異なる次元の出資者で、ある面では対立的な組織でもあった。惣寺は建物等については、「冥府之南西両方大垣之築地并瓦地新造替之」（文和二年＝一三五三）、「東室庫」の造立（文和三年＝一三五四）、「礼堂大机」「礼堂蓋高座」の修理（延文二年＝一三五七）、「大湯屋東浦瓦葺修理」「大湯屋門北浦等瓦葺修理」（延文二年＝一三五七）を行っており、その範囲は廊蔵や御舎利蔵と重ならない。これらの他、堂付属の「上堂米蔵」「東室庫」等がある。

以上は、概ね公的な蔵であるが、その性格は単純ではない。綱封蔵は、惣寺の蔵とされて、寺宝と寺財の管理にあてられた。惣寺の沙汰で造られた東室庫も惣寺の管轄下ではあっただろう。廊蔵・御舎利蔵と惣寺の関係は今一つはっきりしないが、廊蔵・御舎利蔵はそれぞれ西院・東院を代表する蔵であると位置づけられよう。

文書は、先述のように金堂、[37] 小経蔵（『嘉元記』延文二年［一三五七］条）にあったほか、年会櫃に入れて先年会から当年会へと受け渡されるものもあった。[38]

中世法隆寺では、既存の独立蔵の活用、新しい蔵の増設及び既存の建築への付設などが行われていた。堂蔵との関連で注目したいのは廊蔵である。廊蔵が、回廊の一部にあったとすると、建物への付設という点で堂蔵に近く、西院の建物の修理に出資している点も、西院の蔵としての存在意義を有している。

(3)東大寺法華堂

法華堂は東大寺における堂衆の旗頭、法華堂衆の拠点であった。堂内の蔵に関し、『東大寺法花堂要録』[39] 文明四年（一四七二）の条に次のような記述がある。

一七月廿七日夜、執金剛神御前ノ唐戸并カウシヲ焼破テ、盗人憑支ノ庫蔵ニ伺ヨル、時ノ番衆賢寿房剛永起合テ追出ス、一物モ失セズ、結句（中略）ソコハクノ物ヲ捨テ迯去畢、併是ハ冥慮ノ至也、番衆ノ高名也、其時ヨリ障子帳ノ二階造立之メクリノ戸共、ヨク〳〵堅メラレ畢

堂背面の執金剛神の近くに「憑支ノ庫蔵」があり、それは高利貸し活動のための蔵であったことがわかる。[40] 庫蔵は、憑支のためのものであり、中身は銭貨または米・証文といったものが想定される。『東大寺法花堂要録』からは、文書保管の記述を拾い出すことができる。

一定円大栄春舎利講方、彼此ニ寄進ノ料所ア□、近来ハ是程ニシタル人マレナリ、舎利講ニ□□正月十五日、卯月十五日、五月十五日、六月十五日、十月一日僧繕《（ママ）》アルベキ由申ヲキテ寄進也、其状ヲ□□庫蔵ニ納畢

（長禄三年〔一四五九〕十二月十一日）

一五月十四日通夜衆《法花堂》ニ百姓凡下ノ子共、奈良田舎□ヨラズ叶ベカラザル記録堅在レ之、庫蔵ニ納レ之了

（寛正五年＝一四六四）

庫蔵という名称が通じていて、法華堂内の蔵と考えられる。前者は、寄進状であり、後者は規式のようなものである。法華堂は油倉による惣寺財政とは別に独自の財源を有していたから、[41] 庫蔵には法華堂の財源となる寄進状等が納められていただろう。場所は、礼堂や内陣の正側面は考えにくく、背面の執金剛神近辺にあったと思われる。庫蔵は奈良時代の法華堂本来のものではなく、中世の何時頃かに造りつけられたか、もしくは仮設的に置かれたに相違ない。なお金剛寺においても阿闍梨賢蓮金堂灯油田施入状（「金剛寺文書」[42] 二一五号）に「四至牓示在買券面副納買券文書壱通金剛寺御影堂内庫蔵」とあり、御影堂に庫蔵があった。

建築的に注意しておきたいのは、法華堂の背面入側柱筋の柱間装置が、執金剛神を安置する中央柱間は開放、その両脇は板壁となっていることである。伊藤延男は「本尊背後が開放ならば、当初は両脇間も開放であるのが当然で、事実この部分の壁は薄く、古式ではない」と指摘する。[43] これは、独立した場としての後戸を形成しようとする傾向のあらわれと捉えることができる。この壁の設置と庫蔵の存在とは、後戸と堂蔵を備えた中世密教本堂に近づこうとした動きであるといえる。

### (4) 東大寺二月堂

東大寺二月堂に二階蔵が存したことは、前項第一節で述べた。この蔵の性格について、山岸常人は「二月堂二階倉には修二会関連の道具のほか米・油等も納められていたらしく、十四世紀から十五世紀にかけて、本来政所から支給されるべき修二会料の米・油を代弁して調達した御堂倉方（『二月堂修中練行衆日記』明徳四年・応永三十

三年他）がこの二階倉を司っていたと考えられる」と簡明に記述[44]している。

若干重複するが『二月堂修中練行衆日記[45]』に即してもう少し詳しくみてみたい。御堂倉方の名称は明徳四年（一三九三）・応永三十三年（一四二六）の条にある。御堂が二月堂をさすことは宝徳三年（一四五一）・宝徳四年（一四五二）の条に「当堂倉方」とあることから確かめられる。御堂倉方は修二会に際して政所から調されるはずの米・油が滞った時にはそれを立替え（応永三十三年＝一四二六、宝徳三年＝一四五一）、政所が弁済した時はこれを受け取った（宝徳四年＝一四五二）。また本駈士や堂童子が作法を間違えて練行衆から責を受け、科料を支払って決着したときは、その科料を収納した（慶長十年＝一六〇五、元和四年＝一六一八）。即ち、御堂倉方は二月堂自体の管財機構であった。二階倉が御堂倉方の拠所となる中心的な蔵であったかどうか定かでないが、その一翼を担ってはいただろう。御堂倉方は同日記では、明徳四年（一三九三）にあらわれ、元和四年（一六一八）を最後とする。

一方、もう一つの二月堂管財機構に納所がある。その役割は、二月堂というよりは、修二会関連の物資金品の出納管理であり、宝永五年（一七〇八）以降は同日記にその年の「新納所」が明記されるようになる。納所には、もうひとつ油倉付随の惣寺納所があって、この二者は別物である。例えば、文明七年（一四七五）の条に出る灯油納所は惣寺の納所である。二月堂納所は、同日記では天文二十二年（一五五三）が初見で、以後江戸時代を通じて存続する。

従って、およそ十六〜十七世紀には、御堂倉方と納所とが併存し、その役割分担は御堂倉方が堂全般、納所が修二会となっていたと思われるが、御堂倉方は十七世紀初頭以後記載がなく、管財は納所に一本化されたようである。だいたい同時期に堂蔵も消滅する。寛文七年（一六六七）に二月堂は炎上し、同九年旧規に違わず再興されたが、堂蔵が再び造られることはなかった。結局、堂蔵は旧規ではなかったし、近世の体制では必要とされなかったのである。

## 結

遺構における堂蔵の設置は室町前期に本格化する。従って、平安中期から鎌倉期にかけてはその準備期といえるが、中央と地方との時間差という問題も考慮に入れる必要があろう。堂蔵の設置以前においては、仏堂にかかわる財を後戸で管理したり、柱に寄進状を彫り込むことや堂内での文書管理の例がある。

墨書や文書から確認できる堂蔵の管理者は、年預または年行事と呼ばれる存在である。年預は、寺家の責任者で、多くは輪番制で役についた。

史料的には十三世紀末以降、本堂・本尊への寄進という概念が存在した。寺家の物、即ち惣寺的な共同体の管理になる寺財には、本尊寄進状・本堂寄進状にみられる特有の観念が付随した。仏堂での寺財管理は、寺家のものは本尊のものであり、本堂に属するものであるという観念にもとづいて行われたと考えられる。これはより一般的には中世の仏物という観念に属する。

中世においては寺領荘園があったとしても、勧進や仏事興行による寺財の蓄積は、重要な意味をもったと思われる。若狭の諸寺における如法経会はその好例であるが、如法経料足寄進札の消長は、堂蔵設置事例の増加減少と揆を一にする。元興寺極楽坊・当麻寺・浄土寺の鎌倉時代における状況は、ある意味で時代を先取りするものであり、さまざまな試行錯誤が行われたと考えられる。東大寺再建のための勧進は、中世初頭に大きな影響力をもったが、前進基地としての浄土寺浄土堂には堂蔵がある。また、組織としても本寺から自立した小規模運営体制が成立していたと考えられる。従って、堂蔵をもつ浄土堂の建築構成の歴史的な意義は大きい。

寺院の維持運営には、財を蓄積し管理する機構と場所が必要である。最も一般的な機構は、年預を中心とする共同管理体制である。大寺院では、各堂に小組織が存在する場合がある。場所的対応は、例えば古代の仏堂が健在であるというような建築的問題を含み、さまざまな対応が行われた。法隆寺の場合は堂蔵の形はとらず、建築的にはいわば便宜的な対応をとった。東大寺法華堂は庫蔵、二月堂は二階蔵を設置した。これらの事例は、堂蔵の設置がひとつの有力な方途であったことを物語る。

中世寺院の組織と伽藍は、古代的な律令体制、国家仏教、貴族仏教の枠内にあった寺院におけるそれとは異なる。組織の面では、古代の体制はまったくなくなるわけではないが、徐々に弱体化し、学侶を中心とする中世的共同管理体制が成立する。また、中世伽藍の特質は明確ではないが、本堂と塔と門が主な構成要素であったともいわれ、(46) 特に本堂は、本稿でみたような資財保管、寄進札の掲示をはじめとして、古代にはみられないさまざまな機能をもつにいたる。教義上の中心であることに限定される古代金堂に対して、このような中世寺院の本堂は、信仰の中心であることに加えて、寺院構成員の精神的支柱として、また近隣に開かれた宗教的募財活動の場として重要な意味をもったであろう。このようなことが、中世寺院の堂蔵の意味的背景をなすであろう。

以上、寺院の管理・運営・組織といった面から、堂蔵の歴史的意義を描出しようとした。堂蔵を持つ仏堂は、中世寺院社会の動向に応じた積極的な意味を有し、特にいわゆる密教本堂においては、最終的な発達段階を示す型として措定しうるであろう。

最初期の堂蔵を浄土堂にもつ浄土寺の運営は、本寺の干渉を退けつつ中世寺院として自立してゆくという非常に厳しいものだったに違いない。一方、堂蔵の最後を飾るかのように、観心寺では近世初頭に金堂の堂蔵が整備された。当時、中世的な運営体制は存続していたが、財源は幕府によって保証され、その管理が問題であったに過ぎない。東大寺法華堂・二月堂の堂内の蔵は、近世には消滅した。近世においても、堂内における資財の保管は行われたであろうし、しばしば堂蔵と認められる施設もある。観心寺金堂の堂蔵が良い例で、それらの意味は中世から受け継がれた部分もあれば、そうでない部分もあろう。その辺は近世寺院建築の問題となるのだが、歴史上、堂蔵の積極的な意味は、やはり中世にあると考えられる。

(1) 倉田正邦『四日市市富田要記』(三重県郷土資料刊行会、昭和六十一年)所収。『藤原実重作善日誌』は貞応二年(一二二三)から仁治二年(一二四一)にいたる記述をもつ。富田の善教寺阿弥陀如来像の胎内文書である。
(2) 福山敏男「最勝四天王院とその障子絵」(『日本建築史の研究』、桑名文星堂、昭和十八年)に『門葉記』をもとにした復原図がある。『門葉記』には「寺院一」を始め何箇所かに指図がある。
(3) 『金沢文庫資料全書　第九巻・寺院指図篇』(神奈川県立金沢文庫、昭和六十三年)。
(4) 『国宝常楽寺本堂及塔婆維持修理工事報告書』(滋賀県国宝修理工事出張所、昭和十六年)。
(5) 「羽賀寺文書」二四(『小浜市史・社寺文書編』、小浜市役所、昭和五十一年)。解説によると、天文年中(一五三二―一五五六)から元禄三年(一六九〇)まで書き継がれているが、主要部の筆跡による最終年次は永禄元年(一五五八)である。
(6) 『大日本古文書』家わけ六・観心寺文書。
(7) 山岸常人「仏堂納置文書について」(シンポジウム「中世の仏堂の蔵・文書・管理」、日本建築学会近畿支部建築史部会主催、平成三年)。
(8) 三上人というのは、行遍による延応二年(一二四〇)の五口供僧設置の際、宣陽門院より施入の本尊、仏具、寄進状を管理する機関として置かれ、その後も文書の出納管理を担当した。供僧の最高決定機関は評定であり、決定事項は、やはり評定によって選ばれた年預が執行した。三上人は、年預の下に位置づけられる。網野善彦『中世東寺と東寺領荘園』(東京大学出版会、昭和五十三年)一三〇頁。富田正弘「中世東寺の寺官組織について――三綱層と中綱層――」(『資料館紀要』一三、京都府立総合資料館、昭和六十年)。
(9) 興福寺では別会五師、東大寺では年預五師、法隆寺では年会五師と呼ばれる。中世寺院の組織や運営については近年多くの研究がある。網野善彦『中世東寺と東寺領荘園』(前掲注8)、富田正弘「中世東寺の寺官組織について――三綱層と中綱層――」(前掲注8)、稲葉伸道「中世東大寺寺院構造研究序説」(『年報中世史研究』創刊号、昭和五十一年)、同「鎌倉期の興福寺寺僧集団について」(同前一三、昭和六十三年)、永村真『中世東大寺の組織と経営』(塙書房、平成元年)、久野修義「中世寺院の僧侶集団」(『日本の社会史　第六巻・社会的諸集団』、岩波書店、昭和六十三年)、同「鎌倉〜南北朝期における東大寺別当と惣寺――嘉暦三年『東大寺年預諸記録』をめぐって――」(『中世寺院史の研究・下』、法蔵館、昭和六十三年)その他。

(10) 笠松宏至「仏物・僧物・人物」(『法と言葉の中世史』、平凡社、昭和五十九年)。

(11) 『内山永久寺置文』(『校刊美術史料　寺院編・下巻』、中央公論美術出版、昭和五十一年)。文保元年(一三一七)に代々の記録、古老伝を集録したもの。

(12) 『大日本古文書』家わけ七・金剛寺文書。

(13) 「明通寺文書」(前掲注6『小浜市史・社寺文書編』)。

(14) 前掲注(7)に同じ。

(15) 元興寺極楽坊には、嘉応三年(一一七一)・建仁元年(一二〇一、二通)・承元三年(一二〇九)・建暦元年(一二一一)・貞応元年(一二二二)・天福元年(一二三三)・文永二年(一二六五)の八種の陰刻文が、内陣正面の本柱と間柱にある。いずれも田畑等の寄進状で、書体も異なり、それぞれの年紀に近い年代に刻まれたと考えられる。以上は『元興寺極楽坊本堂、禅室及び東門修理工事報告書』(奈良県教育委員会文化財保存課、昭和三十二年)による。

当麻寺曼荼羅堂の内外陣境中央間南側にもとあった柱は念仏柱と呼ばれ、それを太く見せるための巻き板に、合計七箇所の一部陰刻墨書があり、正治二年(一二〇〇)・建仁二年(一二〇二)・建暦二年(一二一二)・寛喜元年(一二二九)・仁治二年(一二四一)の年紀が確認されている。判読不能の部分が多いが、これらは田畑の寄進状で、寛喜元年のものは不断念仏供料であり、年紀不明の一通も念仏田であることがわかる。柱は、寄進状の彫られた巻き板をとって、内陣西北隅に移されていた。以上は『国宝当麻寺本堂修理工事報告書』(奈良県教育委員会事務局文化財保存課、昭和三十五年)による。

(16) 妙楽寺本堂で年紀の確認できる寄進状の存在期間は、寛正五年(一四六四)から天文二十二年(一五五三)で、現存二三例。飯盛寺本堂は文明十六年(一四八四)に焼けているので、寄進札の年紀はそれをさかのぼらない。年紀の確認できる寄進札の存在期間は、文明十六年(一四八四)から天文十三年(一五四四)で、現存三三例。羽賀寺本堂で年紀の確認できる寄進札の存在期間は、正和五年(一三一六)から永禄八年(一五六五)で、現存一〇〇例。明通寺本堂で年紀の確認できる寄進札の存在期間は、延慶二年(一三〇九)から元禄七年(一六九四)で、現存四〇五例。

如法経寄進札は、その多くに釘痕があり、羽賀寺のものの中に二例、札を打つという文言があることから、本堂に打ちつけたことが知られ、釘痕のないものは、折れ釘にのせるなどしたと思われる。札は、羽賀寺・明通寺では解体修理まで本堂に掲げられていたといわれ、妙楽寺では、天井裏から発見されたという。飯盛寺本堂には昭和四十七年（一九七二）の元興寺仏教民俗資料研究所による調査時点まで内外陣頭貫や飛貫に打ちつけられていた。以上、元興寺仏教民俗資料研究所編『如法経寄進札資料——福井県小浜市妙楽寺・飯盛寺・羽賀寺・明通寺・如法経料足寄進札調査報告書』（綜芸社、昭和五十年）による。

(17)　山岸常人「中世寺院における文書保管の一様相」（『日本建築学会大会学術講演梗概集（中国）』、平成二年）以下に氏の収集された事例をあげておく。元興寺極楽坊（前述）、唐招提寺舎利殿（文書保管）、栄山寺円堂（同）、金剛寺御影堂（同）、当麻寺本堂（前述）、霊山寺本堂（寄進状または沽却状を写した板が天井裏にあった）、東大寺大仏殿（弘安七年大仏殿図の西の側柱通りの一間分に「御灯油田寄進状」の注記がある）、若狭の寺院（如法経料足寄進状、前述）、観心寺金堂（文書保管）、法隆寺金堂（文書保管）。

(18)　東大寺二月堂修二会においては、初夜と後夜の大導師作法において加供帳を読みあげる。また、これとは別の一巻があり、初夜上堂の時に司が奉持して大導師に渡し、大導師は散華が終わるまでそれを自席に広げておく。本来は、これも読みあげるものだったと考えられる。加供帳というのは、二月堂に財や物品を施入した人びとの名前を記したものである（東京国立文化財研究所芸能部編『東大寺修二会の構成と所作・上』、平凡社、昭和五十年）。

(19)　林文理「地方寺社と地域信仰圏——若狭における如法経信仰」（『ヒストリア』九七、昭和五十七年）、同「中世如法経信仰の展開と構造」（『中世寺院史の研究・上』、法蔵館、昭和五十七年）。前掲注(16)参照。

(20)　建久三年（一一九二）九月二十七日の造東大寺大勧進下文案（『兵庫県史　史料編・中世二』、兵庫県、昭和六十二年）に次のような記述がある。

造東大寺大勧進
下　東大寺領播磨国大部御庄

可早寄二附鹿野原荒野ヲ南無阿弥陀仏別所一即為レ寺ト沙汰致二開発一、以二其他利一宛二用ル浄土堂并薬師堂仏聖灯油及不断念仏衆相節等一事、

（中略）即相二語ヱ三十口浄侶一、勤行不断高声念仏一ハ所レ奉レ祈　聖朝安穏・御願円満・自他法界・滅罪生善之由也、仍為三宛二用其仏聖灯油并念仏衆衣食等一、割二分テ鹿野原一所一、永寄二附堂領件所一、往年已来為二常々荒野一

無二寄作之人一、徒為二ル猪鹿栖一、失二地味一、而今寄二附彼用途料一、始所レ致二開発一也、（中略）雖レ経永代一ヲ不レ可二
庄役一落当為二一円堂領一矣

浄土寺領確保に関する同主旨の文言は、重源譲状・浄土寺縁起（浄土寺蔵）にもある。重源下文案は写本で偽文書説がある。浄土寺蔵浄土寺縁起の成立は近世である。重源譲状は原本所在不明ではあるが、大部庄のみならず重源関係の寺領別所に関するものであるから、全体を疑うならともかく、大部庄の部分だけを疑う必然性はない。ならば、同じ内容をもつ重源下文案も花押や年号などに疑義があるとはいえ、内容自体は当時の浄土寺側の事情あるいは主張を示すものと考えられる。なお、浄土寺関係文書については、田中淡「播磨浄土寺資料の再検討」（『仏教芸術』九三、昭和四十八年）で詳しい検討が行われている。

(21) 『兵庫県史　史料編・中世二』（兵庫県、昭和六十二年）。

(22) 同右。

(23) 川上貢「念仏別所の阿弥陀堂について」（『日本建築学会近畿支部研究報告集』、昭和四十五年）。

(24) 前掲注(15)参照。

(25) 前掲注(11)に同じ。

(26) 『内山永久寺置文』によると、院家については、大喜院・知恵光院と、これらとは若干創立由緒の異なる常存院があった。学衆と禅衆については、宗教的に「学衆可伝授両界、禅衆可受持法華……」とある。学衆は伝法灌頂を受けた者、禅衆は法華持経者という意味だとすると、学衆は教学をこととする学侶であり、禅衆はその下の階層ということになろう。永久寺寺僧は神仏分離に際しこぞって復飾し、石上神宮に奉仕することになった。『明治維新神仏分離史料』（東方書院、昭和元年）所収「神祇官宛口上書（明治二年七月）」では、「学侶」は「新神司」、「行人」は「宮人」になったとある。つまり、中世の学衆と禅衆は、近世では学侶と行人と呼ばれていたことになる。東大寺では禅衆は、堂衆・夏衆と同義であったが、永久寺でもそうであったと思われる。また、おそらく職をともなう階層的名称に山僧・供僧・三昧がある。「供僧三昧等……自今以後有其闕者、常任興隆々族仏事唱導之器、山僧可挙申事」とあり、供僧・三昧は山僧の推挙によって補せられた。三昧は「南座禅衆可補三昧職事」とあり、禅衆の職であった。年預については、同じく『内山永久寺置文』に、

年預守臈次上限七ケ年、山内巨細申合院主可致沙汰、第二度之時……

宝治二年二月五日、山僧供僧三昧連判

とあり、臈次順の輪番であったこと、別に実権のあるらしい院主がいたことがわかる。末尾連判の順からみると山僧は学衆に相当するであろう。
(27)『内山寺記』(『校刊美術史料　寺院編　下巻』所収、中央公論美術出版、平成二年)。応永二十六年(一四一九)に寺宝の両界曼陀羅が盗難にあった時の記録。
(28)『内山之記』(同右)。永治元年(一一四一)から嘉元三年(一三〇五)にいたる記録類の集録。
(29)藤井恵介・山岸常人「内山永久寺伽藍図及び真言堂指図等について」(『建築史学』一四、一九九〇年三月)。
(30)本堂には本願本尊の舎利五粒、多宝塔には西隆寺その他の舎利四粒があった。
(31)ここでいう「永久寺年中行事」は『大日本古文書』醍醐寺文書四―八二九の「醍醐寺年中行事」のことで、これは前掲注(29)論文により、永久寺の年中行事であることが明らかとなった。
(32)前掲注(29)論文。
(33)『嘉元記』(『法隆寺史料集成五』、法隆寺昭和資財帳編纂所、昭和五十九年)。
(34)林屋辰三郎「南北朝時代の法隆寺と東西両郷」(『中世文化の基調』、東京大学出版会、昭和二十八年)。
(35)『重要文化財法隆寺東室修理工事報告書』(奈良県教育委員会文化財保護課、昭和三十六年)。
(36)『校訂古今一陽集』(綜芸舎、昭和四十九年)。法隆寺の寺僧良訓撰、最終的な完成は延享三年(一七四六)。
(37)前掲注(17)論文。
(38)『嘉元記』には年会櫃の受渡しの記述が何箇所かある。また、例えば暦応二年(一三三九)の条に置文を作成して年会櫃に納めたという記述がある。
(39)『続々群書類従　第五』(続群書類従刊行会、昭和四十四年)所収。
(40)小田雄三「後戸考(下)――中世寺院における空間と人間――」(『紀要A(人文科学・社会科学)』三〇、名古屋大学教養部、昭和六十一年)は、高利貸しのためのものと解している。
(41)前掲注(9)永村真『中世東大寺の組織と経営』。
(42)前掲注(12)に同じ。
(43)伊藤延男「法華堂」(解説)(『奈良六大寺大観　第九巻・東大寺一』、岩波書店、昭和四十五年)
(44)山岸常人「『中世仏堂』における後戸」(『仏教芸術』一六七、昭和六十一年)。
(45)『東大寺二月堂修二会の研究』(中央公論美術出版、昭和五十四年)所収。

（46）古代伽藍が多くの建物を擁するのに比べて、中世寺院に必須の建物は本堂と塔と門であったといわれている（伊藤延男「中世寺院」〔『原色日本の美術9』、小学館、昭和四十三年〕等）。しかし、これはおそらく現状の中世寺院をみての判断で、厳密になにが中世における必須の施設であったかは、これからの課題であろう。

［付記］

「堂蔵の存在様態」は平成四年六月、「堂蔵の史的意義」は平成五年二月に発表した。(1) 筆者の中世仏堂における堂蔵の研究とほぼ平行して、山岸常人は中世の仏堂における文書保管の機能と意義に関する研究を進めており、その成果は平成四年十二月に「仏堂納置文書考」と題して発表された。(2) その段階では筆者の論文「堂蔵の史的意義」は投稿・審査を終えていたため、山岸論文の成果を直接的には反映することができなかった。氏の研究は、文書の保管や伝来に関する日本史学の基礎的問題に深く関わるものであって、高い評価を受けている。(3) そのような問題意識をもつ氏から、筆者の論文の掲載された『日本建築学会計画系論文報告集』に質疑が提出され、筆者の回答とともに同誌上に掲載された。(4)

細かい点まで質疑があったが、重要な論点は二つある。第一は視点に関するものである。筆者は建築史学の問題として、当時まだ知られていなかった堂蔵の概念を確立するため、まず固定的な施設としての堂蔵に注目し、その発生と展開を論じる必要があった。それに対して氏は、筆者が固定的な施設に注目したがために堂内収納の歴史的な意義に関する時代観、年代観を誤ったと指摘した。氏は、仏堂内にものを収納しようとする意識に注目してこそ、中世寺院の組織と信仰のありかたに関する日本史学の成果との整合性をとることができると主張した。第二は史料解釈の問題で、筆者は堂蔵の発生期を南北朝期と結論したのに対して、筆者の収集した史料群だけをみても、氏からみれば堂蔵の発生期は鎌倉前期までさかのぼるというものである。その後、この問題については富島義幸が言及しているが、(5) 問題点の整理に終わっており、決着がついたとはいえない。

筆者の論文の学問的な意義は、堂蔵の概念の設定、およびそれを中世の仏堂にとって積極的な歴史的意義をもつ施設として評価することにあった。堂蔵の概念の設定にあたっては、現存遺構の調査と整理に比重をかけざるを得なかった。中世の仏堂の現存遺構は地方に散在しているし、堂内収納の要求が生じたとしても、規範性の強い仏堂の建築形態がすぐに追随するわけでもない。加えて、寺院社会の発展を裏付ける歴史史料は奈良・京都の中央寺院に偏しており、そこで描き出された寺院社会の発展と、地方寺院の固定的な施設としての堂蔵の発展状況の間に時間差が出るのは当然といえよう。また、建築物の使い方であるよりは、それが建築に反映して建築形態に変化があらわれた時期を明らかにするのは、建築学的な視点から一度は行わなければならない作業であった。従って、あながち筆者の論考が間違っていたわけではない。しかし、建築学をよりひろい範囲の歴史学のための史料学のひとつとして位置づけるなら、筆者の論考は現存遺構を史料として見た場合の限界を示したこととなり、中世寺院と堂蔵に関する全体的な論理構成はおそらく山岸の推論が正鵠を射ているであろう。なお、堂蔵の分かりやすい視覚的な紹介が、氏により『週刊朝日百科・日本の国宝』八〇に掲載されている。(6)

(1) 巻末初出一覧参照。
(2) 『国立歴史民俗博物館研究報告』四五、平成四年。
(3) 山陰加春夫「日本中世の寺院における文書・帳簿群の保管と機能」(河音能平編『中世文書論の視座』、東京堂出版、平成八年)。
(4) 山岸常人「『堂蔵の史的意義』に対する討論」、黒田龍二「『堂蔵の史的意義』についての山岸氏の討論に対する回答」(『日本建築学会計画系論文報告集』四五五、平成六年)。
(5) 富島義幸「学界展望　寺院建築史(古代・中世)」(『建築史学』三〇、平成十年)
(6) 山岸常人「堂蔵の霊力」(『週刊朝日百科・日本の国宝』八〇、朝日新聞社、平成十年)。

# 時を超える水——東大寺二月堂お水取りと熱田神宮の牛玉水——

## 序

宗教建築に通有の志向は、世俗の時間を超えようとするところにあるだろう。
元来、宗教的時間感覚と世俗的な時間感覚とは質が異なる。建築物として世俗の時間を超えるという問題は、おそらく永遠性への希求に帰着する。

よく知られるように、日本では、建築を永続的に存在させるための方法が、ふたつある。ひとつは、多くの寺院建築にみられるように、建物自体を強く造る方法である。もうひとつは、伊勢神宮をはじめとするいくつかの神社にみられる式年遷宮、あるいは式年造替の方法である。これはある一定の年限、伊勢神宮ならば二〇年を限って全く新しい建物を造る、または部分修理を加えるというもので、物自体ではなく形式を保存しようとする手法である。

永続する建物の基本的な目的は、神社ならば祭神を、寺院ならば本尊を守ることであるが、神や仏に付随して、聖なるものが守り伝えられる場合がある。それが物である場合はあまり面倒ではないが、例えば比叡山延暦寺や山形の立石寺などに伝えられる火、即ち不滅の法灯は永続的な人手を要求する。以下で取りあげようとする東大寺二月堂修二会においては、行の始まりに一徳火という行事があり、修二会期間中に使用する火を、堂童子が鑽《き》りだす。この火は、修二会終了後は灯籠に移されて、来年の修二会まで一年間保存される。伊勢の外宮では毎日、内宮では祭のたびごとに古式な火鑽具で神事用の火即ち忌火を起こす。(1)出雲大社では、最高位の祠官であり、また大神の御杖代でもある国造をめぐる火の神事がある。ひとつは一代一度の火継ぎ神事で、前国造が亡くなるとただちに、次の国造は神魂神社本殿において、家伝の火鑽具で鑽り出した火による料理を食べるという神事である。国造は生涯別火の生活を送るが、その火を管理するお火所が邸内にある。火継ぎ神事が終わると、前国造が使用した火はすべて消されて、新しい火が入る。その火は、現実には毎年の新嘗祭の時にも更新されるが、観念としては火継ぎ神事以来、生涯絶やさぬものと考えられていた。(2)

従って、火の保存についても、全く新しくする場合、永続させる場合、その中間的な場合がある。

ここでは、水について考えてみたい。

東大寺二月堂修二会は、数々の火と水に彩られた行事である。火に関しては、一徳火に始まり、お松明やだったんなど、よく目立つ行事が目白押しであるが、水に関する行事はお水取りの作法以外は人目を引かず、あまり知られていないのではないかと思われる。その作法も単に水を汲むだけのことではあるが、「お水取り」が行法全体の名称として親しまれている背景には、水に関係する深い意味がある。汲まれた水は、内陣に運ばれて、香《こう》水《ずい》となる。香水には、二種類ある。普通の香水と根本香水である。根本香水とは、毎年使いきらずに減った分を足してゆく香水のことで、二月堂で修二会が始まって以来全部がなくなったことはないと信じられている。このことは、平安末期成立の『東大寺要録』諸院章第四、二月堂の項に、天平勝宝の頃から現在にいたる約四〇〇年間、瓶内の香水は清浄にして澄潔であり、飲むと患いを除き、心身の悩みもなくなる、とある。従って、平安末期をさらにさかのぼる時期から根本香水はあったらしいが、一歩譲って江戸時代、寛文年間に奈良時代の創建二月堂が焼失した時、根本香水がなくなったとしても、ほどなく現二月堂が建てられて以後は存続し続けているはずである。

このような水の保存はあまり例がないであろう。腐敗ということを考えると、水の保存は火の保存よりも難しいのではないかと思われる。しかし、熱田神宮では、かつてよく似たことが行われていた。二月堂と熱田神宮との比較は、水の意味や類似の行事の広がりなど多くのことを考えさせる。さて、まず二月堂の香水は、どのような意義あるいは目的をもつのであろうか。

## 一

東大寺二月堂修二会は、一般にはお水取りの名で知られている。本行は、十一面観音悔過《けか》を中心とする時作法と、いくつかの付帯作法、別作法によって構成されている。行の中心は一日六回、十四日間繰り返して行われる十一面観音悔過である。しかし、その他の付帯作法や別作法はあまり重要でないのかというと、けっしてそうではない。例えば、お水取りの作法は厳密には十一面観音悔過の悔過作法とは関係がないと思われるが、行全体がお水取りの別称をもつことから察せられるように、一連の純仏教的な作法とは違う次元の決定的な重要性を有しているといえる。お水取りの作法は、民俗的な行事である正月の若水汲みと類似の行事と考えられ[3]、それが仏教の十一面観音悔過と結び付いたともいえるが、ことはそれほど単純ではない。二月堂修二会研究の第一人者である佐藤道子は「これほどに秘し、重要視する意味を、年のはじめに汲み上げる若水の、清らかな生命力に対する信仰、と考えるだけでよいのか、という疑問が念頭を去らない」と記す[4]。

日本の基層的な宗教感覚の中には、水に対する信仰があり、若水の観念もそのひとつであろう。そのような信

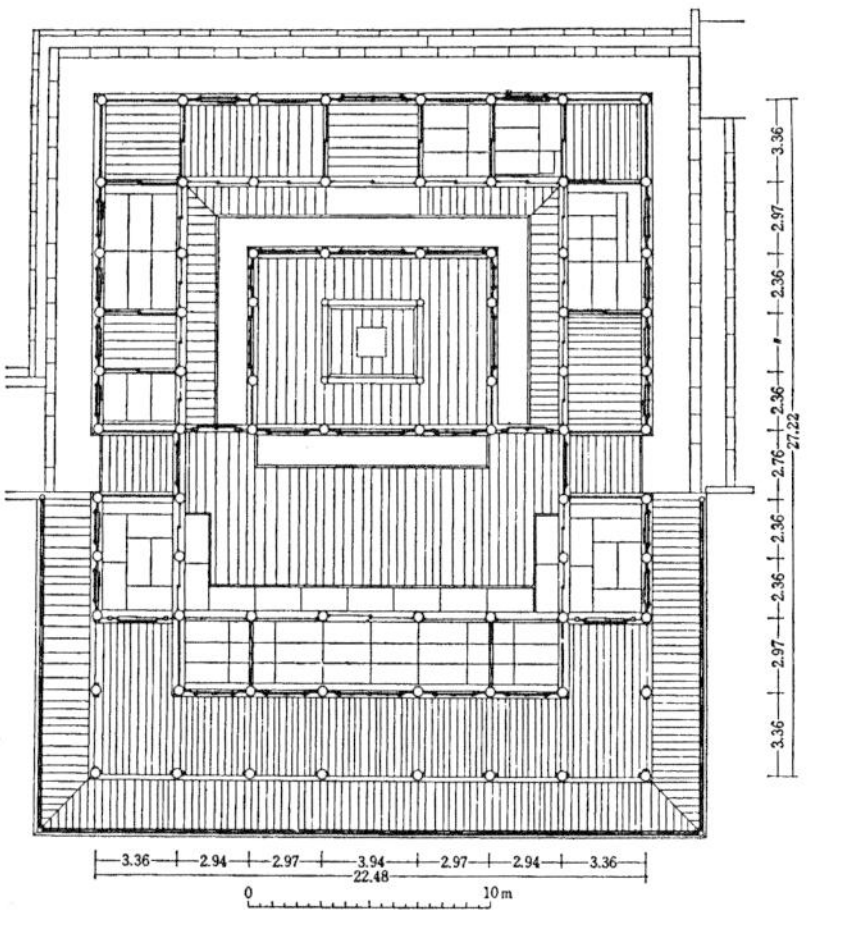


図1　東大寺二月堂平面図

堂は西（図では下）を正面とする。正面側から柱間五間分は礼堂。内々陣は、その後方中央の三間×二間の部分で、側面と背面に内陣及び参籠用の局が回る。内々陣中央の四本の柱で囲まれた部分が須弥壇で、その中央に大観音の厨子がある。

仰と仏教行事とが習合したのだ、ということは簡単であるが、お水取りは修二会の中で確固たる意味をもっており、まず行法自体の文脈で理解されるべき事柄が多いであろう。一体、お水取りの水は、なんのために汲まれるのか。

二月堂修二会[5]は、その名の通り、旧暦二月に行われるものであった。現在の本行は三月一日から十四日までである。お水取りは、三月十二日の深夜、行の時《じ》でいうと後夜《ごや》の途中で行われるただ一回きりの作法である。威儀を正して麗々しく行われるが、二月堂前の若狭井から水を汲みあげて、二月堂内陣まで運ぶというだけの行事である。

汲みあげた水は桶に一日置き、その後、内陣須弥壇に納められる（図1）。須弥壇は、三段構成になっていて、上段は側面に剣巴文をもち、上に灯明や壇供を始めとするさまざまの荘厳具を置いている。中段は内側に引っ込んでいて、水引で内部を隠している。下段は、格狭間を側面にもつ基壇である。この須弥壇は内陣の格納庫の性格をもっており、水引をめくると、下段の上または中に、重要な物を納めるようになっている。重要な物というのは、二月堂内陣以外では、保管できない聖なる物といえよう。若狭井から汲まれた水もそのひとつであり、ただの水ではなく、香水と呼ばれる。須弥壇の下段には、南側に三つ、北側に二つの香水壺が埋め込まれている。水は中壇の水引をあげて出し入れする。これらのうち、北面の一つには、根本香水と呼ばれる水が入っている。香水には、いわば普通の香水と、根本香水がある。根本香水とは、修二会が始まって以来、絶対に使い切ることなく、毎年汲み足してきたものであるという。つまり、薄まりつつも奈良時代の香水が残っていると信じられているのである。普通の香水は、信者に頒与されて、病悩への効験が期待される。これも香水の使い道のひとつである。根本香水は、練行衆以外に分け与えられることはない。

香水に、何故そのような呪力が備わるのかというと、二月堂内陣に入ってから、練行衆によって加持が加えられるからである。三月十二日に新しい水が内陣にもたらされてからは、以後の六時の行法には、全て香水加持が加えられる。作法は、練行衆全員が、牛玉杖と鈴とをもって、振鈴しながら須弥壇を行道する。このような香水加持によって、若狭井から汲みあげられた水は聖なる水になる。しかも、新しい水は、その年の修二会では使用しない。一方、若水というものは、新年に汲みあげたというだけで呪力のあるものであり、新しい水を使用することに大きな意義が認められていた。従って、二月堂修二会の中には、若水の信仰はないといったほうがよい。

すると、香水というのは、何なのであろうか。それは霊威のある水であって、先述のように疾病に対する効果が期待された。他の使用法はどうであろうか。ひとつは、内陣の一部分や、練行衆を浄めるのに用いる。その時は、酒水器に移した香水をさらに加持した上で、練行衆や内陣の浄めるべき場所にそそぐ。もうひとつの用途は、牛玉宝印[(6)]を刷るための墨を溶くことである。牛玉自体も霊威を期待されるものであるが、それはやはり普通の水で溶かすわけにはいかず、加持した香水を用いなければならない。修二会中の八日と九日は、牛玉日と称して牛玉宝印を刷る。そうしてつくられた牛玉宝印は、またひときわ威力のある護符として世に出ることになる。

香水を分け与えることについて『東大寺お水取り——二月堂修二会の記録と研究——[(7)]』は次のように述べてい

る。

> 一五世紀半ばまで、一一日の〔次第香水〕は司が香水壺の香水の量を改めるだけだったと思われる。香水を頒与するようになったのは後世の便宜的な付加作法であろう。（一八一頁）

根拠は明記していないが、それはおそらく同書の前頁に掲げられた『宝珠院記録』の次の一条であろうと思われる。

> 一、当年癸巳練行衆内按察公行盛八日夜牛玉摺時、堂司ニ香水ヲ乞出、初穂ト云テ呑之、其後牛玉ヲ摺終テ、残香水ヲ亦可呑之由ヲ語人、此事以外僻事、開白以来如爾例更以無之旨、依評定同十日例時過テ、被罪科出堂畢

文明五年（一四七三）の修二会の出来事で、練行衆のひとり行盛が、牛玉を刷るための香水を初穂と称して飲み、刷り終わって後、残りの香水も飲むように人にいったという。かれは評定によって罪を問われて出堂した。つまり、練行衆を馘首されたのである。しかし、香水を飲むこと自体は、『東大寺要録』にもあり、『二月堂修中練行衆日記』にも信者に分け与えたことが散見する。従って、この事件は次第香水の作法を間違えたことに起因すると考えられる。彼が香水を初穂と称した点には、若水の信仰が窺われよう。しかし、それは誤解であった。お水取りの行事は、十二日であるのに対して、行盛の事件は八日であるから、新年の水はまだ汲まれていない。現在の行法においても新年の水は使用しない。

香水の機能的な使用目的としては、仏前の閼伽というのは当然として、堂内や僧を浄めること、牛玉を刷ることが基本であろう。そのためにお水取り以後、香水加持を行って香水に威力を与え、一年間保存するのであった。そのようにして水に籠められた霊力への期待から、香水を頂くことも信仰上重要視されたといえる。翌年、その水で牛玉を摺り、堂内や僧を浄め、また信者や僧に分け与え、減った分を計量し、また水を注ぎ足すことになる。熱田神宮との比較では、水の計量と牛玉宝印を刷ることが重要である（以下、牛玉の表記に関しては中世に一般的

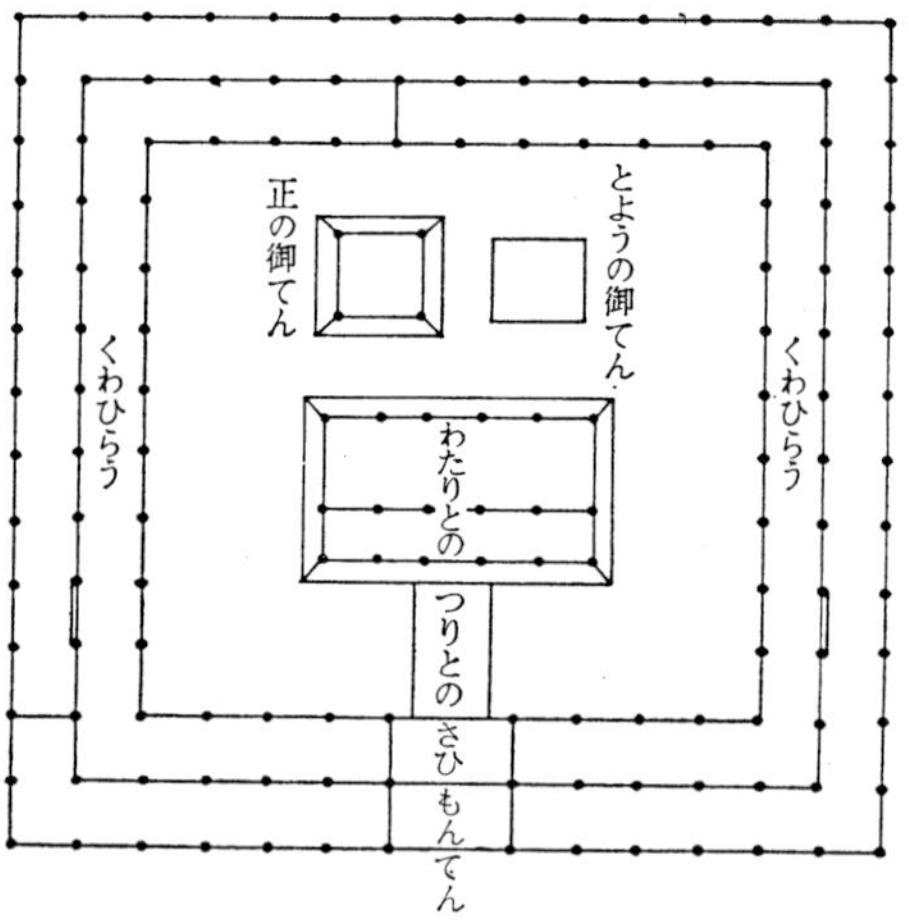


図2　熱田神宮平面図(17世紀中期)

寛文五年（1665）頃の『熱田大神宮社殿書上』にみえる江戸初期の状態である

であった牛玉を用いることにするが、言及する史料に合わせて牛王その他の表記も併用する)。

## 二

以上は、日本でも最も古い法会の伝統を伝える東大寺二月堂修二会における香水の役割であった。一般に牛玉に関係した行事とはなにに由来するものなのかよくわからないけれども、修正会、修二会に付随する事例は多い。二月堂の香水が、内陣の最奥部である須弥壇の中に格納されることと比較して、非常に興味深い事例が、熱田神宮である。

明治以後、熱田神宮は、建築にしても祭儀にしても、ほとんど古制をなくしているので、ここでは史料に即しつつ、やや詳細にみてゆくことにする。

由緒深い大社の例にもれず、熱田神宮も固有の形式をもっていた（図2）。中心部分は回廊で囲まれ、最も奥に正御殿と土用殿が並立し、それらの前方に渡殿、その前方に釣殿、その前に両側の回廊とつながる祭文殿があった。神剣草薙剣を祀る熱田社はこのような変わった形式であったが、まず明治期に、伊勢にならった形式に改められて古制を失ない、次いで戦災によって、残っていた古建築の多くも失なった。中世建築と見られていた土用殿もこの時に焼失した。伊勢や出雲の社殿が古制を残すということで、古代建築の範疇での議論が可能なのに対して、先述の熱田の社殿構成に関しては、せいぜい十六世紀前期にさかのぼる程度で、それ以前についてはかなり疑問視されている。というのは、「享禄古図」とも称される熱田社古図屛風（図3）には、江戸時代のものと大差のない社殿群が描かれているのに対して、それ以前の春日権現験記絵[8]では、中心部は本殿風の建物が一棟描かれているだけで、正御殿・土用殿・渡殿の三棟が描かれているわけではなく、文献的にもそれらが存在したという確証が得られないからである。[9]しかし、だからといって中世以前の熱田神宮が近世のような構成でなかったとは断言できない。実は、近世の史料をみても、正御殿と土用殿とは性格のよくわからない建物である。土用殿は、板倉形式の建物で、草薙剣を納める蔵であった。正御殿は、四隅に柱の建つ方一間の建物で、普通の神社の常識でいうと本殿にあたるようである。その二棟の前に渡殿があるのだが、多くの祭儀は渡殿より前方で完結し、正御殿や土用殿が関係する儀式はほとんどなかったと思われる。春日権現験記絵の中心建物は、近世にあてはめると渡殿にあたるが、前の縁に狛犬がおかれ、前面には懸仏がかかっていて、ここが本殿であるような雰囲気がある。また、おそらく渡殿の後ろになにがあるのかは、普通に参拝していたらわからなかったとも考えられよう。

さて、開題の祭儀であるが、熱田神宮では延宝九年（一六八一）に各職掌が年中行事記を書きあげて、大宮司に呈進している。大宮司は同年にそれらを公儀へ提出している。目的は社殿整備に対する幕府の財政暖助を得るためだったと考えられる。[10]これらの行事記は同一時期に大きな組織の全体を網羅した好史料である。そのひとつ『卿大夫年中行事書付之帳』[11]の正月七日の条には次のように書かれている。

一、同七日ニ大宮御内正ノ御殿之下ら瓶子之牛王水瓶子共ニ取出シ、御番所御平板ニ之上ニ置申候（衍カ）

大宮御内は神宮の回廊で囲まれた中心部をいうようである。多くの史料は、牛王水のあった場所を同じく正御

図3　熱田社古図屏風(享禄古図)
上方廻廊に囲まれた最も奥に正御殿と土用殿が並立し、その前に渡殿がある。神宮寺は左下隅にあり、本堂の左から二間目の扉だけが開いて、大福田社が見えている。

殿の下としており、いまひとつはっきりしない。時代は下るが、文政九年（一八二六）以後の成立になる『熱田祭奠年中行事図会』(12)には「縁の下」と記され、また挿絵があって、正御殿の正面の向かって左方の縁の下あたりに納められていたようである。縁の下から取り出された後、『承仕役年中行事書付之帳』(13)（延宝九年）には次のように記す。

一、七日牛玉水之壺、太宮ゟ承仕若役にて取参申、神宮寺に置申候

水は直ちに神宮寺に運ばれた。同書によると、この夜、壺の中の牛玉水の分量が社家、社僧、楽所一同に披露されている。

九日には、分木というものが準備されている。十二日の行事で、壺の水を計量したり、記録したりするための木の棒だと思われる。

十二日は、一連の行事の最終日で、記事はかなり複雑になる。意味のとれるところを要約すると次のようになる。七日に正御殿の縁の下から取り出した牛玉水は、神宮寺に運んで分量をはかる。その行事は、壺の水の多い少ないによって雨の多少を占ったので、世様《よだめし》の神事と呼ばれた。壺の水の多少を知るためには、前年に水を入れる時に、決められたある一定量を入れるか、または前年に入れた量が正確に記録されていなければならない。また、水の減り方が多いか少ないかを知るためには、毎年の占われた水の量も記録されていなければならないだろう。十二日の行事は、政所において行われる。以上のような計量を行い、再び新しい水を瓶子に入れ、その量を記録、封印するのだが、水を入れる時に、社僧・神官ともに牛玉水を頂くことになっていた。ところで、二月堂の根本香水は、全部が新しくなるということは絶対にないところに意義が認められていた。熱田の場合はどうか。

『熱田神宮年中神祭定日儀式』(14)は、次のように記す。

去ル七日、於二大福田一開処之カウ水頂載（戴）規式有リ、畢而又新入二カウ水一、大宮正殿之下置レ之、卿頭勤レ之、

減った分だけ入れるのか、全てを新しくするのかは定かでないが。「新入ニカウ水一」という記述からは、全てを新しくしている印象を受ける。下って、昭和十三年の行事記『熱田神宮恒例祭要覧抄』[15]の「一月十二日　封水世様神事」では、

次、雁使古水ヲ棄却ス、

次、新水ヲ甕ニ入ル、

次、水甕ヲ神楽殿下ニ納ム

となっている。神事の場所は当時は政所である。中心部の社殿構成もすっかり変わっていて、正御殿もなくなっており、神楽殿の下に甕をおさめている。なんらかの建物の下に保存するということだけはかろうじて守られていた。従ってこれが江戸時代と同じであるという保証はないが、一応、水はすべて新しくなっていた可能性のほうが高かろう。七日の神事の場所は、先の『承仕役年中行事書付之帳』では、神宮寺となっていたが、今引いた『熱田神宮年中神祭定日儀式』では、大福田となっている。このことは、単なる場の変化にとどまらず、儀式の対象という重要な問題を含むので、次節で詳しく取りあげる。

この水は、今まで掲げた史料で分かるように、牛王（玉）水またはカウ水と呼ばれている。このことから察せられるように、熱田でも修正会が行われており、牛玉宝印の儀式があったのである。やはり延宝九年（一六八一）の『座主年中行事書付之帳』[16]には、次のように書かれている。

一、従五日之夜十日之夜迄、神宮寺修正之出仕、（下略）

一、七日之夜、牛玉水之分量、法橋役ニ而申聞候、

（中略）

一、同日（十一日）神宮寺之出仕、（中略）修正法則過、牛玉宝印之法則之役、次ニ太宮幷本尊江宝印奉頂戴役、

次ニ高座ニ而、法橋役ニ而宝印頂戴仕候、次ニ高座ニ而三礼仕、（中略）次ニ社僧四つ之座頭之宝印、牛玉串頂戴仕始申候、牛玉宝印之祭過、大宮司着《と》座《と》退下之礼御座候間退下仕候

五日から十日まで、神宮寺で修正会が行われていた。牛玉宝印の祭は、おそらくその結願行事であり、宝印を頂戴する儀式(17)、牛玉串の分与などは、各地の修正会・修二会と異ならない。

問題の水は、牛玉宝印を刷るための水に他ならないであろう。「カウ水」は二月堂との比較でいうと香水と解釈できる。また『開闔大夫年中諸役儀之帳(18)』（延宝二年）は「合水」とする。これは牛玉水の意であろうか。

## 三

熱田における牛玉宝印の祭は、神宮寺における修正会の結願行事であった。そうすると、先の七日の行事の場所の移動はなにを意味するのだろうか。まず、移動の時期であるが、延宝の行事記では神宮寺となっている。大福田とするものの中で早い史料は、元禄十二年（一六九九）三月以後のあまりへだたらない時期に成立したとされる『熱田神事記(19)』である。以後の神事記はすべて大福田の神事となっている。大福田社については、元禄十四年の『江戸御用神社仏閣御再興次第留書(20)』に、

一神宮寺堂内有レ之候大福田神杜を日破神社之境内ニ遷座仕

とあって、この頃に神宮寺の堂内から、日破神社の境内に独立した社殿を構えたことが知られる。神宮寺の堂内にあった時の状況は、寛文五年（一六六五）頃の『熱田大神宮社殿書上(21)』をみると一目瞭然である（図4）。神宮寺本堂は、正面七間側面六間で、「中の間七間にかうし」とあるので、前後に礼堂部分と内陣部分に分かれるいわゆる密教本堂形式であった。内陣部分は中心に板敷きの三間×一間の部分があり、ここに本尊薬師如来をまつったのであろう。残余は周囲が土間で両側の端に板敷き部分がある。礼堂部分はほぼ板敷きである。本尊の周り

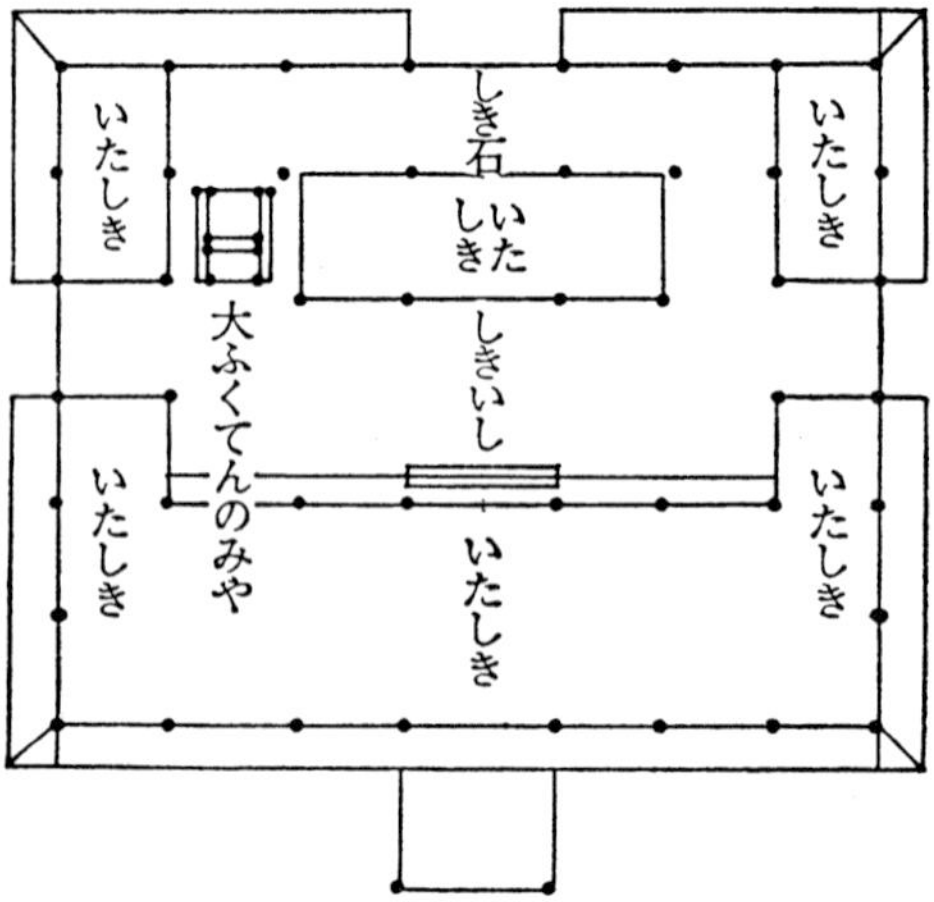

図4　熱田神宮寺平面図（17世紀中期）

が土間になる構成は、天台系の古式な仏堂によくみられる形で、この頃は熱田神宮寺も天台であった(22)。大福田社は本尊の横の土間に置かれている。大福田社が神宮寺から分かれて独立した時に、牛玉宝印の祭りもそちらに移ったということは、牛玉宝印の祭りはもともと大福田社の祭りであったことを示すであろう。のみならず、安永七年（一七七八）の『熱田社僧如法院持福院恒例神事役務次第(23)』には、

一、同五日ゟ十日之夜迄、大福田江修正会之出仕、

とあり、修正会も大福田社で行われているので、あるいは修正会そのものが大福田社に属するものであったかと思われる。ただし、元禄十六年に神宮寺は新儀真言宗として再興されているので、その時の宗派争いが原因になっている可能性は残っている。

さて、大福田社とは一体どういう社なのであろうか。宝永元年（一七〇四）に天野信景が著した『熱田神社問答雑録(24)』の記述が分かりやすい。

古ヘヨリ神宮寺殿内薬師仏ノ右ノ方《カタ》ニ崇《アガ》ム、元禄十六年九月、火(日)割ノ宮ノ北ニ遷シ建テ、大宮神幸ノ処トス、故ニ拝殿・楽所等アリ、舊説《ニ》曰、朱雀院ノ承平二年、平《ノ》将門叛ス、誅伐ノ御祈《ン》リ行《ヲコ》ナハル、神輿ヲ同郡星崎ノ庄ニ出《ダ》シテ祭ル、時ニ神輿血色アリ、将門遂《イ》ニ伏《ス》レ誅《ニ》、彼《カ》ノ神輿穢色アリシ故ニ本宮《ヘ》ニ不レ入《レ》、神宮寺ニ蔵《ヲサ》ム、然《フ》ジテ大福田大菩薩ト称ジ、供僧崇《ム》レ之《ヲ》、毎歳八月八日、大宮ノ神輿ヲ神宮寺ニ出《ダ》シ、供僧法会ヲ修

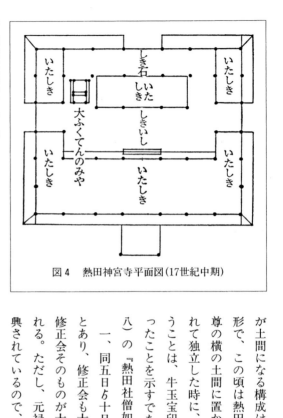

ス、是レヲ放生会《エ》ト称ズ、（中略）然《カ》ルニ座主《サス》家蔵ノ本国帳ノ初《メ》ニ、正一位勲一等大福田大菩薩ト記《シル》ス、是レ大宮ノ号也、然ラバ当祠別神ヲ祭ルニ非ル事明《ラ》ケシ、蓋シ僧家ノ所レ崇《ムル》ニシテ、神輿ヲ蔵《ヲサ》メシ説近キ歟

ここでは、大福田社が何故神宮寺の中にあるのかが大きな問題なっている。その理由は将門誅伐のために星崎に出御したとき、神輿が血で汚れたため、大宮にもどることができなくなり、神宮寺に入ったという。神宮寺に「神輿ヲ蔵メシ説近キ歟」としているが、何時から神宮寺に大福田社をまつっているのかは結局分からない。しかし、将門伝説はともかくとして、神宮寺に大福田社をまつるようになった契機は、そもそも、八月八日の放生会で、大宮の神輿が神宮寺に来ること、すなわち神宮寺がお旅所になっていたことによると考えるのが妥当ではなかろうか。大福田と大宮とが、別神ではないとされているのもそのことによるであろう。いわば、一般にいう若宮社であると考えられる。それゆえ、神宮寺における大福田社の意味は大きかったと思われるが、そのことに関連して、享禄の古図に非常に不思議な神宮寺の情景が描かれていることがあげられる。大福田社の前の扉だけが開いて社殿が見え、他は全部閉まっているのである。なにかの祭の光景を示しているのかも知れないが、神宮寺における大福田社の重要性を窺わせる。

神宮寺には、熱田の分身である大福田社が存在し、修正会と牛玉宝印の祭りはその前で行われたのであった。

このことは、東大寺二月堂修二会にも強い類似点がある。二月堂には、大観音と小観音と呼ばれる二つの本尊がある。ともに絶対の秘仏とされている。大観音の方は、その光背のみが知られており、光背の総高二メートル余り、奈良時代のものである。小観音は七寸程と伝えられ、神輿に入っている。常の状態では、須弥壇の正面側に安置されているが、修二会が始まるときに、須弥壇の背面側に移動する。一日から七日までの上七日は背面にあり、七日に背面から一旦礼堂に出して、壇供を飾るなどの饗応を行い、しばらくして、須弥壇の正面に安置する。以後の下七日の行事は小観音を本尊とするとされている。小観音にまつわるこの行事は、修二会の創始者実

忠が、難波津で海のかなたから寄り来た小観音を迎え、二月堂に安置したことを模しているといわれる。十二世紀までは、小観音は印蔵とよばれる蔵に納められていて、修二会のときだけ二月堂に移されていたことが知られており、(25)上七日の間、須弥壇の背面側に置かれるのは、その遺風であると考えられる。

二月堂修二会の本尊たる小観音の移動について、佐藤道子は神事としての解釈の可能性を提示している。(26)氏は、『処世界日記』（長禄本）にある「還宮《げんぐう》」という言葉を手掛かりにして、本来小観音の動きは「寺内某所にある本所とお旅所である二月堂を往復する」かたちであり、現状は小観音が堂内に安置されるようになってからも以前のかたちを極端に縮小して表現したものであるという理解を示した。二月堂を小観音のお旅所とする理解は、熱田神宮寺のありかたとよく符号する。

また、五来重は、奈良県野迫川村弓手原の徳蔵寺の修正会の例を紹介している。徳蔵寺修正会の根幹は村人の籠りと鬼踊りと牛玉加持であり、修正会の間、村の鎮守の五社明神の神体が堂に渡御し、本尊地蔵菩薩の厨子に同居していたという。即ち、堂は鎮守杜のお旅所であり、これらのことは、一般の修正会・修二会に共通の現象であるという。(27)

## 四

熱田の修正会が、どの程度さかのぼるものであるのかは定かでない。現在伝わる熱田神宮の最も古い年中行事記は、『文明十七年年中行事』(28)と呼ばれるもので、修正会に関しては、

　五日ノ夜ヨリ十日夜マテ、神宮寺ニ社家・寺家有㆓リ出仕修正執行ノ事㆒ト

とある。中世にも神宮寺で行われていたことは間違いないが、詳細は分からない。

しかし、牛玉宝印の祭りがかなりさかのぼりそうなことは、摂社の古い年中行事記の中によく似た祭りの記事

があることから推定できる。それは、正安二年（一三〇〇）に成立したと考えられる『火上天神年中諸祭行事式[29]』で、正月八日に次のような記事がある。

一、同八日之朝、社務専祭を伴ひ、内殿を開キ宝水甕を出ス、専祭執テ外殿御台盤ノ上ニ安レ之退□(下)、

一、同日昼、宝印祀、拝殿会集、宝水甕ヲ専祭殿上ゟ下□(シ)社務前ニ置レ之、権家符を切、権役蓋を開ク、権□(家)水木を指入□□(引挙)テ験を付、水ノ分量を社務ニ告ル、権役甕を抱テ別当前ニ置、専祭座中ヘ水分量を告ル、次別当彼水を器ニ移シ墨を調、権家□(ゟ)白紙を専祭ニ遣ス、次別当宝印書□□(終ト)権役揃来テ社務ノ前ニ置レ之、次社務宝印を執テ璽ス、次権役亦揃来テ□(案)上□□(ニ置)本座ニ復、次権役・専祭・公文・供師諸□□(共ニ)十二座をおこなふ、同時社務座を起テ案前着座、祝戸、権家座□(を)起テ釣殿ノ座ニ着テ神式有、畢テ正権家座ニ帰、次専祭甕を社務前ニ置レ之、以二清水一甕ニ入、権役立会蓋をす、社務符を出ス、権役是を調、次社務内□(殿)ニ宝水甕ヲ納ル、次酒講終テ両家別当退下、次権役・専祭・公文・供師并下役神戸ニ至迄宝印分配頂戴、両家別当ヘハ専祭持参、次以二萑丁一火上里長・当群(郡)司ヘ宝印を遣ス公文下知、兼約有レ之時ハ、近隣地頭御家ヘ□□(も遣)ス

熱田本社の牛玉宝印の祭りの基本部分を簡略に行っているといえるだろう。宝水甕が保管される場所は内殿である。『氷上宮座牌之図巻[30]』によれば、ここの本殿は前室付本殿のようで、内陣部分を「内殿」とよんでいる。「外殿」は外陣即ち前室であろう。

つまり、正月八日に新しい水を入れた宝水甕は、一年間本殿内陣で保管され、翌年の正月八日に取り出して分量をはかり、その量を関係者全員に知らせる。やはりなんらかの占いの意味をもつのであろう。次にその水で、墨をすり、おそらく社名とか宝印の文字を書き、その上に宝印を押す。こうしてつくられた宝印の札は、神社の関係者と郡司や近隣の地頭にも配られた。牛玉宝印なのかどうかはっきりしないが、意味はほとんど同じであろう。また、その年に汲んだ新しい水は使わずに、一年間聖なる場でねかせた水を使うことも、熱田本社や東大寺

二月堂と同じである。しかし、仏教的な修正会は付随しておらず、純粋な神社の行事として行われている点が異なっている。

## 結

二月堂と熱田における水の保存はよく似ている。

修正会・修二会に結びついた牛玉宝印は、平安時代以降、国内に一般的に存在する。熱田と二月堂とは直接の関係がありそうもないから、以上のような水の保存がかつては普遍的であったことが推測される。少なくとも、ひとつの型ではあっただろう。多くの寺社における牛玉宝印のあり方、またとくにそれに付随する水のあり方に関しては、あまり多くは知られていない。

熱田の牛玉水が二月堂の根本香水のように、古い水を捨てることなく注ぎ足したものかどうかは分からない。しかし、昭和の行事記が記すように、熱田の水は毎年新しくなっていたと仮定したところで、二月堂との距離が開くわけではない。もっとも奥深い聖なる場所に、聖なる水が常在するという点、その他の儀式も非常によく似ているという点で、両者における水の意味はほとんど同じだといえよう。

水の直接的な用途は、宝印即ち護符をつくることであったと思われる。現在残されている多くの牛玉宝印には、神仏や堂・社の名が書かれ、または刷られている。護符においては、文字で表現するだけでなく、使用された水自体も固有の神仏からもたらされたものであることが重要であった。水は、長時間神仏の足下に置かれることで、神仏と同化し、その威力を体現すると観念されたのであろう。熱田の牛玉水は、最低一年間、正御殿の縁の下に保存された。火上天神の水は、本殿内で保存された。これらが、一年限りで更新されていたとしても、行事の続くかぎり、水は常在する。ここから、二月堂の根本香水へは、ほんの一歩に過ぎない。二月堂の名の由来は修二会にある。二月堂は修二会のために存在する堂である。そして二月堂修二会は、参加、参籠する者にとってひとつの世界を成す。根本香水は、その霊験に満ちた世界の始原の水であり、悠久の時間を蓄えた水である。

若水は、新しい水であるところに意義があり、その観念は自然に対する信仰の一種と考えうる。牛玉宝印に用いる水は、上記のような理由で、無制限とはいわないまでも、ある時間を経たものであり、固有の神仏に属するものといえる。寺社にとっては、水は大変重要な運営条件で、立地にあたっては湧水・井戸・河川などの取水条件は必ず考慮される。境内の湧水や井戸は、ある程度の神聖視は受けるとしても、実用的なものとして使われるのが普通である。牛玉宝印の水もどこかから入手しなければならないが、水の神聖視は二月堂若狭井のように、その水源に及ぶ場合がある。このことは、やがて社殿に井戸を祀りこめた日吉十禅師社（滋賀）や天川弁財天社（奈良）、何時頃からかは分からないが堂内に井戸をもつ薬師寺金堂（奈良）、堂内ではなくとも水の信仰が根源にある清水寺（京都）などのありかたに関係するであろう。ちなみに、歴史上、大量の起請文料紙としての牛玉宝印を発行したことで名高い熊野那智大社の牛玉宝印には、那智滝から得た新年の若水を用いるという。いうまでもなく、那智の滝は、中世には飛滝権現として滝そのものが神とされた。これらにおいては、水は必然的に固有の神仏の名を負うし、悠久の時間を内包しもする。水源が祀られることに対しては、原始的な信仰に原因があるとする見方に偏していると思われるが、また別の経路もないわけではない。

（1）桜井勝之進『伊勢神宮』（学生社、昭和四十四年）四七頁。
（2）平井直房『出雲国造火継ぎ神事の研究』（大明堂、平成元年）。
（3）五来重『続仏教と民俗』（角川書店、昭和五十四年）一五二頁。
（4）次注『東大寺修二会の構成と所作・別巻』一一三頁。
（5）以下の二月堂修二会に関する知見は、東京国立文化財研究所芸能部編『東大寺修二会の構成と所作　上・中・

下・別巻』(平凡社、昭和五十年・五十一年・五十五年・五十七年)及び『東大寺お水取り――二月堂修二会の記録と研究――』(小学館、昭和六十年)によるところ大である。

(6) 一般に社寺の修正会・修二会でつくられる護符。本来は戸口に貼ったり、田の水口に木の枝にはさんで立てたりした。のちには起請文の用紙として使用された。起請文として残る現存最古のものは文永三年(一二六六)の二月堂と那智の牛玉宝印であるという(『国史大辞典5』[吉川弘文館、昭和六十年]の牛玉宝印の項による)。

(7) 前掲注(5)参照。

(8) 『続日本の絵巻13』(中央公論社、平成三年)所収。

(9) 福山敏男「熱田神宮の土用殿」(『日本建築史研究』所収、墨水書房、昭和四十七年改訂版)。藤沢彰「熱田神宮のいわゆる『享禄古図』以前の社殿について」(『日本建築学会近畿支部研究報告集』、昭和六十三年)。

(10) 『熱田神宮史料　年中行事　上巻』(熱田神宮宮庁、昭和四十六年)所収解説。

(11) 『熱田神宮史料　年中行事　上巻』(熱田神宮宮庁、昭和四十六年)所収。

(12) 『熱田神宮史料　年中行事　下巻』(熱田神宮宮庁、昭和五十年)所収。

(13) 前掲注(11)に同じ。

(14) 前掲注(12)に同じ。解説はその成立を延宝年間か、としている。後述のように神宮寺内にあった大福田社は、元禄年間に別の地に独立し、神事も移る。本書は牛玉宝印の神事の場所を大福田社としているので、元禄年間以後成立の可能性が大きい。本稿では、元禄年間以前でも神事の対象は神宮寺内の大福田社であったと考えているので、延宝年間の成立で神事の場所を大福田社としてもよいのだが、元禄以前に書かれた記録類は神事の場を記述する時は神宮寺とするのが普通である。

(15) 前掲注(12)に同じ。

(16) 前掲注(11)に同じ。

(17) 宝印の頂戴というのは、おそらく額または頭などに牛玉宝印を押してもらうことである。二月堂修二会では、やはり結願に朱宝《しゅぼ》という行事があり、練行衆全員が額にちいさな宝印を受ける。善光寺(長野)修正会では、堂童子が参拝者の頭に白い布で包んだ宝印を当ててくれる。

(18) 前掲注(11)に同じ。

(19) 前掲注(12)に同じ。

(20)『熱田神宮史料　造営遷宮編　上巻』(熱田神宮宮庁、昭和五十五年)所収。
(21)前掲注(20)に同じ。
(22)元禄以前、社内には天台僧と真言僧が存在し、座主をはじめとする要職は天台系であった。元禄十六年(一七〇三)の神宮寺再興の徳川家への口利きを新儀真言僧が行ったため、以後は新儀真言僧が力をもった。以上、『熱田の歴史と文化財』(熱田神宮宝物館、昭和五十五年)による。
(23)前掲注(12)に同じ。
(24)『神道大系　神社編十九・熱田』(神道大系編纂会、平成二年)所収。
(25)川村知行「東大寺二月堂小観音の儀礼と図像」(『南都仏教』五二、昭和五十九年)。
(26)佐藤道子「小観音のまつり」(同右)。
(27)五来重『仏教と民俗』(角川選書七四、角川書店、昭和五十一年)五七~五八頁。
(28)前掲注(11)に同じ。
(29)前掲注(12)に同じ。
(30)前掲注(12)に同じ。同書解説は、書写は近世中期であるが、中世の座配を示すものとしている。

# 幽魂の衣——壬生大念仏狂言私考——

## 序

京都には、大念仏狂言という特異な芸能が三カ所に伝わっている。嵯峨の清涼寺、千本閻魔堂、そして壬生寺である。大念仏狂言は、仮面をつけた無言劇で、単調な鉦と太鼓の伴奏のなかで行われる。はじめて見ると、異様で退屈な芸能である。

壬生大念仏狂言は、四月二十一日から九日間、壬生寺の狂言舞台（正しくは大念仏堂）で行われる。一種の演劇ではあるが、大念仏会の一環を成し、寺では念仏を正行《しょうぎょう》念仏、狂言を乱行《らんぎょう》念仏といい伝えている。壬生狂言の成立や、仏教儀式のなかでもつ意味については、明らかでない点が多い。ここでは、およそ現在の形の大念仏会と狂言が成立した江戸時代において、壬生狂言がもったひとつの宗教的な意義を考えてみたい。

## 壬生狂言衣裳

壬生狂言衣裳は、芸能に用いられる衣裳としては特異な性格をもつ。それは、大念仏会に奉納された死者の晴着なのである。衣裳には、戒名や奉納年月などとともに菩提を弔う意味のことが書かれている場合が多い。銘は、安永五年（一七七六）以後のものが連綿と残る。『壬生狂言古衣裳』[1]に載せられた鮮明な写真は、男の死、女の死、子どもの死、そして死者を思う縁者の思いを語ってあまりある。この衣裳によって、壬生狂言はなまなましい宗教芸能としての色彩を強くもつことが理解される。

衣裳奉納の習慣は、数こそ少なくなったが、現在も途絶えたわけではないという。奉納衣裳の施主すなわち死者の親類縁者は、舞台を見ながら、ひそかに故人を偲び、菩提を弔ったという実感をもつことができるだろう。それが、近世以後の壬生狂言の宗教芸能としての本質なのではないだろうか。衣裳のことを考えると、壬生狂言は、宗教性と土着性が非常に強く、芸能というよりは民俗行事と考えたほうがよいであろう。しかし、いったい、死者の着物をまとって狂言を演ずることにより、供養が行われるというのは、どのような観念に根ざした行為なのであろうか。

死者の菩提のために、寺院に資財を施入するのは一般的な事象である。似たような仏教行事をあげるなら、奈良の当麻寺の練供養がある。人間が菩薩に扮して、二十五菩薩来迎の場面を演ずるのだが、この時に用いられる菩薩の装束や輪光には、故人の菩提を祈る意味の銘文をもつものがある。[2]しかし、これは、死者に直接関係のあるものの奉納ではないから、壬生狂言衣裳と同一視するわけにはいかない。

宗教民俗学者の五来重は、壬生狂言衣裳が、死者の衣であることを、臨終儀礼の逆さ着物あるいは棺掛袈裟《かんがけげさ》・曳覆曼陀羅《ひきおおいまんだら》などと同列に論じている。[3]筆者も、狂言衣裳奉納の背景には、死者の着衣にまつわる葬送習俗があると考える点では同じであるが、いま少し限定的に捉えてみたい。

## 幽魂の行くえとしての堂

死者の着物を狂言衣裳として寺に奉納するのは壬生寺以外に聞かないが、死者の衣服を寺に奉納する習俗はかつて広汎に行われていたとみられる。

柳田國男編『葬送習俗語彙』(4)の「寺行き」の章には、死亡直後または葬儀と前後していろいろなものが菩提寺へと運び込まれる事例が収集されている。それは、米が主体なのだが、なかには衣服が含まれる事例がある。注目すべきは「ハサミキモノ」の項である。

ハサミキモノ　食料ではなく衣類を持つていく風もある。下総《しもうさ》香取郡《かとりぐん》の久賀村などでは、寺行きは死者の良い着物を割つた竹にはさんで持つていく。挟み着物という。下駄も添へる部落があるといふ。

民俗学者の最上孝敬も『霊魂の行くえ』(5)で多くの葬送習俗を収集した。菩提寺へ運び込まれるのは、米を主として笠・蓑・着物・銭などである。その時期は、出棺前、出棺と同時、葬式のあととさまざまではある。しかし、肉体は一貫して墓地へと向かう。最上は、寺に運び込まれるさまざまなものを死者の霊魂の依代《よりしろ》と考え、このとき、肉体から遊離した霊魂が、寺へ送り込まれていると結論した。

筆者は、そういう民俗を集めているわけでもないが、着物を本堂に掛ける習俗を二カ所で見たことがある。

ひとつは、三重県松阪市の朝田寺《ちょうでんじ》である。付近では、朝田《あさだ》地蔵のほうが通りがよい。弘法大師の草創と伝え、はじめは真言宗、のちに曹洞宗に転じ、慶安五年(一六五二)から天台宗延暦寺末となる。平安前期木彫の優品、地蔵菩薩立像を本尊とする古刹である。本堂は、慶安五年の建築で、当初は前方を外陣《げじん》、奥を内陣とする単純な構成だったが、安永七年(一七七八)に奥へ増設して、前から外陣・内陣・内内陣とする三段構成になった。この寺を訪れて、本尊の前のほの暗い内陣の天井からたくさんの着物が下がっているのを見たときは、自身の目を

図１　朝田寺本堂につるされた「掛衣」

図２　川倉賽の河原地蔵尊の堂内につるされた死者の衣装群

疑った。そのようなものはいままで見たこともなかったし、想像もしていなかった。しかし、不思議なもので、それが死者の着物であることは、瞬時に理解した。それは、掛衣《かけえ》という習慣によるものである。朝田寺の周辺では、死人がでると、葬式の翌日、あるいは翌日に地蔵まいり・朝田まいりと称して肌着や晴れ着を朝田寺に持参し、まず「道明け」の供養をし、本堂の内陣天井に掛けてもらうという。盆には、親族は寺に参り、故人を偲ぶためにその着物を探す。本堂には、年中そのような着物が天井から下がっているのである。八月十六～二十三日の地蔵盆、つまり死者にとっての初盆が終わると着物はすべて下ろされ、また徐々に増えてゆく[6]。

もうひとつは、青森県北津軽郡金木町《かなきちょう》の川倉《かわくら》地蔵である。五所川原からさらに電車に乗って、津軽半島の中央へと向かう。正しくは川倉賽の河原地蔵尊という。筆者が訪れたのは、旧暦六月二十三日の地蔵盆で、本堂裏にイタコの小屋が並んでいた。筆者も口寄せをしてもらった。本堂は、ごく最近の新しい建築だったので少しがっかりしたが、本尊の裏に着物がたくさん下がっていた。着物をかける場所は少し違うが、朝田寺とよく似た状況である。松坂では和服ばかりだったが、こちらには背広の上着もあった。川倉地蔵では、それらが死者の着物であることは確認したが、詳しいことは聞かなかった。

また、筆者自身は見ていないが、下北半島の恐山地蔵堂へは、死者の着物で作った幡《ばん》（儀式を飾る旛）を上げるという。

朝田寺と川倉地蔵は、地理的に遠く離れているので、直接の関係はないであろう。したがって、本堂に着物をかけて供養するという習俗は、かつて全国的に存在したと思われるのである。

最上孝敬の考えでは、古い時代には、霊魂はさらに遠い清浄な地へ旅立つと観念されていたらしいという。それが、近隣の菩提寺となって、やがて本堂に位牌壇ができたり、本堂の近くに詣り墓ができたりしたという。詣り墓のほうは正確には知らないが、寺院本堂における位牌壇の設置が一般化するのは、筆者の知る範囲では、江戸時代中期以後であろうと思う。

各村々に葬儀を司る寺院ができるのは、江戸時代に入って、宗門改め、檀家制が徹底する時期にまで下るが、寺院本堂が霊魂の行方として認識されるのは中世からである。本堂に納骨五輪塔あるいはその他の蔵骨器を納める風習は、鎌倉時代から存在し、当麻寺本堂（奈良県）・元興寺極楽坊（同）、会津冬木沢の八葉寺阿弥陀堂（福島県）などが著名である。とくに八葉寺ではかつて納骨五輪塔、約一万五千基が阿弥陀堂の内部を埋めつくしていたという。善光寺や高野山・那智妙法山などと同じく、それらの仏堂は死者の安住の地であった。

死者にもっとも親しい仏は、地蔵である。それは近世の墓地をみれば、入口にはほぼ六地蔵があることからも多言を要しない。川倉地蔵も朝田地蔵も、本尊は地蔵である。壬生寺は、本来延命地蔵であるから、若干の誤解

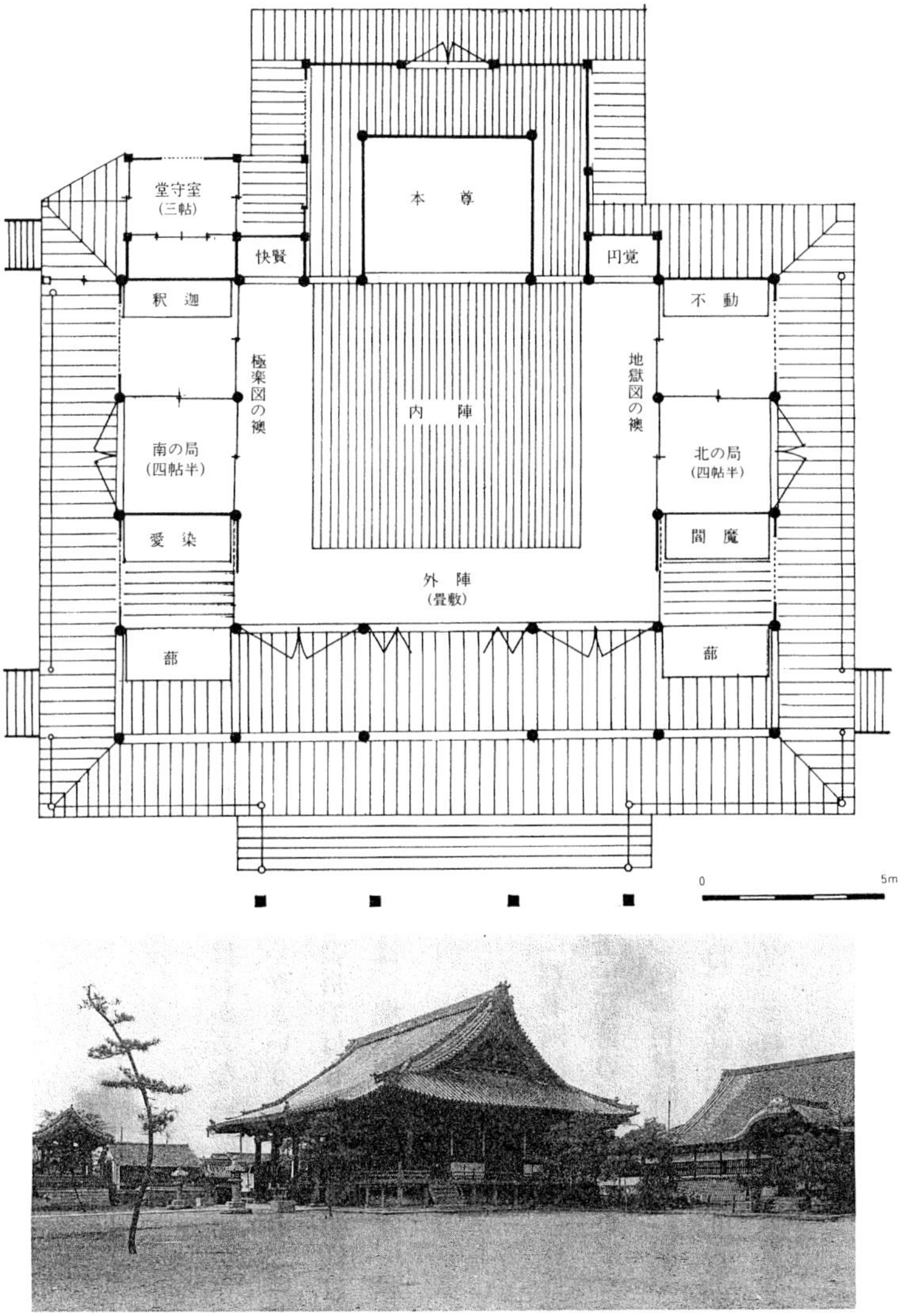


図3　壬生寺本堂(文政八年再建)平面図および写真
文政八年(1825)再建の壬生寺本堂は昭和37年に焼失した。上の図は焼失前の本堂の復元図。文政八年にはすでに狂言堂があったが、本来は本堂正面一間通りの吹放しで、壬生狂言が行われていた。死者の着物は愛染明王の辺りから不動明王の辺りまで針金を張ってかけた。

もあるのかもしれない。京で大念仏狂言が行われるほかの二寺はというと、千本閻魔堂は閻魔を本尊とする。清凉寺の本尊は釈迦であるが、円覚上人が大念仏をはじめたのは地蔵院だといわれている。いずれも死者との縁は、浅くはない。

## むすび

壬生寺にもどろう。現在の御住職の記憶の範囲では、古い時代のことはわからないが、着物が寺に運び込まれる時期には、強い法則性はなく、形見分けのときなどに決まるのではないかということである。いちおう、衣裳奉納は死者供養であることは確かだが、いままで述べてきたような葬送習俗ではない。大念仏狂言は大念仏会の一部である。仏教儀式としての法会は本堂で行われる。劈頭の開白式では、現在帳の読みあげ、本尊及び中興円覚上人への焼香・祈念に続いて、奉納衣裳を針金にかけて供養するという。ここまでは壬生寺の奉納衣裳も、朝田寺や川倉地蔵とほぼ同じ扱いを受けていると考えてよい。

そして、狂言の場も、本来は本堂であった。安永九年（一七八〇）の『都名所図会』には、狂言堂はみえないし、江戸前期の洛中洛外図（林原美術館本）には、現在は廃曲となった壬生狂言の「猿」が本堂で行われている様子がみえる。壬生寺は、天明八年（一七八八）に焼失し、狂言堂はその後の再建時に新たに建てられた。宗教芸能が芸能としての独立性を強める一例である。ちなみに現在の狂言堂は、安政三年（一八五六）の建築である。奉納された衣裳は、供養され披露されたのち、狂言に使用されるのであり、それらはすべて本堂で行われる行事だった。

最上孝敬によると、死者の霊魂は、米やその他のものを依代として、本堂に送り込まれるのであった。狂言衣裳が霊魂の依代であるとすると、その衣を着て狂言を行っているのは、じつは死者であるということになる。狂言は、面を付けて舞われるから、見物の親類縁者にとっては、死者が舞っているように見えるであろう。

川倉地蔵で、筆者はある霊をイタコに呼び出してもらった。霊は、今日はこんなににぎやかなところで遊ばせてもらって本当に嬉しい、と感謝した。死者は、にぎやかなところで遊ぶのが好きらしい。壬生狂言も、生ある者の前で行われる死者の遊びにほかならない。

壬生狂言が能や狂言に題材を取りながら、言葉を発しないことの理由は、わかっていない。筆者は、それが死者によって演じられていることによるのではないかと思う。ここで言葉が発せられると、それは遊びでなくなるように思われるのである。

(1) 松浦俊海監修『壬生狂言古衣裳』、思文閣出版、平成四年
(2) 元興寺仏教民俗資料研究所『当麻寺来迎会民俗資料緊急調査報告書』、昭和五十年。
(3) 五来重『葬と供養』、東方出版、平成四年。
(4) 柳田國男編『葬送習俗語彙』、国書刊行会、昭和五十年復刻。
(5) 最上孝敬『霊魂の行くえ』、名著出版、昭和五十九年。
(6) 『松阪市史　第一〇巻　史料編・民俗』、松阪市、昭和五十六年。

# 補章

# 第二次世界大戦までの神社建築研究

## はじめに

明治維新から昭和戦前期までは、政治的に神道国教化政策がとられ、神社は極めて政治的な意義をもっていたから、建築史学の一環としての神社建築研究にもその影響があったと考えられる。神社が社会的政治的に重要な存在であったならば、神社の研究も重視され、隆盛に向かうと考えられるが、事実はそれほど単純ではない。戦前に書かれた日本建築史の通史をみると、神社建築の記述に費やされた頁数は仏教建築に比べて非常に少なく、建築史学においては神社建築研究は著しく低調であったと見られるのである。それには研究者の立場や社会政治状況が反映しており、ここではそのような状況のおおまかな素描を試みる。建築史学における神社建築の扱いは日本建築史の通史として戦前に出版されたものをいくつか取りあげ、個々の研究論文には触れない。

## 一　戦前の神社行政の概観

神社が国家神道のなかに位置づけられていく過程にはいくつかの曲折があった。神社行政を担当する官庁は、明治元年（一八六八）古代律令制を擬した神祇官設置に始まる。初期の理念は神道の国教化とともに仏教・キリスト教の弾圧を目指していたが、政府自体が文明開化、富国強兵の政策を推進する上で、キリスト教禁圧は不可能であったし、むしろ信教の自由を認める方向に向かう方が合理的だった。明治四年（一八七一）神祇官は神祇省に格下げとなる。翌年にはそれも廃止され、全神社と仏教各宗を管轄する教部省が新設され、さらに明治十年（一八七七）には内務省社寺局へと変遷する。国家神道を宗教以上のものとし、全宗教をその下におく構想であった。国家神道が神社を基礎に置く関係上、神社の優越化・特権化の方向へと動くことは避けられず、明治三十三年（一九〇〇）には神社と他の宗教との所轄部署は切り離され、神社を統括する神社局は内務省に属し、他の宗教の管轄については文部省所轄の宗教局が置かれた。昭和十五年（一九四〇）になると、さらに内務省の外局として神祇院が設置される。

## 二　伊東忠太の神社建築史に関する枠組み

日本における学問としての日本建築史の基礎を築いたのは伊東忠太である。伊東は、明治三十三年（一九〇〇）に日本建築学会通常会において神社建築に関する講演を行い、翌年その講演は補足の上、「日本神社建築の発達」と題して『建築雑誌』（一六九・一七〇・一七四号）に掲載された。これは日本の神社建築に関する初の体系的内容をもつ文章であるが、驚くべきことに現在の一般的な神社建築に関する内容はほぼここに完備しているのである。この事実は、現在知られている著名な文化財建造物の建築年代も確定していない時代にあって、伊東が鑑識眼、歴史の理解力、理論化・体系化の能力において卓越した学者であったことを示しているのはよいとして、同時にあとに続いた学者は伊東が提示した建築学における神社の枠組みを脱することがなかったことをも示している。伊東が提示した内容は神社建築の形式分類であって、それは今も基本的なものである。その背景には、以下のような神社に対する考え方があった。

私は日本神社建築の発達と云ふ題で講話を試みますが、（中略）本題の範囲は非常に広くありまして、殆んど際限がないのであります。元来尤も完全に発達の順序を述べ様と思へば、第一に祭祀の儀式の変遷から調べてかからねばならない。其建築物とても、箇々の建築、例へば本殿は本殿丈けの沿革を有て居り、拝殿は拝殿丈けの沿革を有て居り、又本殿拝殿以下多くの建物を合せて一団として考へれば、この一団は一団としての歴史を有て居ります。且つ我邦の無数の神社は、互に別々の発達をして居りまして、一致した経歴を取て居りません。此故に神社の一般の発達を概括して論ずることは甚だ艱難なことであります。

日本の神社建築が複雑な様相を呈していることを見抜いたこの認識の的確なことは論をまたない。考究すべきことの第一に祭祀の儀式の変遷をあげていること、そして神社を構成する個々の建物およびそれらを一団として捉えるべきことも示されているのは重要で、ようやく最近二十年程の神社建築研究の問題意識がこの域に達したところである。以下に論文の内容を目次によって示す。

第五章　神仏混淆の時代
其一八幡造／其二伽藍造／其三各種の変態
第六章　本殿拝殿連結の時代
其一権現造／其二八棟造
第七章　現今及将来の神社
其一現今の神社建築／其二将来の神社建築

取りあえず伊東は神社建築形式の分類を行うとし、装飾や構造のことは深く述べないとしている。そしてもう一点注目すべきことは、この講演は内務省神社局の成立と同年に行われ、その翌年に活字化されていることで、政治情勢に関する言及がある。

併し今日では神社は元来宗教ではないと云ふ理屈から政府に於ても内務省の社寺局を廃して、更に宗教局と神社局とを分けて、神社の真相を顕揚しやうと云ふ場合に当たり、神社建築の起源及其発達の順序を講究し、将来に於ける我国の神社建築が如何なる方針を取て進まねばならぬかと申すことを考へるのは決して無益でないことと思ひます。

これは神社の研究が国家政策の一環として内務省を中心に行われることを予見したもので、事実その通りになったのは以下に見る通りである。

## 三　昭和初年までの日本建築史

日本建築史の通史としてもっとも早く流布したものは昭和二年（一九二七）の天沼俊一『日本建築史要』（飛鳥園）である。この書物の特徴は、まず神社建築に割かれた頁数が非常に少ないことで、寺院建築三七七頁に対して神社建築三九頁である。次に神社と寺院の記述順序が寺院・神社の順になっている。江戸時代以前は、例えば寺社奉行というように寺院と神社をさす言葉として寺社とするのが普通であったのが、明治以後は社寺局というように社寺とするのが普通である。従って寺社の順に記述することは、建築史学の立場を示すものである。また天沼は建築の細部意匠の研究を進めた学者であるから、神社の細部意匠に関する記述が伊東よりも進歩しているのは当然である。

関野貞の『日本建築史講話』（岩波書店、昭和十二年）は、昭和四年（一九二九）の武蔵高等学校民族文化講演の筆記録を出版したもので、手頃な日本建築史の入門書である。ここでは、仏教建築が八五頁、神社建築が三三頁となる。記述順は飛鳥時代から室町時代までが寺社の順、桃山時代と江戸時代は社寺の順となる。この理由はわからない。そして明治時代の記述がある。

昭和七年（一九三二）発刊の岸田日出刀の「日本建築史」（岸田日出刀・藤島亥治郎『日本建築史／支那建築史』、雄山閣、昭和七年）では寺院六九頁、神社三二頁で寺社の順に記述する。総論のなかの「(二) 日本建築と宗教」は劈頭「日本建築は概観するに著しく仏教的である。このことは日本文化の根幹は仏教文化であるという事実からきた当然の帰結であろう」とはじまるが、太古以来の神社建築の不変性に関する記述も併存している。

## 四　足立康『日本建築史』にみられる苦渋

次に思想統制の厳しい時期に執筆発刊された足立康の『日本建築史』（地人書館、一九四〇年）をみてみたい。足立康の活動は昭和三年（一九二八）に始まり、昭和十六年（一九四一）には没しているから、その日本建築史は昭和戦前期のごく短期間に構想されたようである。太田博太郎『建築史の先達たち』（彰国社、昭和五十八年）によると、足立は大岡実と共同で昭和十五年（一九四〇）七月に「建築史研究の態度について」（『建築史』二―

四）という一文を草し、まだ建築史の体系化はその時ではないと主張したという。

要するに吾々の念願するところは、最も正確なる材料によつて、真に体系ある日本建築史を再組織せんとするにある。これがためには、徒らにその組織を急ぐよりは、先ず退いて各事項に関する基本的調査や基礎的研究に専念しなければならない。

太田は、足立がこのような主張をしながら同時に『日本建築史』を執筆したのは解せないとし、病魔による死を意識したのだろうと考えている。また『日本建築史』執筆後は論文のテーマが新しくなり、足立は大きく変わりつつあったという。

この書物には、当時の社会状況のなかでの日本建築史の記述に際しての苦渋がよくあらわれている。まず序説に神社建築および宮殿建築のなかに流れる「建築精神」についての言及がある。

今日吾々が伊勢神宮に拝するやうな建築意匠は、既に遠い上代に於て大成されて居り、木造建築の様式としては、極めて高度の完成を示してゐるのであつて、この建築精神を正しく継承してゐるものが即ち真の意味での日本建築であらねばならぬ。不幸にして、この種の建築は、神社建築以外に適当な遺構が残存せぬため、その発達過程を実物上から論じ得ないとは云へ、とにかくこの精神は連綿として存続し、後に至つてはあの平安内裡や桂離宮の如き偉大な日本建築を生んでゐるのである。真の意味での日本建築史は、この系統に属する遺構を根幹として組織さるべきものである。

これは論客として知られた足立が書いたとは思えない矛盾に満ちた文章である。第一に、意地の悪い読み方ではあるが、神社建築のなかには「真の意味での日本建築」を継承している「適当な遺構」があるとしているのに、「その発達過程を実物上からは論じ得ない」とする矛盾がある。次いで「発達過程を実物上から論じ得ないもの」が「連綿として存続」するという無茶な論理が積み重なっている。つまりこの文章は神社建築史こそが日本建築史の根幹になるべきであり、それは連綿として存続しているのに、なぜか神社建築研究の蓄積はなく、記述もできなかったことを示している。次は、そのような矛盾に関する言い訳である。

然るにわが国に於ける建築遺構は仏教関係のものが多く、殊に中世以前は殆どすべてがそれに限られてゐる状態であり、ために遺構を対象として研究せんとすれば、自然仏教建築のみが取上げられる結果となる。日本建築史が動ともすれば日本仏教建築史であるかの如き感を与へるのは、実にこの間の事情に基くのである。

平安時代以前ということであればこの言い方は正しいのだが、この時すでに古社寺保存法（明治三十年）および国宝保存法（昭和四年）によって中世以降の神社建築もかなり文化財指定を受けているのである。例えば、春日造の最古の遺構である円成寺（奈良）の春日堂・白山堂は大正三年（一九一四）に指定を受けており、本堂の指定が昭和二十七年（一九五二）であるから、文化財的な見地からは神社建築の評価は昭和に入るころには概ね確定していたといえる。このことも足立が知らぬはずはない。全体的な視野に立った日本建築史を記述しようとした足立の立場からするなら、中世以降の神社建築に関する記述が放棄されていることになる。その理由を示す文章をみてみよう。序説末尾の文章である。

（日本建築は大陸様式の摂取と同化の過程を繰り返してきたが）またこの一方に於ては、日本固有の建築精神は毫も失はれることなく、その外形上に於ても大陸建築に煩されるところ尠く、上古以来の建築様式が連綿として存続してゐることは前節に一言した通りである。

おそらくは、「日本固有の建築精神は毫も失はれることなく」と記述するからには、神社における神仏習合が問題だったと推定される。第三章平安時代の項に次の記述がある。

上述の如く、本殿の形式は主として固有の立場から発達したのである。然るに神仏調和思想の盛になるに伴なひ、本殿以外の神社の規模は直接寺院建築の影響を蒙る事甚だしく、遂には鳥居玉垣の代りに楼門廻廊を用ひるもの、或は塔婆仏堂の類を建立するものさへあつて、神社内外の規模は愈々寺院に接近して来た。（中略）上記の本殿形式の細部に幾分寺院建築の手法が浸潤するやうになつたのは、亦自然の趨勢と云はねばならぬ。

しかしながら、文化財の立場からは当時としても神仏習合による形態と考えられていたはずの北野天満宮本殿が明治三十年（一八九七）、備中吉備津神社本殿は明治三十五年（一九〇二）、八坂神社本殿も明治四十四年（一九一一）に指定を受けているのである。つまり国家の保護を受けている。そして言論統制の対象となる出版物としては、伊東忠太がこれらをすでに記述していることが重要だったのではないだろうか。足立はこの三社に加えて、入母屋造本殿である土佐神社本殿（関野が触れている）・御上神社本殿を取りあげているが、神仏習合の記述については本殿形式や細部に限定している。これは伊東の上記の講演記録における発言、

要するに平安朝より以降、神道は全く仏教と合併しました。仏教の勢力独り旺盛であつて、神道は迚もこれと並馳することが出来ない処から、強て神仏同一の説を捏造したので、その結果神社の規模が丸で伽藍と区別の出来ない様になりました。

に比べると、非常に慎重であるといえる。

本書の形式的な面をみてみると、神社は四一頁、寺院は六五頁で、従来より神社を重視する姿勢があらわれている。記述順は関野と同じで、飛鳥から鎌倉・室町までが寺社の順、桃山・江戸が社寺の順となる。神社の記述も少しは充実しているものの、その相対的な記述量が増えたのは、むしろ寺院の量を減らした結果である。江戸時代の寺院についても天沼俊一は賛辞を惜しまなかったのに比べて、足立の記述は桃山・江戸時代の寺院の項目は「仏教建築の退化」、現代の項目では「神社建築の発達」「仏教建築の餘流」としている。つまり江戸時代に寺院建築は退化し、明治になると神社建築が発展するという歴史観を示しており、それは寺社の記述順が室町まで

と江戸時代で逆転することにもあらわれている。そうだとすると、室町までは寺院のほうが重要とされていたことになる。そして、そもそもこの逆転は関野の書物にみられたのであった。

## 五　戦前の建築史研究における棲み分け

昭和十年代の究極的な社会状況のなかで日本建築史を記述した建築史学の俊秀足立康の『日本建築史』と文化財評価との乖離は、それぞれの社会的立場を反映したものである。文化財評価は行政上は文部省が中心となって、政治思想とは関係なく様式的技術的、また歴史的重要性の観点から淡々と進められていたように思われる。この点について正確に数えた訳ではないが、昭和戦前期の指定物件の特徴は城郭・書院・茶室の指定が多く、寺院と神社を比べると神社の方が多いであろう。しかし、重要なものがすでに指定されてしまっていれば、以後の指定件数は少なくなるし、その他の行政的配慮もあるだろうから、年代毎の指定物件の数は社会情勢を反映するとは限らない。ここで指摘しておきたいのは、足立が当時の政治状況を度外視して神仏習合を記述しようと思えば、できる素材は揃っていたという点である。伊東忠太の自由な発言からすると、足立康は思い通りに執筆したとはいえないであろう。

それでは、神社建築の研究は戦前は行われなかったのかというとそうではない。太田博太郎は『日本建築史序説』（彰国社）を戦後すぐに出版し、昭和三十七年（一九六二）に文献目録を追加した。その神社建築の項では、まず伊東忠太の前掲論文をあげ、次いで「以後は福山、谷のものがほとんど全部を占めている」と書いている。この一文に他意はないと思うが、福山敏男・谷重雄はともに戦前は内務省に属していた。

福山敏男は昭和二年（一九二七）京都大学を卒業し、内務省直属の造神宮使庁に入って伊勢神宮の古儀調査に従事し、昭和十五年（一九四〇）『神宮の建築に関する史的調査』（造神宮使庁）を出している。谷重雄は昭和七年（一九三二）に東京大学を卒業して内務省神社局に入省し、角南隆のもとで全国の神社の造営・修繕にあたっている。福山・谷は戦前の建築学出身者として神社を自由に研究できる立場にあったといえる。建築学者ではないが、神道学者で神社局考証課長を務めた宮地直一は、総合的な視野から神社研究を行って比肩するもののない成果をあげているし、佐伯有義と監修した『神道大辞典』（平凡社、昭和十二年）も歴史・建築・祭礼・文献にわたって膨大な情報量を誇っている。宮地・福山の監修・編になる『神社古図集』（日本電報通信社、昭和十七年）も、学問的に画期的な図集である。宮地直一の歴史考証は緻密な実証性が基本であり、神仏習合の記述にしても屈託がない。宮地・角南監修で佐藤佐の著わした『日本神社建築史』（文翫堂、昭和六年）も労作である。この本の特色は『神道大辞典』と共通するもので、我々が一般に建築史として考える歴史と建造物を中心とする記述ではなく、それを包み込んだ国家神道の枠組みで書かれているため、建築史学者の著書と同じ内容であっても、その肌合いは異なる。

つまるところ、戦前の国家神道期においては、否応なく研究分野において棲み分けがなされ、神社研究は内務省関係者および国家神道同調者を中心に展開し、文化財の指定と修理は文部省が担当し、大学等の一般の研究者は寺院や住宅・城郭など神社以外のものを研究するという構図になっていたと考えられる。足立康の苦渋に満ちた文章はこのような背景のなかで書かれたのである。足立は国家神道に同調するかどうかとは別の学問的な要請から、また学者としての良心から神社建築史の研究を深めようとする矢先に没したのではなかっただろうか。

伊東忠太は以上のような棲み分けがなされる以前の泰斗であり、極めて大きな権威を持っていた。伊東の作った枠組みがのちのちまで生き永らえていることには、そのような一面もあるだろう。伊東忠太の講演は、その後絶大な権限をもつことになる内務省神社局の成立期であり、足立康の『日本建築史』発刊は神社局が神祇院となる年であることも歴史の偶然である。

## おわりに

戦後の歴史学はいちはやく皇国史観から脱却したとはいえ、特に神道および神社の取り扱いについての戦前からの影響は残っており、現在の建築史学において例えば政治的な立場とは無関係の問題として、神社と寺院を社寺と呼ぶか寺社と呼ぶかも一定してはいない。伊東忠太が神社研究の重要事項とした祭儀の研究にしても、秘儀及び御神体に関わる部分の研究は、学問的な困難さ以外の障壁がある。戦後における神社研究もまた多くの問題を含んでいるのである。

# 出雲大社本殿の復元をめぐる問題

## ——大林組プロジェクトチーム『古代出雲大社の復元』について——

松岡高弘他「出雲大社本殿の心御柱について」(1)は、現在の出雲大社本殿の中心にある柱つまり心御柱は、小屋梁を支える役目をもち、構造上不可欠の柱であることを構造計算によって主張している。また、出雲大社本殿の小屋構造は、巨大であるゆえに、一般の大社造よりも複雑な組み方を行い、安全性を高めていることも指摘されている。この指摘は、『古代出雲大社の復元』(学生社、平成元年)を検討する際に覚えておきたいことで、大林組プロジェクトチーム(以下大林組と呼ぶ)の本殿一六丈復元案は、一般の大社造に近く、さらに単純な構造であり、極端にいうと柱の太さが自立の根拠となる特異な構造物であることが理解できる。

さて、『古代出雲大社の復元』は、現代の高度な技術をもつ施工会社大林組の頭脳集団が、福山敏男の出雲大社本殿一六丈説を、建設可能であると結論した問題の書である。その結論は、まず認める必要があるだろう。しかし、建設可能であるということと、それが実際に建設されたということとは、また別の問題である。古代の出雲大社本殿の具体的な大きさという問題は、適切な資料がないし、数字が少しくらい変わっても、歴史学的にはあまり意味がない性格の問題である。しかし、一般的な古代史への関心の高まりのなかでは、注目を集めやすい話題であり、復元をことととする建築史学者が意見を出すべき問題ではある。

堀口捨己によると、古くは、明治四十一〜二年頃、伊東忠太・山本信哉の間で論争があったといい、当時、三二丈や一六丈の高さはよるべき根拠がないという伊東忠太の説に学会は傾いていたという。[補注1] その後、昭和戦前期に、福山敏男が一六丈の復元案を作ったが、これは貫を使用したものなので、平安期以前には貫を用いる技術はなかったという批判を受け、貫のない復元案が再び提示された。[補注2] 現在は、弥生時代にはすでに貫を用いる工法があったと考えられており、吉野ケ里遺跡の物見櫓復元のような事例もある。福山の復元案は、千木の部分で一六丈を越えるように描かれており、側柱高でいえば地面より一二丈ほどである。これに対して、堀口捨己は八という数字は、大きいあるいは多いという含みをもつ数字であって、その倍の一六丈、その倍の三二丈というような数字は具体的な数字として信用すべきではないという。堀口の復元案は、本殿規模縮小以前の状況を描いたと考えられる鎌倉時代の出雲大社并神郷絵図の比率をもとに割り出したもので、側柱高でおよそ八丈となっている。確実な文献操作は、福山の身上であり、論証過程につけいる余地はほぼないので、この堀口の解釈と復元案が、福山案に対抗しうる唯一のものである。福山案は、技術的に困難であり、まず建たないだろうと考える建築学者が多いと思われるが、明晰な論理から夢のような一六丈本殿の姿が導かれた点に、ひとつの学説としての価値があると思う。しかし、施工会社の専門家が、一六丈で、かつ貫無しで建設可能という結論を出すと話は違ってくる。

話をもとにもどすと、大林組は、福山案をもとにして、時代を平安期の十世紀に設定し、必要な材料が得られるか、どのように施工するか、地震や風に対抗できるかを具体的に検討した。従って、この本は逆に一六丈本殿が建つための最低条件を示したことになる。これによると、柱は、側柱で直径一丈（三メートル）、長さ一二丈（三六メートル）あり、棟持柱や中央の岩根御柱はもっと太く長くなる。この材料を一材で得るのは当時としても無理で、金輪造営図そのままではないが、何本もの大木を寄木して鉄の帯で締めることになる。風や地震に対して、最低これだけの断面寸法が構造的に必要で、これ以上細くはならない。自重二〇〇トンを超える柱を立てるには、二又とロクロを使う。ロクロの回転半径は一五メートルあり、本殿背後の八雲山中腹に設置する。柱の建て方は、やや曖昧に書かれているが、二又にも側柱と同じくらいの大材が必要である。また見たところ、八雲山中腹には回転直径にして三〇メートルの平坦地はないと思われる。従って、大林組の案も十分ではない。

もっと問題なのは、鉄の帯である。柱を寄木にして締める鉄の帯は、厚さ六分（一・八センチ）、幅七寸（二一センチ）で、一箇所約二八〇キロになる。これで直径三メートルの柱を締めあげるのは、はたして可能であろうか。そして、鉄の使用量の総計は約五〇トンになる。何時この大きさの本殿が創建されたかはわからないが、八世紀段階の律令国家の年間の鉄使用量は、一四四トン前後と試算されている。(2) 再建時には、古い鉄も使用できるので、毎回五〇トン必要なわけではないが、鉄輪は、そのほとんどが外部にあってかなり劣化すると考えられるので、やはり相当量は必要なはずである。かつ、鉄は貴重品であった。

この鉄の使用量からみても、出雲大社の一六丈本殿の創建および転倒に際しての再建は、国家的な大事業である。すると、国家あるいは天皇家にとってもっと重要な伊勢・賀茂・石清水、藤原氏にとって重要な春日などとの比較において、出雲にそれだけの資金を投入する意義があったのだろうか。国家の側からの重要性について、例えば『新抄格勅符抄』によると、平安前期の封戸は、伊勢神宮が一一〇〇戸、住吉が二三九戸に対して、杵築神は六一戸である。六一戸は地方神としては多いほうだが、目を寺院に転ずると東大寺が五〇〇〇戸、大安寺一〇五〇戸、山階寺一二〇〇戸というふうに、中央大寺は桁が違うのである。

歴史時代に入ってからの出雲大社に関しては、『大社町史・上巻』（大社町、平成三年）が詳しい。この書物によると、律令体制内では、大社の造営は国司が国衙集積の租税から、造営料を出す方式であったろうという。律令制が機能しなくなると、天永二年（一一一一）の造営を過渡期として、康治二年（一一四三）から一国平均役による造営が確立されるという。しかし、康治二年の文書では康平五年（一〇六二）の造営を引き合いに出しており、この頃が出雲大社の画期であったとする。康平五年は、『百錬抄』に始めて「出雲大社」と記された年であり、それ以前に、常に上位の社として扱われていた熊野大社を抑えて、通称杵築大社が出雲を代表する神社となっていた。また建築的にも、この時に正殿式の造営が始まり、後代の規範が定まったという。これ以後、出雲大社は中世的体制となり、二二社諸国一宮の体制に組み込まれて発展する。

筆者の結論としては、大林組の設定した十世紀は律令制の疲弊期であり、この時に一六丈本殿が建ったとは思えない。また、時代をさかのぼるとますますこのような大建築の造営は困難になるだろう。十一世紀以後の状態は、堀口案が大体適合し、それはさらに古い時代へとさかのぼらせることができよう。

（1）松岡高弘・土田充義・山野善郎「出雲大社の心御柱について」（『日本建築学会計画系論文報告集三七九』、昭和六十二年）。

（2）原島礼二「律令国家の年間鉄使用量(上)(下)」（『続日本紀研究』八―二・三、昭和三十六年）。

【補注1(三一三頁)】 堀口捨己「昔の出雲大社について」（『今和次郎先生古稀記念文集　民家』、相模書房、昭和三十四年）。堀口は「明治四一年神社協会雑誌の上で論争があったということであるが、私は伊東忠太先生から直に聞いた」と書いている。堀口の出雲大社関係論文には次のものがある。「出雲の大社」（『古美術』一九四、昭和二十三年）、「出雲の大社と古代住居」（同一九五、昭和二十三年）、「佐味田の鏡の家の図について――出雲大社と古代住居(第三回)」（同一九六、同年）、「銅鐸に表はれた家の絵について――出雲の大社と古代住居(4)」（同一九七、同年）、「卑弥呼の宮室を通して大社を思ふ――出雲大社と古代住居　第五回」（同一九八、同年）、「屋根形と窓について――出雲大社と古代住居(6)」（同二〇〇、同年）、「出雲大社の間取と小屋組について――出雲大社と古代住居(第七回)」（『茶わん』（古美術改題）二〇一、昭和二十四年）。

【補注2(三一三頁)】 福山による貫のある出雲大社本殿復元案の初出は「出雲大社本殿の大きさ」（『江流』二一―一、謄写版、昭和十二年一月）とのことである。氏は『古代出雲大社の復元』の序文に、そのイメージは昭和十一年にできたもので、当時氏も勤務していた造神宮使庁の多喜義雄技手が製図を行い、翌年の雑誌に出た、と書いている。絵そのものは、『出雲大社の本殿』（出雲大社社務所、昭和三十年、昭和三十三年改定版）にあるほか、前注の堀口捨己「昔の出雲大社について」、同「出雲の大社」には、堀口案とともに掲載されている。この福山案に対して貫を用いた工法は鎌倉時代以後のもので、古代には貫による工法はなかったという異議を提出したのは林野全孝である。その経緯は林野全孝・桜井敏雄『神社の建築』（河原書店、昭和四十九年）にまとめられている。現在よく知られているのは、その後、福山自身が訂正したもので、高さや規模はそのままで、貫を全く持たない建物である。

【付記】

加茂岩倉遺跡における三九個の銅鐸、神庭荒神谷遺跡における三五八本の銅剣の発見があって、出雲の地は近年にない脚光を浴びた。平成九年（一九九七）には『古代出雲文化展』が東京・島根・大阪を巡回し、藤沢彰の指導による古代・中世・近世の出雲大社の復元模型が出品された。(1)

まず近世の出雲大社本殿に関しては史料があるのだが、その解釈に相違があり、現在三浦正幸の案と藤沢の案が提示されている状況である。

次に中世の復元案は、福山敏男の案と堀口捨己の案を折衷したものである。この復元模型を見た時はびっくりした。福山案は『出雲大社の本殿』（前掲補注2）に示されたもので、宝治二年（一二四八）の遷宮記録によって、平面規模と床上の内法高を推定し、平面規模を一辺二八尺としたが、地上からの全体の高さには言及していない。堀口案は「出雲の大社」（前掲補注1）に示されたもので、平面の大きさを現在と同じ一辺三六尺とし、全体の高さや床高の位置は出雲大社并神郷絵図の比例から割り出して復元図を作成したものである。高さは、文章の方は千木先端まで百尺、心柱・棟持柱は八三尺としているが、図面の方を当たると千木まで九三尺、棟持柱は八〇尺程である。藤沢が千木まで一二丈つまり一二〇尺としているのは、なんらかの齟齬があるのかも知れない。その点を暫く置くとしても、堀口案の本質は具体的な数値ではなく、絵図における本殿の建築的比例を用いた点に特色があり、平面の実寸が変われば高さも変わる性格をもつ。従って、平面の大きさを一辺二八尺とするなら、高さはぐっと低くなって、筆者の計算では千木まで七二尺程となる。しかし、藤沢案では堀口案の高さの実寸（しかも一二〇尺）を用いているから、平面の大きさに比べて大変背丈の高い復元案となった。これは福山案を基礎とした独自の案になっており、筆者は賛同できない。

古代の出雲大社本殿復元模型は、全く大林組の復元案に基づいている。福山案については、堀口捨己を代表とするいくつもの議論があるが、今やこの一六丈本殿が定説としてひとり歩きするかのように思える。学問的に福山案が重要であることは確かだが、筆者は少なくとも定説にはなっていないと思っている。福山案についての学問的な側面からの疑義は『神社の建築』（前掲補注2）によくまとめられており、筆者もだいたい同じ考えである。

（1）『古代出雲文化展』図録（島根県教育委員会・朝日新聞社、平成九年）。藤沢彰「出雲大社の宝治・慶長・寛文度造営頃の境内建築の復元について」（『古代文化研究』六、平成十年）。

# 用語としての「密教本堂」と「中世仏堂」

## ——山岸常人著『中世寺院社会と仏堂』によせて——

内陣部分と礼堂（外陣）部分からなり、両者を建具等で区画する仏堂形式を、現在、密教本堂あるいは中世密教本堂と呼ぶことが多い。

山岸常人は、これを中世仏堂と呼びかえることを提唱する。(1)

理由は、著書八一・一〇七頁にある如く、この形式をとる仏堂が本堂とは限らぬこと、密教法会に対応してできたものではなく、むしろ顕教的な講経論議法要との対応関係が考えられること、宗派においてもそれは天台・真言密教に特有のものではないこと、中世仏教は顕密併学の体制をとっていたことがあげられる。いずれも妥当な指摘といえ、これらのことは、すでに昭和六十年の著者による「密教本堂の成立」(2)において述べられた。しかし最近の著者と藤井恵介の共著論文「内山永久寺伽藍図及び真言堂指図等について」(3)では、著者は「中世仏堂形式」を用い、藤井は「所謂中世密教本堂」を用いるという多少混乱した状態で、なお著者の関与する論文においても統一されていない。

用語変更の提唱にあたっては、理論的事項は当然として、使用中の用語の来歴についての記述も必要と思われる。ここでは、手元の資料でしかないが、「密教本堂」の出自をおおまかに問い直しておきたい。

明治三十年代の伊東忠太においては、未だこのような概念は設定されていないようである。[4]「密教本堂」という言葉こそ用いぬが、現在にまで通用する基本理念を提示したのは、関野貞ではないかと思われる。即ち大正二年の『工業大辞書』[5]には次のような記述がある。

堂宇の平面も亦秘密の教義に適せんが為前代の者に比すれば大なる変化を来せり、即ち両宗（天台・真言——筆者注）共に内外陣の区画を厳にし内陣は本尊を安置し且秘密の修法を行ふの処、外陣は一般人民礼拝の処即礼堂となせり（『工業大辞書』第八冊「平安時代の建築」の項、三六一九頁）

この理解は、以後常識となる。

昭和三年の天沼俊一『訂正増補日本建築史要』[6]金剛輪寺本堂の項に「此堂亦密教式の平面である」（二六一頁）とあり、昭和十五年の足立康『日本建築史』[7]も「密教系佛殿」（七一頁）という言葉で同じ内容をあらわしている。昭和二十二年の太田博太郎『日本建築史序説』[8]には、まだ用語としての「密教本堂」は登場しない。

伊藤延男『中世和様建築の研究』[9]は、中世の仏堂を網羅的に整理した大著で、昭和三十六年に出版された。この書物では、「密教本堂」「密教仏堂」「中世仏堂」などの言葉が多用される。目次では、中世の仏堂全般に対して「中世仏堂」、その中の分類として各時期の「密教仏堂」がある。本文では「密教仏堂」の主要遺構を指す言葉として「密教本堂」が用いられるが、上記の語群は全て前後の文脈に即して理解すべきものである。伊藤の努力は、もっと実体的な細分類に向けられており、中世仏堂のなかの礼堂をもつ堂に対して、大きく「礼堂造」と「庇外陣」という形式概念を与え、それをさらに細かく区分することによって全遺構を分類した。やや遅れて、浅野清は昭和三十三年「平安時代の仏堂」、同三十七年「鎌倉時代の仏堂」、同四十一年「室町時代の仏堂」[10]を著わし、伊藤とはまた異なる分類を示した。このなかで最も新しい「室町時代の仏堂」では、礼堂付きの仏堂に関して「礼堂をもつ密教系仏堂」という項目を設けて、七間堂・五間堂・三間堂に分け、七間堂は密教系と浄土系に区分し、五間堂・三間堂は礼堂の構造や意匠によって細分する。続いて昭和四十四年の太田博太郎『日本建築史序説（増補新版）』は、前掲初版本を増補して、

金堂と礼堂とが一つの屋根の下に包まれて、中世以後にみるような密教本堂形式が出来上がったのは、いつのことか明らかでない。

と、明析な形式観を打ち出した。この形式観の成立に多大の貢献を行ったはずの伊藤延男は、昭和四十三年の「中世寺院」[11]では「密教本堂」は用いず、代りに「中世本堂」を用いたが、昭和四十八年の『密教の建築』[12]では「密教本堂」「中世密教本堂」にもどるという微妙な揺れをみせる。同じ昭和四十八年の文化庁『重要文化財第12巻・建造物Ⅰ』[13]の各個写真に添えられた説明は、記入のない場合が多いけれども、中世密教系本堂・密教仏堂・密教本堂形式・密教系本堂形式などが雑然と使用される。このように用語としての定着をみるにはいたらない状況のなかで、昭和五十年、関口欣也『日本建築史基礎資料集成七・仏堂Ⅳ』[14]は、その概説で明析な規定を行っている。

つぎに鎌倉時代初期より室町末の元亀年間に至る密教本堂およびその形式の中世本堂（以下中世密教本堂という）を網羅して外観と内部に分け……（五頁）

この時期以降も参照すべき論著は多いが、大きな傾向は、形式としての「密教本堂」およびその中世遺構としての「中世密教本堂」という概念が定着してゆく。昭和六十年の鈴木嘉吉編『国宝大辞典五・建造物』[15]では、共同執筆部分でも「密教本堂」がほぼ定着するにいたる。

つまり、「密教本堂」の概念は、早く大正初期に成立している。現代の意味、用法による用語としての「密教本堂」の発生源は、『中世和様建築の研究』をはじめとする伊藤延男の一連の著述であろう。しかし、伊藤自身は用語としての定義は行っていないし、使用法は流動的ですらある。明瞭な規定と形式観を与えたのは、昭和四

十四年の太田博太郎『日本建築史序説（増補新版）』及び昭和五十年の関口欣也『日本建築史基礎資料集成七・仏堂Ⅳ』の概説であると考えられよう。現在は、ようやく一般の合意を得つつある状況であるといえる。

しかし「密教本堂」を礼堂付きの仏堂形式をあらわす言葉として用いることについては、おそらく山岸の言を俟つまでもなく、ある種の居心地の悪さを覚える研究者が多いのではなかろうか。例えば前掲浅野清の「礼堂をもつ密教系仏堂」という言い方は、よく考えてみるとなかなか複雑な含みをもつように思える。また「密教」という言葉に関しても、伊藤延男は、『中世和様建築の研究』で次のように注を付けている。

密教とは本来真言宗をいうのであって天台宗は含まないが、天台も早くから密教化していたし、建築の研究では両宗分離して考えるほど初期の資料がないので、ここでは密教といえば天台、真言両宗をさす（二九頁）

若干の問題がないではないが、大方の考え方を代表するものであり、おそらく一時、氏が「密教本堂」をやめて「中世本堂」としたのも、この辺の苦衷があったためであろう。また『日本建築史序説（増補新版）』の前掲部分に、伊藤とともに大きな影響を及ぼしたと思われる井上充夫は、当初から「密教本堂」は用いず、むしろ誤りとして退けている節が見受けられる。氏は昭和三十六年の学位論文『日本上代建築における空間の研究』[16]において、平安・鎌倉期の興福寺・東大寺などにおける庭儀法要の分析を行い、回廊内中庭にあった人の場所が礼堂に移る過程を考察している。また、元来は講堂で行われるべき講経法会が十世紀から礼堂における重要な法会となっている事例があるという指摘もある。つまり氏にとっては、「密教本堂」の成立には密教が特に深い影響をあたえたわけではないことが明らかだったと推定されるのである。

従って、この種の仏堂を中心的素材として、従来にない厳密な解釈と記述とを指向する本書において「密教本堂」が使用できないのは当然のことといえる。しかし、それに代わる用語として「中世仏堂」は果たして適切であろうか。想定される事態は相当に繁雑で、しかも本書自体においてすでに出来している。それは序章第四節の表題「中世仏堂以外の中世の仏堂」である。この繁雑さは「中世仏堂」の語感が中世の仏堂全般という意味に極めて近く、従来はその意味で使われて来ていることに起因する。用語は、たとえ不適切であっても従来の慣用によるか、さもなければ新しく明析な限定的名辞とした方がよかろう。筆者としては、この種の仏堂の最も大きな形態的特徴は礼堂の付設であるし、礼堂付の仏堂という表現は諸書に散見されるから「礼堂付中世仏堂」くらいの限定を行う方がよいと考える。

用語の変更に関して一言すると、よく知られた天竺様を大仏様に、唐様を禅宗様に変える太田博太郎の提案がかなりの普及をみた反面、谷重雄による神社本殿形式の整理と新名称の提案が(17)、一向に定着した模様がない例もある。これらがどれほどの議論を経たのか、筆者自身はよく知らない。とにかく、理由のある提案に対しては肯定否定いずれにしても学として真摯に対応し、議論すべきである。筆者は、本書で行われた問題提起がなんの議論もなく推移することをおそれつつ、これからの展開を見守りたいと思う。

(1) 『全集日本の古寺　石山寺と近江の古寺』(集英社、昭和六十年)所収。『中世寺院社会と仏堂』(塙書房、平成二年)第一部第一章第二節に再録。
(2) 前注参照。
(3) 『建築史学』一四(平成二年)。
(4) 伊東忠太「本邦仏教各宗の建築」(『建築雑誌』一二六、明治三十年六月)。
(5) 『工業大辞書』第八冊(同文館、大正二年)。関野執筆部分は『日本の建築と芸術・上巻』(岩波書店、昭和十五年)に収録。
(6) 天沼俊一『訂正増補日本建築史要』(飛鳥園、昭和三年)。
(7) 足立康『日本建築史』(地人書館、昭和十五年)。

(8) 太田博太郎『日本建築史序説』(彰国社、昭和二十二年)。
(9) 伊藤延男『中世和様建築の研究』(彰国社、昭和三十六年)。
(10) 浅野清「平安時代の仏堂」(『仏教芸術』三五、昭和三十三年)、同「鎌倉時代の仏堂」(『仏教芸術』五〇、昭和三十七年)、同「室町時代の仏堂」(『仏教芸術』六三、昭和四十一年)。
(11) 伊藤延男「中世寺院」(『原色日本の美術九　中世寺院と鎌倉彫刻』、小学館、昭和四十三年)。
(12) 伊藤延男「密教の建築」(『ブックオブブックス日本の美術』八、小学館、昭和四十八年)。
(13) 文化庁『重要文化財第12巻・建造物Ⅰ』(毎日新聞社、昭和四十八年)。
(14) 関口欣也『日本建築史基礎資料集成七・仏堂Ⅳ』(中央公論美術出版、昭和五十年、昭和五十八年再版)。
(15) 鈴木嘉吉編『国宝大辞典五・建造物』(講談社、昭和六十年)。
(16) 井上充夫『日本上代建築における空間の研究』(私家版、昭和三十六年)。
(17) 谷重雄は、平造・平庇造・向造・向庇造の新名称を提案し、小倉強がそれを支持した。その他は筆者は知らない。谷重雄「春日造の名称に関連して」(『建築史』一—五、昭和十四年)、小倉強「向造の名称について」(『建築史』二—一、昭和十五年)。

■初出一覧■

第一章　中世日吉社の研究

日吉七社本殿の構成――床下祭場をめぐって――　『日本建築学会論文報告集』三一七号（昭和五十七年七月）
日吉社の彼岸所　『日本建築学会計画系論文報告集』四一一号（平成二年五月）
行丸絵図とその影響　『日本建築学会大会学術講演梗概集（関東）』（平成五年九月）
中世日吉社とその周辺――まとめにかえて――
原題「日吉社の中世」（『神道大系　論説編四・天台神道（下）』付録「月報一一四」、神道大系編纂会、平成五年五月）
――ただし本書収録の他の論文との重複部分は削除のうえ改稿した

第二章　神社建築とその信仰

神のやしろの曙　『原始の造形』（日本美術全集一、講談社、平成六年）
北野天満宮本殿と舎利信仰　『日本建築学会論文報告集』三三六号（昭和五十九年二月）
八坂神社の夏堂および神子通夜所　『日本建築学会計画系論文報告集』三五三号（昭和六十年七月）
御上神社本殿考　『日本建築学会計画系論文報告集』三五〇号（昭和六十年四月）
大御輪寺の祭祀と建築　『大美和』八七号（大神神社社務所、平成六年七月）

第三章　床下と後戸

後戸の信仰　『月刊百科』二九二号（平凡社、昭和六十二年二月）
床下参籠・床下祭儀
『月刊百科』三〇三号（平凡社、昭和六十三年一月）、のち『祭儀と呪術』（日本歴史民俗論集九、吉川弘文館、平成六年）にも収録
図像解釈の位相　『月刊百科』三四八号（平凡社、平成三年十月）

第四章　寺院建築とその信仰

堂蔵の存在様態　『日本建築学会計画系論文報告集』四三六号（平成四年六月）

堂蔵の史的意義　『日本建築学会計画系論文報告集』四四四号（平成五年二月）

時を超える水――東大寺二月堂お水取りと熱田神宮の牛玉水――
『日本の美学一九号・特集　時間』（ぺりかん社、平成四年十二月）

幽魂の衣――壬生狂言私考――

原題「異様な無言劇！死者の衣装をまとう壬生狂言」（『別冊宝島EX・京都魔界めぐり』、宝島社、平成六年四月）――原題は出版社によるものであったので、ここでは原稿執筆時の題名とした

補　章

第二次世界大戦までの神社建築研究　『第二回アジアの建築交流国際シンポジウム論文集』（日本建築学会、平成十年）

出雲大社本殿の復元をめぐる問題

「学界展望　神社建築史」（『建築史学』二一号、平成五年九月）より一部抜粋、のち全文が『日本史学年次別論文集　日本史学一般　一九九三年（平成五年）』（学術文献刊行会）に収録された

用語としての「密教本堂」と「中世仏堂」

「〈書評〉山岸常人著『中世寺院社会と仏堂』」（『建築史学』一六号、平成三年三月）から一部抜粋

# あとがき

最後に感謝の意を込めて、私的な研究生活史を記しておく。

この本のあとがきとしては、まず畏友山岸常人氏にお礼を申しあげたい。名前は知っていたが、始めて親しく話をしたのは昭和五十年代後半の東大寺二月堂修二会の晩であったかと思う。職場や経歴上の交点はなく友人としておつきあい頂いているが、年齢も筆者が下であるし、山岸さんが論文集を出したのは九年前であるから、そのくらいの開きがあると思っている。随分前から論文集を出版するよう氏からいわれ続けていたのが、ついに業を煮やして思文閣出版への仲介の労をとってくれた。最初期の論文から氏は筆者に注目して、論文が出るごとに厳しいけれども前向きの批判を寄せられた。本書で紹介した論争に発展したものもある。筆者がいろんな人びとにしばしば失礼な論争を挑むようになったのも、氏の影響が大きい。氏と知り合って以後は、論文を書くにあたってはまず読者として氏を念頭に置いていると言っても言い過ぎではない。仏堂の見方や、奈良国立文化財研究所仕込みの古建築調査方法など、氏から頂いた財産ははかり知れない。厚くお礼申しあげる。

さて、筆者が名古屋工業大学建築学科を卒業したのは昭和五十三年である。大学では内藤昌先生の研究室に所属し、卒業論文は『厳島図屛風の景観論的研究』をまとめた。このとき厳島神社のことを調べたのが、のちに神社建築を研究することの遠因になった。当時、建築史研究者になろうと考えていた筆者にとって、先生の研究室での一年間は本当に忘れがたい。ひとつは先生の研究姿勢が非常に厳しかったこと、もうひとつは先生が建築史研究に対する明確な価値観と指針をもっておられたことである。四年生の一年間はなんとか過ごしたが、筆者は学年において成績下位であったうえに、研究室でも落ちこぼれかけた。それにもかかわらず、研究は先生のやり方だけではないと考えた上に、生意気にも先生の価値観に対しても疑義を抱いた。いろいろあるなかで、影響を受け、反発もしたのは、先生の方針はいわば王道を行くものであって、名建築による建築史を目指していると当時の筆者は理解したことである。全く知識もないままに、判明する限りの民衆の建築の歴史を描ききってこそ真の建築史が出来あがるのではないか、などと筆者は考えたものだった。しかし、日吉大社・北野天満宮・御上神社と国宝建造物を研究対象に選んでいったのは先生の影響によるところ大であるし、名建築の研究はやらなければならないことであった。今では、やはり先生の掌のなかで少々暴れたに過ぎなかったことがわかる。この研究室で研究のあり方を学んだことは、大きな収穫だった。方向性をもつべきこと、論理性と実証性を積みあげるためにあらゆる方法を動員し、労を惜しまないことを学んだのは、筆者のような能力も高くはなし、怠惰で、非論理的なうえに高慢な学生の研究生活の出発点において大変重要だった。

どこに行くあてもなく、全国的に著名な内藤研究室を出奔し、卒業後一年浪人した筆者を快く受け入れてくれたのは、関西大学建築学科の山田幸一先生で、修士課程入学は昭和五十四年である。中世神社建築の研究を志した筆者を受け止めてくれた山田先生はなんと日本壁の研究家だった。世の中にはいろいろな研究テーマがあるものだという心強い認識と、原爆被災者であり、戦後の研究生活においても苦労を重ねてこられた先生の人柄に頭が下がった。先生は、筆者の調査にも可能な限り付き合い、ある夏の日、御上神社拝殿の狭くてきたなそうな床下に入るのを筆者が躊躇していると、「痕跡があるかどうか、わしがみてきたる」といって這っていき、大変に汚れて出て来られた。それが徒労に終わることが、入る前に大体わかっていたことが筆者の躊躇していた原因であったから、全く汗顔の至りで、貴重なことを学んだ。先生はあらゆる援助を惜しまず、自由な研究を保証し、筆者の研究テーマに関してはご自分は専門外なので、関西大学建築学科の創設者のひとりであった野地脩左先生に紹介の労をとって下さった。

野地先生は神戸大学建築学科を退官し、関西大学建築学科を創設してそこも退職し、その後非常勤講師で来ておられたのもやめられて、暫くしてからである。先生は、神仏習合の問題として日吉大社を研究すべきことを強く勧めた。そして、野地先生との出会いから筆者は本当に面白い研究を始めることができた。全くの私淑であったから、月一回程度、昼過ぎに御自宅にお邪魔して日の暮れる前に帰るという学習が数年続いた。学位論文がまとまるまでの論文には全て目を通して頂いた。先生は当時八十歳にして足元がやや危なかったが、頭脳明晰かつ頑固だった。修士論文のまとめ方で意見が対立し、双方譲らず、日も暮れてしまい、ついに奥様が夕食を出して下さって、ようやく帰るきっかけを得たことがある。その寿司の味はすごかった。なぜなんの責任もない筆者如きの、しかも世にでることはあまりない修士論文にそんなにこだわるのかはわからなかったが、先生の学者・教師としての矜持を見る気がした。その場は平行線のまま帰り、結局自分の書きたいように書いた。修士論文『入母屋造本殿の考察』は先生の予想通りまとまりのないものだったが、各章を書き改めて独立の論文として世に出し、それを再び集めて博士論文とすることになる。

当時、関西大学には博士課程がなかったので、昭和五十六年修士課程修了後、研究者になるためには京都大学の博士課程に進学したいと考えた。文献による中世住宅の実証的研究で知られた川上貢先生もまぶしい存在だった。先生の研究室は定員一杯とのことで断られたが、それでも山田先生、野地先生から頼み込んでもらって研究生として川上研究室に押しかけていった。川上研究室には高橋康夫先生が助手でおられ、上級生もいたし、同年代が四人いて下級生もおり、研究職につくことは不可能だと思った。しかし、京都大学は資料が揃っていて、議論もできたし、研究環境が充実していた。ここで懸命に論文を書くとともに、高等学校の非常勤講師をして、あるのかないのかわからない将来の生活に備えた。この時、進学校の経験しかなかった筆者は、京都市内の普通高校、府下の田舎の高校、そして盲学校の生徒をみて、少しばかりは人間的視野を拡げたと思う。川上先生も筆者の論文をよく読んで下さり、筆者の処女論文「日吉七社本殿の構成――床下祭場をめぐって――」のまとめ方で意見が対立した。先生の実証的な論文のまとめ方を存じあげているだけにきつい状況だったが、研究職は諦めかけていたから、嫌われてもよいと思い切って好きなように書いた。川上研究室には二年いた。

川上研究室でそろそろ居づらくなって来たころ、神戸大学に博士課程が新設された。神戸大学は野地先生が長年教鞭を取られた大学であるし、山田先生も神戸高専の出身だった。当時、野地先生の教え子であった多淵敏樹先生が日本建築史の研究者として在籍され、昭和五十八年、多淵先生に拾って頂いた。先生は発掘による原始住居の研究と、兵庫県内の古建築を幅広く実地調査しておられる地元実践型の研究者で、実に活動的だった。だが、筆者は、生来の驕慢・怠惰な性格から、自分の研究と関係のない発掘調査などをするのは嫌だったので不興を買う場面もあったが、先生が直接に発掘の指揮を取られた神戸大学下の篠原遺跡（縄文晩期から弥生時代）発掘調査などに参加した。先生の兵庫県内の寺社や民家に関する造詣は深く、神仏習合および民衆の建築や生活に関する視点をもっておられる点で筆者も共鳴できたし、得るところも多かった。また、論理の弱点をつくことの得意な先生でもあった。筆者の学位論文のいたらざる点の御指摘を数々頂いたにもかかわらず、論旨そのものは高く評価して下さったので、大きな自信を得ることができた。先生のもとで学位論文『神社建築における神仏習合とその形態に関する研究―特に天台宗系社殿をめぐって―』を提出し、博士課程を無事修了したのは昭和六十一年である。その後一年間、日本学術振興会特別研究員をつとめ、昭和六十二年から神戸大学に奉職して現在にいたっている。

建築史研究者以外で多大の学恩を受けたのは、古代史において古代祭祀研究の新生面を切り開かれた岡田精司先生である。出会ったのは昭和五十年代半ばの日吉大社の山王祭の晩であった。先生の方から気楽に話かけて来られ、妙に物知りのおじさんだと思って適当に合わせていたが、話の合間に名刺を頂いてからそれまでの自分の態度を振り返り、地面が揺れるような気がした。専門外の高名な研究者と出合うのは初めてだったし、先生の著書を読んで感激していた矢先だったので、その気さくな性格に甘えて日をおかずに自宅にお邪魔し、『古代王権の祭祀と神話』にサインして頂いた。以後、何度も御自宅にいったりしてお話をうかがった。岡田先生と接することによって、筆者の神社に関する知識は一気に増えたし、考え方にも自信をもつことができた。先生は大変な博識で論理構築も素晴らしく、論争好きである。最近ようやく筆者も自分の考え方をもつことができたと思っているが、論争すると勝てない。

内藤先生・川上先生・多淵先生は退官され、山田先生は平成四年、野地先生はまさにこの文章の校正中、本年六月十一日に他界された。筆者も今では教育研究職にあり、自分が諸先生にならぶほどの業績をあげられないのは仕方がないとしても、諸先生から頂いたような教えを次に続く世代に伝えたいと念じてはいる。ここには特に名前をあげることはしなかったが、建築史学・歴史学・民俗学・神道史学など筆者の関連する分野において御教示を頂き、またお世話になった方々は数多い。野地先生・山田先生にこの書物を見て頂けなかったのは残念であるが、上記の諸先生方、およびこれまでおつきあい頂いた方々に心からなる感謝を捧げる。

神社本殿の内部は非公開という点、および明治維新期に神仏分離政策が実施されて現在にいたっているという点において、神社建築の研究は他分野にない困難さをもっている。それに加えて、筆者の研究主題は神社においては否定されて久しい神仏習合の実態究明であった。特に思い出深いのは、筆者の初めての論文に結実した日吉大社の下殿調査である。宗宮祐夫宮司・武浪嗣一宮司・村田清行権宮司の時代に粘り強くかつ無鉄砲に交渉を繰り返した末、ようやく御理解を頂くことができた。山王七社本殿の下殿の調査が実現してからは、所蔵史料の調査など全面的な御協力を得た。日吉大社の御英断がなければ、筆者の研究の重要な部分が欠落していたはずであり、研究そのものが成立したかも疑わしい。御上神社の今はなき新垣泰由宮司の神道人らしい高潔な人柄、今は職を去られた北野天満宮の浅井與一郎宮司の筆者以上の探究心にも心打たれた。その他、行く先々で妙なものを調べ、聞き回る筆者に快く付き合って頂いた各所蔵者の方々の御理解と御協力の上に筆者の研究は成り立って来た。また、本書に資料掲載の御許可を頂いた諸方面にも、以下に掲出して厚くお礼申しあげる。

| | | | | |
|---|---|---|---|---|
| 日吉大社 | 北野天満宮 | 常照皇寺 | 八坂神社 | 御上神社 |
| 大神神社 | 興福寺 | 道成寺 | 玉置神社 | 知恩院 |
| 歓喜光寺 | 清浄光寺 | 西本願寺 | 當麻寺 | 常樂寺 |
| 熱田神宮 | 朝田寺 | 壬生寺 | 奈良国立博物館 | 大阪市立博物館 |

平成十一年六月

著者

# 索　　引

## 【事　項】

か



き

す



せ



そ

た



ち



つ



と

ふ

【人　名】

## ■収録図版一覧■

## ⊙著者紹介⊙

黒田龍二（くろだ　りゅうじ）

昭和30年　三重県生
昭和61年　神戸大学大学院自然科学研究科博士課程修了
現　　在　神戸大学工学部助教授／学術博士（神戸大学）／兵庫県文化財保護審議会委員／岡山県文化財保護審議会委員
専　　攻　日本建築史

［主要業績］
主要論文・著作は本書に収録した
文化財調査関係主要著書
『京都府の近世社寺建築』（共著，京都府教育委員会，昭和58年）
『阪神・淡路大震災と歴史的建造物』（共著，思文閣出版，平成10年）
『姫路市史　第15巻下　別編　文化財編２』（共著，姫路市，平成11年）
阪神・淡路大震災復興修理工事指導
兵庫県指定文化財六甲八幡神社厄神宮本殿（平成９年竣工）
宝塚市指定文化財和田家住宅（平成11年竣工）
日本建築学会奨励賞（堂蔵の研究，平成７年）

中世寺社信仰の場《ちゅうせいじしゃしんこうのば》

1999（平成11）年８月20日　発行

著　者　黒田龍二
発行者　田中周二
発行所　株式会社思文閣出版
606-8203 京都市左京区田中関田町2-7
電話 075－751－1781（代表）

印　刷　同朋舎
製　本　大日本製本紙工


ISBN4-7842-1011-3　C3021

黒田龍二（くろだ　りゅうじ）…神戸大学大学院教授

中世《ちゅうせい》寺社《じしゃ》信仰《しんこう》の場《ば》（オンデマンド版）

Digital Publishing

2016年5月31日　発行

著　者　　黒田　龍二
発行者　　田中　大
発行所　　株式会社 思文閣出版
〒605-0089　京都市東山区元町355
TEL　075-533-6860　FAX　075-531-0009
URL　http://www.shibunkaku.co.jp/

装　幀　　上野かおる（鷺草デザイン事務所）
印刷・製本　株式会社 デジタルパブリッシングサービス
URL　http://www.d-pub.co.jp/


AJ558

ISBN978-4-7842-7017-0　C3021　Printed in Japan